꼬리에 꼬리를 무는
심리학 이야기

꼬리에 꼬리를 무는 심리학

김문성 지음

내가 알지 못했던 심리학과 뇌 과학에 관한 흥미로운 이야기

INN
도서출판인

즐거워야 청춘이고
행복해야 인생이다

사람은 살아가면서 수 많은 상대를 만난다. 가족, 연인, 친구, 거래관계 등등. 따라서 잘 살기 위해서는 이들과의 인간관계가 행복을 결정한다. 그렇다면 인간관계를 어떻게 하면 잘할 수 있을까?

그것은 사람의 마음을 읽고 그 마음을 움직이는 여러가지 도구를 갖기 위해 공부하는 것이다.

누군가 운명을 가르는 협상 테이블에서 상대와 마주 앉았다고 치자. 이 거래는 반드시 성공시켜야 하는 절대절명의 순간이라면 당신은 어떻게 하겠는가? 이 때 상대의 속마음을 거울처럼 들여다볼 수 있거나, 상대의 머릿속을 자신의 손바닥에 놓고 읽을 수 있다면 얼마나 좋겠는가?

이 책을 읽고난 독자들은 걱정마라! 성공을 열쇠는 '꼬리에 꼬리를 무는 심리학' 안에서 찾으면 된다. 이 책을 협상과 설득의 도구로 삼는다면 거래관계의 상담이나 일상에서 만나는 사람들과의 인간관계에서 상대를 이해하고 자신이 하고자 하는 일을 성사시킬 수 있을 것이다.

혹시 심리학에 대해 "대학의 일반교양으로 심리학을 공부했지만, 도무지 모르겠다.", "심리학을 공부해 보고 싶지만, 책이 너무 많아 어떤 것부터 읽어야 할지 모르겠다."라는 생각을 마음 속 어딘가에 품고 있진 않은가?

　심리학이란 금기의 지식이라 할만큼 참 이상한 학문이다. 이만큼 많은 사람을 애태우게 하면서도, 독학으로 제대로 공부하려고 하면 어떻게 해야 할 지 막막하기 때문이다. 왜 그런 것일까?

　흔히 심리학을 기초부터 공부하려고 마음먹고 서점에 가도, 심리학 관련 서적을 보고 있자면 '도대체 심리학이란 게 뭐야?'라는 혼란스런 기분이 되는 것도 무리는 아니다. 인간에 관한 삼라만상은 모조리 '심리학'이 되어버리고 만다는 점이, '심리학'을 이해하기 어렵게 만드는 이유 중 하나라고 할 수 있다.

　심리학이 막연하게 느껴지는 또 다른 이유는 일반인들에게 '심리학'이 갖는 이미지와, 학문으로서의 '심리학'이 갖는 이미지 사이에 차이가 있기 때문이다.

우리는 보통 '자신의 고민을 해결할 방법을 찾을 수 있는 학문', '다른 이의 마음을 어떻게 다룰 지 알 수 있는 학문', 혹은 카운슬링과 같은 실용적인 방법론이 심리학이라 생각하고 있다. 하지만, 실제의 심리학은 이러한 생각과는 상당히 멀리 떨어져 있어서 자신과는 산관없다고 생각하기 쉽다. 대학에서 배우는 학술적인 '심리학'의 입장에서 볼 때, '자신' 혹은 자신과 관계있는 특정 '타인'에 대하여 직접 생각하지는 않는다. 자신의 고민을 해결하고, 타인의 마음을 아는 것은 '일상에서의 응용·실천편'과 같은 것이다. 학술적인 '심리학'에서는 특정의 누구도 아닌 '개인' 혹은 '인간일반'에 대해 마음의 활동이나 마음과 행동의 관계, 마음과 행동과 신체의 관계를 과학으로서 배우는 것이다.

그렇다면, 이 두 가지 측면의 '심리학' 세계를 '요리'의 세계에 빗대 본다면, 학술적인 '심리학'은 '음식 재료의 지식이나 조리기술' 등의 기본원리를 공부하는 것에 해당한다. 반면에 일반인들에게 있어 '심리학'은 '라면을 좀 더 맛있게 끓이려면 어떻게 해야 할까?'를 아는 것에 해당하는 것과 같다.

이 책 『꼬리에 꼬리는 무는 심리학 이야기』는 '심리학'이 가진 이러한 두 가지 측면을 연결하려는 마음으로 정리하였다. 그래서 독자들이 이 책으로 심리학의 이론이나 사상 등이 갖는 재미를 맛보고, 더 나아가 이를 응용해 자신과 타인에 대해 깊게 이해할 수 있길 희망하고 기대한다.

　이제 막연히 어렵게만 여겨지는 심리학을 흥미진진하게 풀어낸 새로운 접근 방식의 이 책을 통해 이제 독자들은 심리학의 실체를 생생히 느끼며 '심리학의 즐거움'을 맘껏 느낄 수 있을 것이다.

| 목차 |

1장

마음

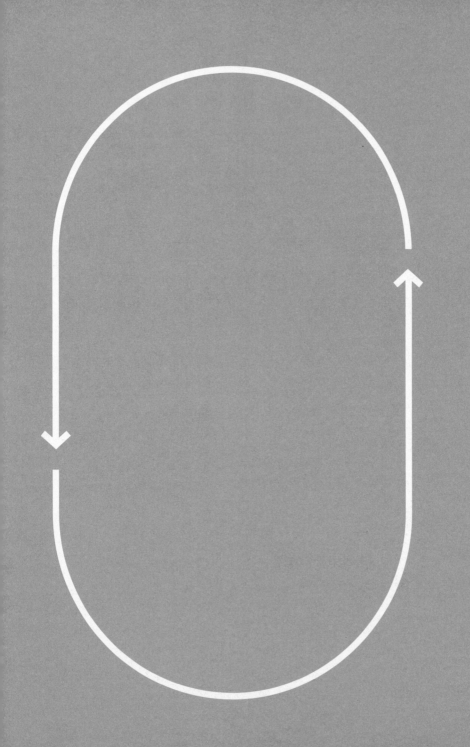

심리학의 탄생

마음은 어디에 있을까

우리는 '마음이 아프다', '마음가짐이 틀렸다'는 식의 말을 흔히 사용한다. 그렇다면 도대체 마음이란 신체의 어느 곳에 존재하는 것일까? 학문을 연구하는 사람들은 마음이 뇌와 밀접한 관계가 있다고들 말한다.

'마음은 어디에 있을까요?'라는 문제는 예로부터 많은 사람이 가져왔던 수수께끼와 같았다. 현대인과 옛날 사람의 생각이 크게 다른 것은, 예전에는 마음을 마치 손으로 만질 수 있는 '실체적인 것'으로 이해하고 있었다는 것이다.

예를 들면, 우리가 잠을 자는 동안에는 아무것도 의식하지 못한다. 그러므로 '잠을 자는 상태'는 마음이 일시적이나마 몸에서 떠난다고 생각했으며, '잠에서 깨는 상태'는 이탈한 혼이 다시 신체 안으로 돌아오는 것이라고 생각했다. 그래서 '죽음'이란 '마음이 영구히 몸에서 떠나는 현상'이라고 믿게 된 것이다.

그렇다면 고대의 학자들은 수시로 몸에 들어오기도 하고 나가기도 하는 마음은 평소 어디에 머물러 있다고 생각했을까?

그리스 시대 의학의 아버지 '히포크라테스'는 '우리에게 뇌가 있어 사물을 생각할 수 있으며, 기분이 좋거나 나쁜 것을 분별해 낼 수 있다'고 말하여, 마음이 머무는 곳을 뇌로 추정했다. 또 고대 그리스의 철학자 '아리스토텔레스'는 마음은 심장에 머물러 있다고 생각했다.

이에 대해 다소 재미있는 생각을 했던 학자가 근대 철학자인 데카르트다. 데카르트 이전의 사람들은 마음이 몸에 머물러 있어 사람들이 움직일 수 있으며, 웃거나 울기도 한다고 생각했다. 따라서 혼이 떠나면 육신은 죽고 만다고 생각했다. 그런데 데카르트는 이 같은 견해를 정면으로 부정하였다. 즉, 혼이 떠난다고 해서 몸의 기능이 중지되는 것이 아니라, 운동을 중지해서 몸이 죽고, 그 결과 마음이 육체에서 떠난다고 생각했던 것이다. 어느 쪽이든 마음을 실체로서 파악하고 있다는 것은 서로 같으며, 이러한 사고방식은 19세기 초까지 계속되었다.

우리는 마음이 아플 때 가슴을 쓰다듬거나, '가슴속에 간직한다'라는 말을 자주 사용하는데, 이것은 마음이 실질적으로 존재한다는 것이며, 마음이 인간의 몸에 머무르고 있다는 것을 단적으로 나타낸 것이라고 할 수 있다.

'심리학의 과거는 길지만, 그 역사는 짧다'라는 말이 있다. 이는 독일의 심리학자인 에빙하우스가 『심리학개론』이라는 책의 서두에서 언급한 말이다. 이 말을 풀이하면 사람들이 옛날부터 인간의 마음을 연구해 왔지만, 마음의 학문으로 취급한 것은 극히 최근의 일이라는 뜻이다.

사람들은 참으로 오랜 세월 동안 마음에 대해 연구를 거듭해 왔다. 모름지기 인류가 탄생한 이래로 모든 사람들이 마음에 대해 각별한 관심이 있었다. 그 증거로 원시 인간인 네안데르탈인의 유골과 함께 대량의 화분을 발굴한 적이 있다. 이것은 무엇을 의미하는 것일까?

당시의 원시인들이 죽은 사람에게 꽃을 바쳤다는 사실이다. 유인원이라고 할 제4기에 생존했던 인간에게도 '슬퍼하는 마음', '상대방을 생각하는 마음'이 분명히 있었던 것이 틀림없다. 한마디로 말해서 그 시대를 살아가는 사람에게도 '마음'이 있었다는 것이다.

사람들은 인간의 마음에 대해 줄기차게 생각해 왔다. 그것을 입증하는 것이 많은 종교와 철학의 탄생이다. 이와 같은 종교와 철학을 통해 마음의 움직임을 관찰하거나 분석했던 것이다. 동양의 경우, 마음이라는 영역을 중시하기 시작한 사람들이 바로 인도의 수행승들이라고 할 수 있다.

고대 인도에서는 이미 불교가 성행하고 득도를 위한 수행이 행해졌다. 명상으로 마음을 비우려면 잡념을 떨쳐버리고 번뇌를 버리는 것이 기본이다. 그러나 그것은 그리 간단한 문제가 아니다.

수행승의 대다수가 이 잡념과의 갈등으로 고민했으며, 번민과 욕망을 버리기 위해서는 어떻게 해야 할 것인가에 대해 자기와의 끝없는 싸움, 즉 마음과의 싸움에 도전했다. 이것이 바로 득도(깨우침)의 기초가 되었다.

한편 서양에서는 크리스트교가 그 역할을 수행하기 시작했다. 그 시조격인 사람이 '아우구스티누스'이다. 그는 로마 말기의 종교인인데, 초기 크리스트 교회 최대의 사상가로서 교부철학을 집대성하였다. 그는 '과거는 기억, 미래는 기대'라고 생각하였다. 즉, 마음속에 아로새겨 놓은 일이나 감정을 과거라고 규정했으며, '앞으로 이렇게 하고 싶다', '이렇게 되고 싶다'는 기대의 마음을 미래라고 가정했다. 이것은 심리학적 시간론이라고 불리며, 인간이 살아 있는 한 이와 같은 마음의 과거와 미래를 계속 지니고 살아간다는 것이다. 이 사상이 신학자로부터 철학자에게 전달되어 마침내 심리학적 사상으로 발전해 간 것이다.

'인간의 마음'을 이론적으로 추구하기 시작한 사람은 고대 그리스의 철학자 아리스토텔레스였다. 그는 『영혼론』이라는 책에서 '감각', '기억과 상기', '수면과 각성', '꿈' 등 현대 심리학에서 다루고 있는 주제를 그 시대에도 언급하고 있다. 지금부터 약 2,400년 전의 일이다.

그러다가 근대에 와서는 철학의 아버지라고 불리는 프랑스의 철학자 데카르트가 인간의 마음에 대해 그의 생각을 피력했다. 그것은 우리에게 매우 잘 알려진 '나는 생각한다. 고로 나는 존재한다'는 말로 집약되었다.

데카르트는, 인간은 태어날 때부터 관념을 가지고 태어난다고 생각했다. 이것은 소위 생득관념이다. 데카르트의 이와 같은 주장을 맹렬히 반격한 사람들이 영국의 경험주의 철학자들이었다.

영국 경험주의의 대표자인 로크는 데카르트의 '생득관념 innate idea'에 대해 '당신의 주장이 그렇다면 갓난아이의 관념은 도대체 어떤 것인가?'라고 반론을 제기했다.

이들은 인간이 태어날 때의 마음은 아무것도 쓰이지 않은 백지 상태와 같은 것으로, 그 후 여러 가지 경험으로 그 종이에 갖가지 관념이 기재되어 가는 것이라고 주장했다. 그래서 이들은 어린 시절의 관념축적이 대단히 중요하다고 강조했다.

그 후 등장한 사람이 분트이다. 분트는 철학자이자 생리학자로서,

'마음의 구조'를 실험으로 객관적이게 분석하려고 시도했다. 그는 우선 대상자에게 동일한 조건을 제공하여 실험을 실시하고, 그 결과를 비교 검토하는 방법으로 심리학을 하나의 학문으로 발전시켜 나갔다.

마침내 분트의 등장으로 심리학의 역사는 새롭게 시작되었다.

마음의 과학적 연구

분트는 인간의 마음을 과학적으로 파악하려고 해서 심리학의 첫 장을 열 수 있었다.

예로부터 '마음'에 대한 탐구는 철학자들이 도맡아 하였는데, 철학자의 세계에서는 마음을 '형태가 없는 것, 눈에 보이지 않는 세계의 깊숙한 곳에 자리 잡고 있는 것'으로 생각하였다. 즉, 형이상학적인 것으로 받아들였던 것이다. 이에 반하여 심리학은 마음을 과학적인 측면에서 탐구하는 것이었다.

심리학을 과학으로 성립시키기 위해서는 연구 결과를 일정한 조건에서 재현하거나 누구라도 경험할 수 있는 것이어야 한다. 예를 들면, '수소와 산소를 2대 1의 비율로 혼합하면 물이 된다'는 것은 몇 번을 되풀이해도 결과가 같으며, 누가 실험을 해도 마찬가지다. 마음도 이와 같은 '객관적인 결과'가 나오지 않으면 안 된다는 것이다.

/ 꼬리에 꼬리를 무는 심리학이야기

이리하여 심리학은 마음을 눈으로 볼 수 있는 상태, 다시 말하자면 인간의 '행동'을 연구대상으로 삼았던 것이다.

따라서 심리학은 눈에 보이는 행동과 그 행동으로 추론되는 심적 활동을 과학적으로 연구하는 학문이라고 할 수 있다.

마음은 성격으로 나타난다

행동에 나타나는 인간의 성격

그리스의 왕족 중에 형은 학문에 밝고 인품이 관후했지만, 성격이 극히 내성적이며 온순했다고 한다. 이에 반하여 동생은 성품이 활달하고 매사에 야심만만하여 늘 도전적이었다고 전한다.

우리는 그들을 본 적도 없고, 그들과 가까이 한 적도 없다. 그럼에도 불구하고 사람들은 이러한 이야기를 듣기만 하고도 형은 매우 허약하고 우유부단한 인물처럼 여기고, 동생은 기개가 장대하고 박력이 있는 인물로 여긴다. 이와 같은 우리의 객관적 판단은 사가들이 묘사한 그들의 신체적 조건이나 성격 및 행동의 묘사에서 비롯한 것이다.

행동의 바탕이 되는 것은 그 사람의 감정, 욕구, 의지, 인간관계 등이다. 사람이 밝은 행동을 하거나 어두운 행동을 하는 것은 그 사람의 그때그때 기분이나 감정의 변화 때문이며, 정열적일 때와 냉담할 때의 차이는 욕구의 유무나 강약과 관계된다. 그리고 하나의 목표에 대해 집념이 있느냐 없느냐는 그의 의지와 관련이 있다.

즉, 성격이란 행동에 나타나는 어떤 일관성 있는 그 사람의 특징이라고 할 수 있다.

심리학에서는 '감정과 욕구', '지각의 구조' 등 사람의 행동을 부분적으로 연구하는 경우가 많다. 그러나 성격은 신체적인 것과 심리적인 것을 모두 포함한 인간의 전체적인 것을 바탕으로 연구한다.

사람의 성격은 어떻게 만들어지는가

성격은 크러치머의 체형별 유형론이나 융의 외향형·내향형 이론으로 어느 정도 분류할 수 있지만, 실제로 사람들의 성격은 각양각색이다.

그렇다면 성격은 어떻게 만들어지는 것일까?

사람의 성격은 부모를 닮기도 하며, 자라난 환경에 영향을 받기도 한다.

성격형성에 대한 연구는 아직 결론을 내리지 못하고 있는 것이 현실이다. 최근에 와서는 부모에게 이어받은 유전자와 어릴 때의 교육환경이 복잡하게 얽혀 영향을 준다는 견해가 유력하다.

'유전자가 성격에 크게 영향을 준다'는 사실은 일란성 쌍둥이와 이란성 쌍둥이의 성격비교 실험에서 분명히 밝혀지고 있다. 즉, 일란성 쌍둥이는 둘 다 똑같은 유전자를 갖고 있으며, 이란성 쌍둥이보다 일란성 쌍둥이 쪽이 성격상의 공통점이 많다는 점에서, 성격형성에 미치는 유전자의 영향을 짐작해 볼 수 있다.

이밖에 늑대에게 양육된 '아말라'와 '카말라' 자매의 이야기는 너무나 유명하다. 그녀들을 보더라도 유아시절의 환경은 성격을 좌우하는 데 큰 요인이 됨을 알 수 있다. 특히 부모의 육아방법, 양육태도, 교육수준, 가족구성, 가족의 경제상태, 가족의 사회적 지위, 인간관계, 거주지의 환경, 문화 등이 성격형성에 크게 영향을 주는 요인이다.

이 중에서도 특히 중요한 것이 자녀의 바로 옆에서 생활하는 어머니의 양육태도이다.

사랑하는 자식이지만 때로는 밉다는 생각이 들기도 하고, 성질이 못되었다고 개탄하기도 하지만, 따지고 보면 그런 자식의 성격을 만들어 낸 사람이 바로 자기자신이라는 사실을 깨달아야 한다.

야생아 '아베롱'이 보여준 환경의 자극

1799년 7월 어느 날, 프랑스 남부지방의 아베롱과 타르느 접경 지역에서 열두 살가량의 소년을 발견하였다. 이 '아베롱의 야생아'에 대한 이야기는 대학교의 심리학 강의에서도 많이 다루어지고 있다.

심리학에서는 성격뿐만 아니라, 인간의 사회적 행위가 유전에 의한 것인지 아니면 환경에 의한 것인지에 대한 논쟁도 오랫동안 계속되어 왔다. 이 같은 논점에 크게 기여한 것이 바로 '아베롱의 야생아'와 앞에서 언급한 '아말라와 카말라'에 대한 연구결과이다. 이들은 모두 인간의 문화권에서 격리되어 자라온 아이들이다.

아베롱에서 발견한 소년에게는 '빅터'라는 이름을 붙였는데, 이타르라는 젊은 의사가 양육을 맡았다. 빅터는 이때부터 인간의 생활환경 속에서 인간으로서의 사회적응력을 익히기 위한 교육을 받았다.

의사 이타르의 보고로는, 빅터는 표정이 전혀 없었으며 말도 하지 못했다고 한다. 뿐만 아니라 향기로운 냄새나 악취에도 반응이 없었다. 그러나 호두 같은 식물에는 민감하게 반응했다. 그렇지만 높은 곳에 먹을 것을 얹어 두어도 의자를 사용하여 그것을 손에 넣으려는 지혜조차 갖지 못했다. 이 야생아는 단지 인간의 감시망에서 교묘히 도망치려는 생각밖에 하지 않았다.

의사의 보고로 의해 밝혀진 중요한 사실은, 빅터의 지능이 덜 발달한 것이 아니라 자기자신에게 꼭 필요한 환경에 대해서만 지능이 발달한다는 점이다. 그래서 자기 생활에 불필요한 인간의 언어나 지혜는 발달하지 못했다는 것이다. 좀 더 알기 쉽게 말하자면, 인간 환경에 적응하는 생리가 발달하지 못했다는 것이다.

이 야생아의 경우에서 알 수 있듯이, 인간의 발달은 반드시 정해진 방향이 아니라 환경에 따라서 전혀 다른 방향으로도 발달할 수 있다. 즉, 인간의 발달은 다양성을 지니고 있는 것이다.

이와 같은 현상은 인간이 다른 동물에 비해 미숙한 상태에서 태어난다는(생리적 조산) 것에서 알 수 있다. 미숙한 부분만큼 성장의 다양성을 지니고 있어 환경이나 사회에 적응하기 쉽다는 것이다.

이 야생아는 발견 당시만 해도 차가운 대기에 몇 시간 동안 벌거숭이인 채로 노출되어 있어도 태연했으나, 옷을 입히고 매일 목욕을 시켰더니 점점 추위를 느꼈다고 한다. 심지어 목욕물이 따뜻하지 않으면 목욕을 거부하기도 했다고 한다.

이것으로 환경이 바뀌면 인간의 발달 성향도 바뀌게 되어, 교육과 학습으로 미발달 부분이 보완되거나 발달할 수 있다는 가능성을 알게 되었다.

이와 같은 야생아에 대한 연구보고는 사람이 사람답게 되려면 문화적인 환경이 필수 불가결하다는 사실을 말해주는 매우 가치 있는 발견이었다. 아베롱의 야생아뿐만 아니라 사회에서 격리되어 자라난 어린이의 예는 참으로 많다. 이에 대한 기록을 취합하여 논문으로 발표한 사람이 미국의 심리학자 '징그'이다. 그의 논문에 의하면 사회에서 격리된 어린이 가운데 나이가 어리고 환경 격리 기간이 짧은 아이일수록 인간사회에 빨리 적응하게 된다고 한다.

이 예에서도 알 수 있듯이 환경의 자극을 가장 받기 쉬운 시기(임계기라고 함)가 인간에게 있는데, 이 시기를 놓쳐버리면 결국 환경적응이 늦거나 어려워진다는 것이다. 즉, 나이가 어릴수록 환경에 대한 순응성이 높아진다는 것을 말해주고 있다.

또한, '징그'의 조사에서는 격리된 어린이의 대부분이 말을 하지 못하며, 동물처럼 기어 다니는 일이 많다고 한다. 일정 연령이 되면 자연히 서서 걸어야 하는데도 그렇게 되지 못했다는 것이다.

이런 일을 생각해 볼 때, 옷을 입거나 화장실에서 배설하는 기본적인 생활습관 또한 일정 연령이 되면 자연스럽게 가능해지는 것이 아니라 자라는 환경에서 배운다는 사실을 알 수 있다. 이상과 같은 야생아에 대한 연구는 환경으로부터 자극이나 경험이 얼마나 중요한지를 실증적으로 보여주고 있다.

술을 마시면 사람이 왜 달라지나

문화의 차이에 따라 성격도 달라진다. 사람들은 평소에는 점잖은 척하지만, 일단 술만 마시면 이성을 잃는 경우가 많다.

이처럼 체내에 알코올 기운이 퍼지면 이성의 나사못이 풀려 지금까지 억제했던 본능이 봇물처럼 쏟아져 나오는 현상을 샌프란시스코 주립대학의 버렌드 교수는 '알 커뮤니케이션'이라고 이름을 붙였다. 알 커뮤니케이션이란 술에 취해 있어 자기자신을 잊을 수가 있으며, 그 힘을 빌려 지금까지 억압된 본능이 얼굴을 내민다는 것이다.

그런데 요즘 매우 많은 이용자를 확보하고 있는 인터넷 채팅 사이트는, 채팅방이라는 공간을 통해 음란한 대화가 문자를 통해 오가기도 한다고 한다.

환경이 바뀌면 그 환경이 아무리 나쁘더라도 자신을 제어하지 못하고 그 속으로 빠져드는 걸 보면 역시 마음의 메커니즘도 술과 똑같은 것이 아닐까 하는 생각이 든다. 어쨌든 컴퓨터라는 기계는 상대방에게 얼굴을 드러내지 않는다는 장점으로 수치심을 마비시켜 억압된 본능을 마구 쏟아내는 것이다.

마음의 눈으로 사물을 본다

지각도 마음과 통하는가

만일 당신에게 차가 질주해 오는 위급한 상황에 직면한다면 어떻게 행동하겠는가? 사람은 정신이상자가 아닌 한 차에 치이지 않도록 재빨리 몸을 피할 것이다. 그러한 당신의 행동은 극히 당연한 것이다.

그렇다면 이 당연한 행동에는 어떤 마음의 메커니즘이 작용하는 것일까? 우리는 항상 오감을 동원하여 자신의 주변환경을 인지하려고 한다. 이와 같은 생리적인 활동은 자신이라는 존재를 주위 환경으로부터 보호하기 위해 자연발생적으로 이루어지는 것이다. 이와 같은 신체의 작용을 '지각'이라고 한다.

따라서 '앗! 차가 달려온다'하고 순간적으로 몸을 피하는 행동은 지각의 작용으로 발생하는 것이다. 그런데 위급 상황에 처한 사람이 지금까지 한 번도 차를 본 적이 없는 사람이라면, 또는 과거에 교통사고를 당해 큰 상처를 입은 사람이라면 그 상황을 '받아들이는 방식'은 다소 달라질지도 모른다. 차를 본적이 없는 사람은 '무엇이 달려온다'고 생각하고 오히려 호기심에 가까운 자세를 취할 수 있으며, 자동차 사고를 경험한 사람은 '앗! 차가 달려온다! 빨리 몸을 피해야 해!' 하면서 당황할 것이다.

이처럼 우리는 실제로 발생하는 주위환경을 액면 그대로 받아들일 수만은 없다. 즉, 환경의 일부를 선택해 받아들여 그것을 지금까지의 경험과 그 당시의 심리상태에 비추어 재구성해 보는 것이다. 그러므로 사람이 느끼는 환경과 실제의 환경(객관적 환경) 사이에는 차이가 생길 수 있다.

따라서 사물을 보거나 듣거나 하는 지각은 당연히 마음과 깊은 관계가 있는 것이다.

똑같은 것을 보고도 사람의 생각은 각각이다

조금도 다르지 않은 똑같은 것을 보더라도 자신이 본 느낌(지각)과 다른 사람이 본 느낌은 전혀 다를 수 있다. 이는 사람들이 어떤 사물을 볼 때 눈만이 아니라 마음까지도 함께 사용하기 때문이다.

블란즈워크는 인간의 지각과정을 그림으로 생각하곤 했다.

예를 들어, 사과 한 개가 눈앞에 있다고 가정하자. 사과가 보이는 현상은, 사과에 부딪히는 빛이 반사되어 눈에 들어오기 때문이다. 따라서 어두운 곳에서는 자연히 보기가 힘들어진다.

이 눈에 비친 영상이 신경에 전달되어 시각중추로 전달된다. 그래서 '아! 붉은 사과다'라고 색과 형태를 식별하게 된다. 여기까지의 과정이 '감각'인데, 아직 마음과는 관계하지 않은 상태이다. 감각까지는 누구든 똑같은 작용을 한다. 이 과정을 거치게 되면 마음이 비로소 개입하게 되는 것이다.

'붉은 사과다!'라고 파악하면, 동시에 사과에 대한 과거의 기억이 되살아나 '참으로 신선한 사과다', '맛이 있어 보이는 사과다'라는 식으로, 사람마다 각자의 지각이 작용하는 것이다.

신비로운 인상을 주는 잔상효과

어린 시절, 강한 태양광선이 내리쬐는 여름철에 밖에서 놀다 집에 돌아오면 한동안 주위 환경이 헐레이션(Halation : 사진의 경우 강한 광선으로 피사체가 뿌옇게 나타나는 현상) 현상을 일으킨다. 당신은 혹시 그것을 이상하게 생각해 본 적은 없는가?

이 같은 현상은 눈의 생리적 구조 때문이다.

강렬한 태양광선은 망막을 강하게 자극한다. 이렇듯 강하게 자극받은 망막은 시신경을 극도로 흥분시키는데, 자극이 없어진 후에도 그 흥분은 한동안 가라앉지 않는다. 따라서 망막은 앞서 본 상을 어렴풋이나마 간직한 채 사물을 보게 된다.

이와 같은 현상을 잔상현상이라고 한다.

그런데 이 효과를 이용한 것이 바로 사찰 건물이다. 사찰을 단청하는 데는 주로 붉은색이 사용되는데, 이 붉은색과 인접하여 쓰이는 보색으로 녹색을 이용한다. 인간의 눈은 한 가지의 색을 응시하면 그 보색의 잔상이 떠오르게 되어 있다.

이 붉은색과 녹색의 경계선상에서는, 붉은색을 본 잔상의 녹색과 녹색을 본 잔상의 붉은색이 동시에 생겨난다. 즉, 양자의 잔상이 겹쳐 명도를 배가시킨 황색의 잔상이 나타나는 것이다. 이것이 위엄에 싸인 사찰의 신비로운 인상을 심어주는 데 한몫을 톡톡히 하는 것이다.

사회 속에 존재하는 인간의 마음

인간의 사회적 행동은 타인의 영향을 받는다

우리는 식사를 하거나 직장에 출근을 하는 등 매일 여러 가지 행동을 한다.

그러나 이와 같은 행동이 순전히 자기자신의 주체적인 생각에서 이루어지는 것이라고는 볼 수 없다. 그중에는 타인에게 영향을 받아 행동하는 것도 있다. 우리는 사회생활을 하면서 여러 사람과 관계를 맺으면서 생활하기 때문에 타인으로부터 영향을 받는 것은 지극히 당연하다. 타인에게 영향을 받는 행동을 사회적 행동이라고 한다.

사회적 행동을 좌우하는 큰 요인 가운데 하나가 사회적 태도인데, 사회에서 발생하는 사물에 대한 가치관을 뜻한다. 예를 들면, 인종 편견, 정당지지, 종교 등도 사회적 태도에 속한다.

개인의 사회적 행동은 그 사람이 속해 있는 사회의 분위기에 크게 영향을 받는다. 사람들은 자신도 모르는 사이에 성장해 온 사회의 분위기를 받아들임으로써, 그것이 몸에 배는 것이다. 그중에서도 부모가 미치는 영향이 제일 크다.

그런데 사회의 분위기를 지나치게 강조하다 보면 사람의 행동에는 바람직스럽지 않은 경향이 나타나기도 한다. 그러한 예 가운데 하나가 타인의 행동에 맞추어서 행동하는 일이다. 그러나 반대로 사회에 대해 반항적인 행동을 하거나 현실 도피적인 행동을 취하는 일도 있다.

동조하는 사람과 영합하는 사람

제2차 세계대전 중 나치를 비롯하여 많은 독일 사람이 히틀러에게 동조하여 유대인 배척운동을 전개했다. 그중에는 처음에는 히틀러의 생각에 동조할 의사가 없었지만 자신도 모르는 사이에 그렇게 된 사람도 꽤 많았다고 한다.

이것은 동조의 한 형태이다. 본의 아니게 동조를 하게 되는 심리의 하나로, 남들과 다른 의견을 가진 것이 불안하여 자기 생각을 상대방의 생각에 동화시키는 것이다.

이러한 동조심리에 관한 연구를 한 학자 가운데 '클러치 필드라'라는 사람이 있다. 그는 동조심을 일으키기 쉬운 사람과 그렇지 않은 사람의 경향을 분석해 보았다.

이 학자의 연구결과에 의하면 동조심을 일으키기 쉬운 사람은 복종적이며 유순하고, 기호의 범위가 좁고 욕구를 지나치게 억제

하며, 우유부단한 데다가, 긴장하면 어쩔 줄 모르며, 어떤 일에 적
응하기 고통스럽게 생각하여 암시에 걸리기가 쉽고, 타인의 평판
이나 평가에 민감하다고 한다.

한편 동조심을 일으키지 않고 독자적인 판단으로 행동하는 사람
은 현실적으로 유능한 지도자급에 속해 있는 경우가 많다고 한다.
또한, 타인과 교섭을 벌이면 항상 우위에 서 있으며, 설득력도 강해
남을 자기 뜻에 따르게 한다고 한다. 그리고 사물을 확인하기 위해
남에게 조언을 구하며, 능력이 있을 뿐만 아니라 현실에 임기응변
적으로 잘 대응한다. 일반적으로 활동적, 정력적이며, 표현력도
뛰어나다. 또한, 미적, 예술적 감각을 추구하고, 체면에 신경을
쓰지 않으며, 태도가 극히 자연스럽다는 것이다.

현대에 와서는 과거 유대인에 대한 배척이 매우 잘못되었다는
견해가 지배적이다.

그러나 당시 대부분의 독일 사람들은 시류의 영향으로 히틀러
의 정책이 옳다고 동조했던 것이다. 그렇다고 해서 동조하기 쉬운 사
람만을 추궁해서는 안 된다. 왜냐하면, 그 대극에 있는 '독자적인
판단으로 행동하는 사람'들의 경향이 히틀러의 정책에 영합되는 때
가 많았기 때문이다.

누구나 한 번쯤은 백화점의 바겐세일 기간에 충동구매를 경험한 일이 있을 것이다.

그런데 만일 바겐세일 매장에 손님이 한 명도 없었다면 당신은 그래도 물건을 구매했을까?

'혹시나 품질이 좋지 않아 손님이 없는지도 몰라.'

'인기가 없어서 손님이 없는지도 몰라.'

이러한 생각으로 구매를 주저하게 될지도 모른다.

반대로 매장에 많은 사람이 모여 있으면, '물건을 사지 않으면 손해를 본다'는 생각을 하게 될 것이다.

이처럼 많은 사람이 모여들면 남의 말과 행동에 동조하기가 쉬우며, 모두 물건을 사는 데 열을 올리게 될 것이다. 이런 현상을 '군중심리'라고 한다. 어떤 가게에서는 일부러 바람잡이를 동원하여 사람들을 의도적으로 끌어 모으는 때도 있다.

사람의 심리에는 '남보다 더 많은 이득을 얻고 싶다'는 욕구가 있다. 이름 있는 상품의 바겐세일 광고에 '선착순 10명에 한하여 드립니다'라는 식의 미끼 광고를 낼 때가 있는데, 이런 광고는 고객의 욕구를 불러일으켜 충동구매를 유발하기 위한 것이다.

이와 같은 한정판매 광고를 본 손님들은 희소가치에 집착하여,

'서둘러 사지 않으면 손해를 본다'는 생각으로 새벽부터 가게 앞에 장사진을 치고 있다가, 그 상품을 사고 난 후에는 '정말로 구매하기 힘든 상품을 헐값에 잘 샀다'는 자기만족에 도취하게 되는 것이다. 그러나 그 상품이 사실은 재고품으로 쌓여 있던 제품일지도 모를 일이다.

가격의 마술도 한몫을 톡톡히 한다. 예를 들어, 셔츠 한 장에 10,000원짜리와 9,800원짜리의 가격 차는 불과 200원이지만, 9,800원 쪽이 왠지 무척 값이 싸게 느껴진다.

요즘 백화점 상품광고를 눈여겨보면 3,900원, 1,990원 등 9라는 숫자를 많이 사용하고 있는 것을 발견하게 될 것이다.

이처럼 바겐세일에도 심리학을 응용하고 있다는 것은 참으로 흥미로운 일이다. 어쨌든 장사꾼의 교묘한 심리작전 또한 심리학의 즐거움이 아닐까?

2장

감정

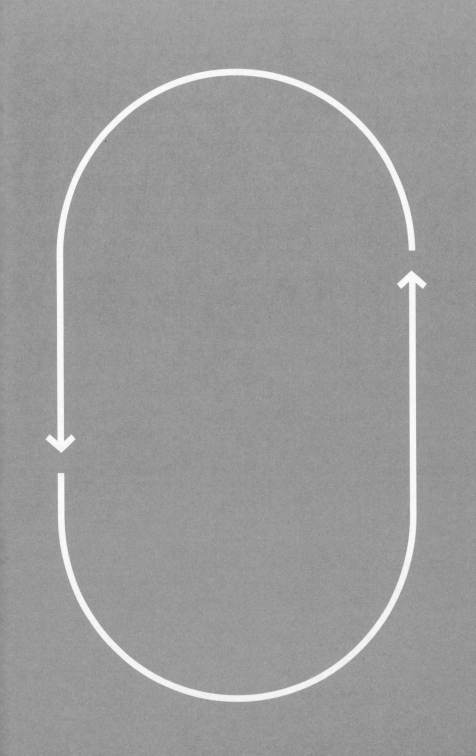

희로애락은 어떤 구조인가

희로애락은 어떤 구조로 이루어져 있는가

좋아하는 사람과 이야기하면 기분이 좋아진다거나, 뉴스를 통해 정치가의 부정을 보고 분노한다거나, 생각지도 못한 선물을 받으며 기뻐하거나, 업무 중 실수를 해서 불쾌해진다거나 하는 우리의 일상에는, 어떤 상황에서든 모종의 감정이 관련되어 있다.

감정은 희로애락 그 자체만 일어나는 것이 아니다.

우리는 자신을 즐겁고 기쁘게 해주는 사람을 호의적으로 생각하며, 반대로 자신을 불쾌하게 만드는 사람을 싫어하게 된다.

아이가 골칫거리란 사실을 머리로는 알지만, 막상 아이가 양탄자에 주스를 엎지르는 것을 눈앞에서 보게 되면 화가 나서, "이러면 못 써!" 하며 고함을 치기도 할 것이다.

감정은 이렇게 우리 마음에 작용하며, 우리가 사물을 보는 관점, 생각, 행동에까지 영향을 미친다.

이 장에서는 감정에 대하여, '기쁨, 놀라움, 슬픔, 화남, 두려움,

혐오'와 같은 모든 희로애락 이외에도 '좋은 느낌, 나쁜 느낌, 좋아함, 싫어함' 등의 마음의 상태도 감정에 포함하고 있다. 감정과 마음, 행동의 관계에 대해 여러 가지 각도에서 살펴보겠다.

감정이 사람을 만든다?

"저 사람 어떤 사람이야?"라고 주변의 아는 사람에 대해 질문을 받았을 때, '화를 잘 내는 사람', '늘 벌벌 떨고 있는 사람', '왠지 즐거워 보이는 사람'과 같이, 우리는 감정과 관련된 말로 답해 주는 경우가 종종 있다.

"이번 인사이동에서 우리 과로 오는 과장은 다혈질 같아"라는 소문을 들었을 때, 어떤 생각이 드는가? '분명히 우리 과장은, 다른 사람이라면 화낼 턱도 없는 부하직원의 사소한 실수로 화내거나, 회의에서 자주 거칠어지는 사람일 거야'라는 생각을 할 것이다.

요컨대, 원래 그런 성격이니까, 일이 터질 때마다 화를 낼 것이라는 해석이다.

이처럼, 그 사람이 원래 갖고 있는 성격으로 어떤 감정이 드러나기 쉬워진다고 자연스럽게 믿고 있다.

'화를 잘 낸다든가, 울보라든가 그런 건 천성이야. 그러니 이성으로 감정을 억누른다거나, 제어할 수밖에 없지'라는 식으로 생각하기 일쑤이다. 확실히 그 생각은 어느 정도 맞는 말이다. 근래의 심리학에서는, 인간의 중심이 되는 성격의 5할 정도는 태어나면서 (유전으로) 결정되는 것이라고 말하고 있을 정도이다.

그런데 그것뿐이 아니다. 이와 더불어, 유아기에 어떤 감정의 경험을 반복하면서, 성격의 경향이 만들어지는 부분도 있는 것을 알 수 있다.

성격의 경향은 이렇게 만들어진다

아버지, 어머니와 아이의 일상 속 주고받음을 상상해 보자. 어머니가 언제나 안절부절못하고, 화를 잘 낸다고 가정하자. 그런 어머니와 매일 긴 시간을 같이 보내는 아이는 어떻게 될까?

상대가 화내고 있다는 것은 어떤 때라도 우리를 불안하게 한다. 그때의 분노가 자신을 향한 것이 아니라 하더라도, 자신을 거절하고 있다는 느낌으로 이어진다. 또한, 그 분노가 언제 자신을 향한 공격으로 바뀔지 모른다.

어린아이에게 어머니는, 살아가면서 유일하게 의지할 수 있는 소중한 존재다. 그런 어머니가 항상 안절부절못한다고 한다면, 분명히 아이는 늘 불안한 상태에서 살 수밖에 없지 않겠는가?

'지금 어머니가 화내고 있는지 아닌지'에 대해 매우 민감해진다. 어머니가 기분이 좋을 때나, 상냥하게 대해 줄 때보다도, 기분이 좋지 않을 때의 어머니에 대해 특히 주의를 기울이게 된다. 그래서 아이는 자신을 지키려 하게 되는 것이다. 더 나아가서는 항상 불안한 듯 어머니의 얼굴색을 엿본다고 해서, 어머니의 화를 한층 더 돋우고 마는 악순환으로도 이어진다.

이러한 경험이 어린 시기를 통해 계속해서 반복되면, 그 아이는 원래의 성격 경향의 토대 위에, 다른 사람의 분노나 불쾌한 감정에 필요 이상으로 민감해지는 불안 경향을, 다소나마 몸에 배게 될 것이다.

반대로, 늘 편안하게 미소 짓고 있는 어머니와 아이의 관계는 어떨까?

웃는 얼굴은 누구에게나 기본적으로 좋은 기분을 불러일으킨다. 상대방의 웃는 얼굴은, 자기를 받아들이고 있다, 자신은 이대로 좋다, 라는 실감으로 이어진다. 어머니가 아이 앞에서 언제나 편안하게 미소 지으며 대하면, 아이도 안심하고 편안한 기분으로 어머니를 대할 수 있다.

어린 시기에 그런 감정의 교류를 반복하면 할수록, 아이는 다른 사람의 유쾌함이나 기분 좋음을 알아채기 쉬워진다. 나아가서는 기본적으로 사람을 신뢰하며 대할 수 있게 될 것이다.

우리는 매일매일의 생활 속에서, 의식하든 안하든, 빈번하게 감정을 표현하고, 다른 이의 감정을 받아들이고 있다. 특히 어린 시기의 이런 감정의 경험은, 어느샌가 우리의 감정의 소유방식만이 아니라, 대인 관계에서나, 성격 형성에도 영향을 주고 있다.

몇 해 전, 어느 여성실업가가 다음과 같은 이야기를 했다.

"아름다운 여성이 되고자 한다면, 공포영화나 공포소설은 읽지 않는 것이 좋습니다. 일부러 불안하거나 놀라는 경험만 반복하게 되면, 어두운 느낌의 인간이 되고 맙니다. 그보다도 연애나 성공을 다룬 이야기를 읽어 보십시오. 그러면 언제나 밝은 기분을 유지할 수 있고, 당신을 아름답게 할 것입니다."

공포영화를 좋아하는 사람이 어두운 사람이 되어 버린다는 것은 과장이다. 연애소설만 읽거나 연애영화만 보는데 조금도 아름답지 않은 사람도 있다. 이런 것을 접어두고서라도, 어떤 감정 경험의 반복이 그 사람을 만든다는 것을 생각하면, 그 여성실업가의 의견 에도 일리가 있을지 모르겠다.

표정이 감정을 만든다?

감정이 일어나는 구조

너무 슬펐을 때 우리는 단지 '슬프다'는 생각만 하진 않는다. 눈물이 흐르고, 몸이 떨리기도 한다. 분노로 혈압이 오르기도 하고, 놀라서 긴장하기도 하며, 심장은 두근두근하고, 손바닥에는 땀이 맺히기도 한다. 이처럼 감정이 일어날 때에는, 신체 내부의 생리적인 변화가 동시에 일어나는 경우가 자주 있다. 감정은 마음속에서만 일어나는 것이 아니다.

이러한 생리적인 변화를 동반한 일시적인 강한 감정의 상태를, 심리학에서는 '정동情動'이라 부른다.

심리학에서는 100년 이상 전부터, 감정 또는 정동이 어떻게 일어나는지에 대해, 많은 사람이 여러 가지 학설을 내놓았다. 현재는 감정에 대한 연구가 상당히 진행되어, 뇌의 어느 부위가 관계되어 있고, 어떠한 메커니즘으로 일어나는지도 해명되었다. 그러나 여전히 알 수 없는 것은 많이 있다.

이 장에서는 심리학을 배우는 사람이라면 누구나 알고 있는 고전적인 학설이나, 유명한 학설을 약간만 소개하고, 감정(정동)이 일어나는 구조를 고찰해 보겠다.

'울어서 슬프다' 제임스 랑게의 이론

하염없이 울고 있는 사람을 보면, 우리는 자연스럽게 '슬퍼서 우는구나' 생각한다. '슬프다'는 감정이 원인으로 '운다'는 생리적인 변화가 일어난 것이다.

우리에게 이런 해석은 진지하게 생각할 수 있지만, 100년 이상 이전에 이러한 생각을 부정했던 사람이 있다. 제임스라는 심리학자가 바로 그다.

제임스는 '슬퍼서 우는' 것이 아니라, '우니까 슬프다'라고 생각했다. '우리는 울어서 슬프고, 때려서 화가 나고, 떨어서 무서운 것이지 슬퍼서 울고, 화나서 때리고, 무서워서 떠는 것이 아니다'라고 그의 저서에 쓰여 있다. 즉, 제임스에 따르면, 신체의 생리적인 변화의 결과로 정동이 일어난다는 것이다.

가령, 숲 속을 거닐고 있는데, 발아래 풀숲에서 돌연 뱀이 나타난다고 가정해 보자. 그러면 그 뱀을 보고, 우선 심장이 두근두근하고 신체가 덜덜 떨린다. 이러한 생리적인 변화의 느낌이 두렵다는 정동이 된다는 것이다.

제임스의 정동에 대한 이러한 생각은 제임스 랑게 이론이라 불린다(랑게라는 덴마크의 생리학자가 거의 같은 시기에 비슷한 학설을 발표해서, 둘의 이름을 합쳐 이렇게 불린다).

제임스 랑게 이론은, 우리의 직감에 반하는 의미도 있어서, 상당히 많은 비판을 받았다. 현재는 제임스 랑게 이론이 우리의 정동을 설명하는데 부적합한 학설이라는 것을 알고 있다. 그렇다 해도, 이후의 정동에 대한 연구를 자극했다는 의미에서는 상당한 의의가 있다.

얼굴 표정이 기분을 만든다?

그리고 한참 후에 제임스의 생각을 좀 더 개진한 이론으로, 톰킨스 가설(안면 피드백 가설)이 나왔다.

제임스가 생각했던 것은 '신체의 생리적인 변화가 정동을 일으킨다'는 것이었다.

이에 반해 톰킨스는 생리적 변화가 아닌 '얼굴 표정의 패턴이 정동을 일으킨다'라고 생각했다.

간략하게 말하자면, 웃는 얼굴은 즐거운 기분, 화난 얼굴은 불쾌한 기분을 일으킨다는 것이다.

톰킨스에 따르면, 인간은 태어나면서 특정한 표정의 패턴과 특정한 정동 상태가 연결되어 있다고 한다. 그러니까, 본인에게는 그것이라 알지 못하게 안면에 웃는 얼굴일 때의 표정 패턴을 만들게 하면, 그 사람은 자연히 기분이 좋아진다는 것이다.

이와 관련된 한 가지 재미있는 실험을 소개하겠다.

스트라이크를 실행한 실험이다. 실험의 참가자를 2조로 나눈다. 한 조에는 아래의 좌측 그림처럼 펜을 치아로만(입술은 닿지 않게) 물게 한다. 다른 한 조에는 우측의 그림처럼 펜을 입술로만(치아를 사용하지 않고) 물게 한다.

그 뒤에 2조 모두에게 만화를 읽게 한다.

나중에 그 만화의 재미를 평가하게 하면, 치아로만 펜을 물었던 쪽의 사람이, 만화를 좀 더 재미있게 평가했다고 한다.

그럼, 아래의 그림처럼 실험을 진행했을 때 어떤 일이 일어났을까?

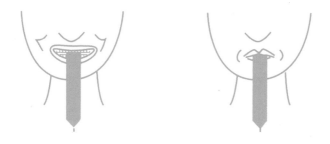

펜을 치아로만 물었을 때의 표정을 잘 보자. 양쪽의 볼이 올라가 있고, 마치 웃는 얼굴일 때와 흡사한 표정 패턴이 된다. 본인은 웃을 생각을(웃는 얼굴을 지을 생각을) 하지 않았는데도 말이다.

이에 반해, 입술로만 펜을 물었던 사람의 표정은, 입술이 좁아져서 마치 불쾌할 때의 표정 패턴처럼 되어 있다. 물론 이 경우에도 본인은 자신이 불쾌한 얼굴을 하려고 하진 않았다.

톰킨스 가설에서는, 웃는 얼굴의 표정패턴은 즐거운 기분, 불쾌한 얼굴의 표정 패턴은 불쾌한 기분을 일으킨다는 것이다. 따라서, 치아로만 펜을 물었던 사람은 무의식중에 즐거운 기분이 되고, 만화의 평가도 높아졌던 것이다.

그럼, 톰킨스 가설을 따라 우리 주변을 되돌아보면, 모 햄버거 체인점에서 일하는 사람들은 늘 기분이 업UP되어 있을 것이다.

그러나, 그렇게 단순한 것이 아니다.

즉, 우선 스스로 '나는 지금 웃는 얼굴을 짓고 있다'라고 의식하면, 효과가 사라지는 것이다.

실제로 어느 정도 즐거운 기분이 되었다 하더라도, 그 이유를 '일부러 웃는 얼굴을 지었으니까'라고 해석해 버릴 수 있어, 실감하는 것으로서의 즐거운 기분은 줄어버린다.

게다가, 일상생활에서 정동이 일어나는 구조는 좀 더 복잡하다. 표정을 만들었을 때의 상황에 대한 해석 등도 관련되어 있다.

분명히 비탄에 잠겨있다고 자각하는 상황에서, 애써 웃는 얼굴을 지어도, 즐거운 기분이 될 리가 없다. 얼굴 표정의 패턴만으로 완전히 정동이 결정된게 아닌 것이다.

그렇다 해도, 톰킨스 가설을 일상에 응용하는 것이 꼭 소용없는 것만은 아니다. 왠지 모르게 우울한 때에, 입아귀를 위로 올리고 웃는 얼굴을 지으려 하면, 침체된 기분을 회복하는 데 조금은 도움이 될 수도 있으니까 말이다.

느낌의 정체는 어떤 것인가?

'필링(feeling)'이라는 알 수 없는 존재

무언가 물건을 사려고 할 때 '필링(느낌, 기분)'에 따라 결정한 적이 있지 않았나?

디지털카메라를 사기로 하고 상점에 가서, 다양한 상품을 비교한다. 그리고 가격이나 성능, 디자인도 거의 비슷할 정도로 마음에 든 카메라가 3종류로 좁혀졌다고 생각해 보자.

이때, 우리는 대체로 '필링'에 따라 최종적으로 어느 것을 살지 결정한다. 왠지 '좋은 느낌'이 드는 것을 선택하는 것이다.

이러한 '필링'도 감정의 일종이다.

우리는 평소에 자주, 혹은 별 생각 없이, 이 '필링'을 사용하여 판단을 내리거나, 행동한다. 이치로는 결정하기 힘든 상황에서의 판단에, '좋은 느낌·나쁜 느낌'과 같은 감정이 은밀하게 한 역할을 담당하고 있는 것이다.

하지만 이 '필링'이 사실은 좀처럼 알 수 없는 것이다.

가령, 거리를 걷다가 종종 눈에 띄는 액세서리 가게에 들렀다고 가정해 보자. 처음 들어온 그 가게의 장식은 매우 세련되어 있다. 점원은 강요하는 기운 없이 상냥하게 대해 준다. 가게 안에 들리는 음악도 편안하고 기분 좋아서 센스 있다는 느낌을 준다.

처음에는 액세서리를 살 생각이 없었지만, 진열된 액세서리가 어느 것이나 '좋은 느낌'이어서, 하나 사버리고 만다. 집으로 돌아와 다시 포장을 뜯고 보니, <u>스스로</u> 맘에 들어 샀는데도, '왠지 생각보다 멋지지 않네' …… 이런 경험은 누구나 한번은 해보지 않았을까?

자, 이런 때, 정말로 액세서리 그 자체가 자신에게 '좋은 느낌'을 주었을까? 이 경우, '좋은 느낌'이 든 원인은, 가게 내부 공간이었을 수도 있고, 상냥한 점원이었을 수도 있고, 가게에서 들리는 음악이었을 수도 있다. 혹은 이 모두가 섞여 '좋은 느낌'이었을 수도 있다.

어느 것이든, 액세서리 이외의 것으로 마음에 떠오른 '좋은 느낌'을, 액세서리가 좋은 느낌을 줘서라고 착각했을 가능성도 있는 것이다.

이것도 저것도 전부 다 멋져!

이처럼, 우리는 기분이 '좋은 느낌'의 상태가 되면, '좋은 느낌'의 원인과는 별개의 것에도 '좋은 느낌'이 파급되는 경향이 있다. 이를 '기분일치효과'라 부른다.

새로 생긴 쇼핑몰에 물건을 사러 가면, 필요한 물건 말고도 다른 여러 가지 것을 샀던 경험이 있지 않았나?

디즈니랜드에 갔을 때, 노는 것에 만족하지 않고, 생각지 않게 선물을 많이 샀던 경험은 없었나?

그리고 그때만큼이나, 집에 돌아오고 난 뒤 문득 자신을 돌아보며, '왜 이렇게 많이 사버렸지?' 하는 기분의 낙차를 느껴보지는 않았나? 실은 이러한 곳에서 간단히, 기분일치효과가 작용하고 있는 것이다.

하지만, 기분일치효과는 만능이 아니다.

잡지나 TV 등을 보면, 눈앞에 있는 이성을 자신에게 향하도록 하는 데이트 연출이 있다. 그 대부분은 이런 기분일치효과로 설명이 가능하다.

이것이 실은 조건에 따라선 대실패로 돌아갈 수도 있다. 잠시 예를 들어 보자.

남성 박신양 씨(가명)가, 어떻게 해서라도 친해지고 싶은 친구인 여성 김정은 씨(가명)를 과감하게 데이트에 불러냈다고 가정해 보겠다.

김정은 씨는 박신양 씨를 친구로만 여기고 있다. 박신양 씨는 분위기를 만들기 위해, 요즘 스포트라이트를 받고 있는 유명한 요리사의 레스토랑에 저녁 식사 예약을 하고, 김정은 씨를 초대한다.

레스토랑의 분위기나 대접, 바깥에 펼쳐진 야경과 요리 모든 것이 근사하고 최고이다. 박신양 씨의 마음속 예상으로는, 분위기에 취한 김정은 씨가 '좋은 기분'이 되어, 기분 일치 효과가 작용하고,

김정은 씨가 박신양 씨를 호의적으로 생각하게 된다는 것이다.

그런데, 박신양 씨의 생각과는 반대로, 김정은 씨는 돌아갈 즈음에 단호하게 "실례할게요. 박신양 씨에 대해서는, 역시 친구로밖에 생각되지 않네요."라며 교제를 거절한다.

이 경우, 기분일치효과가 작용하지 않았던 이유는 두 가지로 생각할 수 있다.

우선, 박신양 씨의 의도를 김정은 씨가 알아차린 때이다. '이렇게 화려한 데이트를 하면, 로맨틱한 분위기에 취해 내가 OK라도 보낼 거로 생각하고 있었나?'라는 식이다. 확실히 김정은 씨의 기분이 좋아졌다 하더라도, 안타깝지만 이 때엔, 박신양 씨에 대한 호의로 이어지지 않는다. 상대방이 이미 손바닥 읽듯 훤히 알게 되면, 자기에 대해서 호의가 늘어나기는커녕, 거꾸로 상대방의 환멸을 사게 될 것이다.

다른 하나는, 처음부터 김정은 씨가 박신양 씨에게 '가망이 없었던' 때이다. '식사도 맛있고, 야경도 멋지긴 한데, 조금도 즐겁지 않은 데이트네요'라고 김정은 씨가 생각한다면, 기분일치효과가 발생할 수는 없다.

오히려, 박신양 씨를 전혀 좋아하지 않는다는 사실을 재재확인할 수가 있다. 즉, 분명히 누구나 좋은 기분이 될 듯한 그런 상황에서, 본인의 기분이 좋아지지 않는다면, 그것은 함께 있는 상대방 탓이라 판단하기 때문이다.

'이런 멋진 장소에, 이렇게 맛있는 요리가 있는데도, 어째서 지금 하나도 즐겁지 않은 걸까? 역시 나는 이 남자를 안 좋아하는 거야' 라고 생각하는 것이다.

알 수 없는 기억의 장난

인생은 즐거운 기억으로 채색된다

"지금까지의 인생을 되돌아보고, 마음속에 가장 강하게 남아 있는 에피소드를 이야기해 주세요" 만일, 당신이, 이런 질문을 받는다면 어떤 에피소드가 떠오르는가?

기르고 있던 애완동물의 죽음, 1지망이지만 좁은 문턱의 대학에 합격, 대지진 같은 재해를 겪던 일 ……. 마음에 강하게 남아 있는 에피소드는 사람에 따라 제각각이다.

에피소드는 제각각이어도, 반드시 공통되는 부분이 있다. 그것은 강렬한 감정을 수반한 경험의 에피소드라는 것이다. 애완동물의 죽음이라면, '슬픔', 1지망 대학에의 합격이라면 '기쁨', 재해라면 '공포와 불안'이다. 우리는 그것이 '기쁨'이든 '슬픔'이든, 강렬한 감정이 일어난 경험을 이후에도 잘 기억하고 있다.

행복한 기억이 남는 구조

그런데, 혹시 당신이 기억해 낸 에피소드는 그저 즐거운 기억이라기보다 슬프거나 괴로운 기억은 아니었을까?

감정의 경험이라는 것은, 기쁨이나 행복 같은 쾌의 감정보다 공포나 슬픔 등의 불쾌한 감정 쪽이 대체로 강하다.

예를 들어, 좋아하는 이성과 서로 사랑하게 되었을 때의 기쁨과, 좋아하는 이성으로부터 차였을 때 실연의 충격을 상상해서 비교해 보자.

완전히 다른 감정일지도 모르지만, 실연의 감정은 '강도'가 크지는 않는가?

이런 식으로, "인생을 되돌아볼 때, 가장 강렬하게 마음속에 남아 있는 기억은?"이라고 물으면, 어느 쪽이냐 하면 괴로운 기억의 에피소드가 기억되기 쉬운 것이다.

그러나, 인간이라는 존재는 불가사의하게 잘 만들어져서, 슬픔이나 공포 같은 불쾌한 감정 자체는 시간과 함께 약해진다.

이와 달리 기쁨이나 행복감 같은 쾌의 감정은 시간이 지나도 그다지 약해지지 않는다.

요컨대, 같은 정도의 강함을 가진 슬픈 경험과 기쁜 경험이 있다고 한다면, 시간이 지나면서 슬픈 경험의 '슬픔'보다 기쁜 경험의 '기쁨'이 감정으로서 강하게 된다.

따라서, 전체적으로 볼 때, 시간이 흐르면 흐를수록, 즐거운 기억의 에피소드가 마음속에 많이 남게 되는 것이다.

어느 연구에서는 대학생을 대상으로 어린 시절의 에피소드를 기억하게 하여, 이를 감정별로 분류했다.

결과를 보면, '즐거운 기억 : 괴로운 기억 : 어느 쪽에도 해당하지 않는 기억'의 비율이 '5 : 3 : 2'로 나타났다고 한다.

우리는 왠지 모르게 인생을 되돌아보았을 때, '여러 일이 있었지만, 어쨌든 좋은 인생이었다'라고 느껴지도록 만들어진 듯하다.

단지, 여기에도 예외는 있다.

처음부터 불안을 많이 느끼는 사람은 즐거운 기억의 에피소드보다 걱정으로 끙끙 앓던 일을 잘 기억해내는 경향이 있으며, 우울증에 걸린 사람은 자신의 과거 속 즐거웠던 에피소드를 제대로 기억하지 못한다는 보고도 있다.

좋고 싫음의 심리적 구조

처음 보는 데도 왠지 좋다?

처음 만난 사람에 대해, '아, 느낌이 좋은 사람이네'라든가 '조금 무서운 느낌이 든다'와 같은 인상을 받는 일이 있다.

사람의 인상이 어떻게 이루어지는지는 용모나 머리 모양 혹은 복장 같은 그 사람의 외모가 크게 영향을 미치는 것으로 알려져 있다.

일반적으로 매력적이라고 생각하기 쉬운 얼굴의 특징으로는, 피부가 희고, 이목구비가 뚜렷한 얼굴을 예로 들 수 있다.

반대로, 매력이 거의 없다고 여기기 쉬운 것이 입매가 야무지지 못한 경우의 특징이다.

또는, 같은 상대방이라도 처음 만났을 때, 대머리에 수염을 기르고 있는 경우와, 적당히 머리를 기르고 깨끗하게 수염을 자른 경우는 인상이 완벽히 달라 보인다.

하지만, 첫인상을 좌우하는 것은 이러한 외모만이 아니다.

여러분은 그 사람의 외모와는 별개로 '처음 보는데 왠지 마음에 안

든다'거나 거꾸로 '처음 보는 데도 예전부터 친구였던 것처럼 마음이 맞을 것 같다'고 생각한 적이 없었나?

실은, 우리가 지금까지 어떠한 사람을 만나 어떤 관계를 맺어 왔는가 하는 점도, 처음 만나는 사람의 인상을 좌우하는 부분이다.

처음 만났던 사람이 우연히도 자신의 부모님, 친구, 연인 등 자신에게 소중한 사람과 닮았다고 가정해 보자. 그러면 우리는 무의식 중에, 소중한 사람에게 품었던 감정을, 이제 처음 만난 사람에게도 투영한 부분이 있는 것이다.

이러한 효과를 '전이轉移'라고 한다.

스스로 '처음 보는데도 어쩐지 마음에 안 든다' 하는 사람을 만났다고 가정해 보자. 그것이, 어린 시절에 언제나 자기 일을 눈엣가시로 여기고 짓궂게 굴었던 동급생과 닮아서라는 것을 나중에야 깨닫는 적도 있을 것이다.

그러한 과거의 경험을 분명히 알아챌 수 있다면 '마음에 안 든다'는 감정도 어느 정도 수정할 수 있다.

하지만 좀처럼 그렇게 할 수 없는 것이 현실이다. 이러한 점은 연구에서도 확인된다.

실험 참가자에게 여성 2명의 얼굴 사진을 보여주고, 어느 쪽이 상냥할 것 같은지 선택하게 한 실험이다.

사실 이 실험을 시작하기 전에, 참가자는 실험 스태프인 여성에게 상냥하게 대하는 경험을 한다.

그러면 이 참가자는 사진을 선택할 때, 좀 전에 상냥하게 대한 실험 스태프 여성과 가장 닮은 특징이 있는 여성의 얼굴 사진을 선택한다는 것이다. 물론, 사진을 선택한 참가자는 그 사실을 알아차리지 못했다.

일반적으로, 얼굴 사진만으로 어느 쪽이 상냥할 것 같은지 선택하는 것은 그렇게 쉬운 일이 아니다. 상냥함을 판단할 근거가 별로 없기 때문이다.

그러한 상황에서 실험 참가자는 무의식중에 전이가 일어나서 자신에게 상냥하게 대한 사람과 가장 닮은 사람을 상냥할 것 같은 사람으로 선택했던 것이다.

또한, 여성은 흔히 무의식 중에 자신의 아버지와 닮은 남성을 연애상대로 선택한다고 한다. 이러한 사실도 전이 효과와 같은 점이 있는 듯하다.

어떤 사람이나 물건을 이유도 없이 '좋아한다'고 생각하는 현상은 전이와는 별개의 설명도 있다.

가령, 슈퍼마켓에 부엌용 세제를 사러 갔다고 하자. 우리가 슈퍼마켓에서 선택한 상품에 대해 그 이유를 물으면, "이 상품이 좋을 것 같아서"라든가, "좋아하니까"라는 식으로 답할 것이다.

하지만, 실제로는 '이 상품을 CM에서 자주 보았다'는 것이 진짜 이유였을 것이다.

어떤 상품의 로고나 패키지, 상품명 등을 단지 몇 번 보거나 들었다는 것만으로 무의식중에 호감이 가는 것을 알 수 있다.

이를 '단순접촉효과'라고 한다.

이와 같은 효과가 일어나는 이유는 다음과 같이 설명된다.

처음 것보다 이전에 한 번이라도 본 적이 있는 것은 머릿속에 유연하게 주입된다.

'유연하게 주입되는 느낌' 그것이 우리에게는 '좋은 느낌'이며, 이를 우리는 좋아한다고 생각하는 것이다.

이런 느낌은 물건뿐 아니라 사람도 비슷하다. 한 번이라도 어딘가에서 만난 사람인데, 그 사실을 알아채지 못하고 '처음 만났다'고 생각한다는 가정을 해보자. 혹은 정말로 처음 만나는데도, 이전에 그 사람과 비슷한 얼굴의 사람을 만난 적이 있다고 가정해 보자. 그러면, 자신은 깨닫지 못해도 단순접촉효과가 나타난다.

그 결과, '처음 보는 데도 왠지 그리운 느낌이 드는 사람'과 같은 호감으로 이어진다.

단순접촉효과는 많은 실험에서 그 효과가 입증된다. 신문이나 잡지에 나오는 상품 광고를 자주 내는 것도, TV의 CM에서 같은 상품을 반복해서 선전하는 것도, 이 효과를 노리는 것이다.

3장

기억

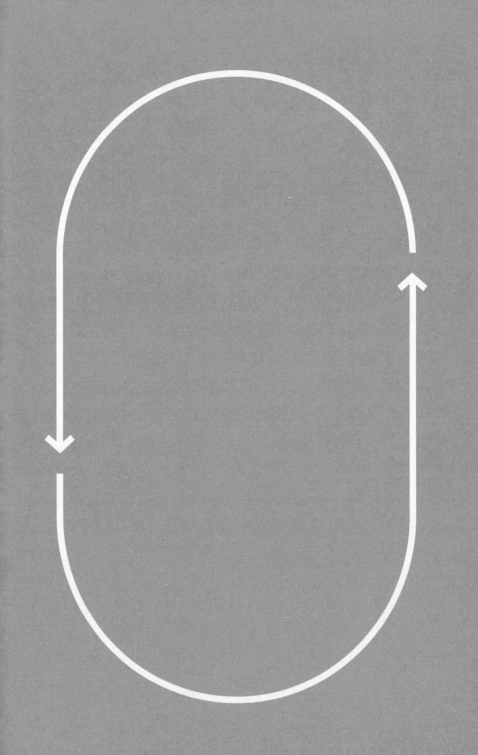

자신의 존재를 확인하는 기억

기억이 없다면 어떻게 될까

잠들기 전에, 당신의 오늘 하루 일과를 기억해 보자.

아침에 먹은 것, 입었던 옷, 했던 일, 만났던 사람, 저녁밥…
기억해내려고 하지 않더라도, 매우 선명하게 자신의 하루를 기억
해낼 수 있다.

우리는 '이것을 기억해 두자'라고 굳이 의식하지 않더라도, 자신
에게 일어났던 일을 의외로 잘 기억하고 있다.

그렇기 때문에, 어제와 같은 전철을 타고, 어제와 같은 곳에 있는
회사에 가고, 같은 자리에 앉아, 어제에 이은 업무를 하고, 어제 나에게
한턱 낸 사람에게 오늘은 자신이 한턱 낼 수가 있는 것이다.

그럼, 기억하려고 해도 기억해 내지 못하고, 점점 잊어버리게
된다면, 도대체 어떻게 될지 상상할 수 있을까?

실제로, '기억하려고 해도, 점점 잊어버리는' 때가 있다.

또한, 필자는 그러한 기억 장애가 있는 사람의 갱생Rehabilitation 훈련을 잠시 담당한 적이 있다. 임의로 그를 A씨라고 하겠다. A씨는 그 당시 갓 20세가 된 남성이었다.

그는 다른 사람과 서로 알게 되도 금방 상대방을 잊어버리고 만다.

이름을 잊어버리는 우리에게도 흔히 있는 일이지만, 이름만이 아니라 상대방과 만난 적이 있는지 없는지도 잊어버리는 것이다. 필자와 A씨가 처음 인사했을 때의 일이다. "제가 당신의 기억 훈련을 잠시 동안 담당하게 되었습니다. 잘 부탁드리겠습니다"라고 나를 알렸다. A씨도 자신의 이름을 말하고, 서로 아는 사이가 되었다.

그런데 5분도 지나지 않은 사이에 "저기, 선생님께서 제 담당이 셨죠?"라고 불안한 듯 물어보는 것이었다.

다음날, 다시 A씨와 대면하자 그는 정말로 필자를 기억하지 못했다. "저를 만난 적이 있습니까?"라고 묻자, "아니요. 처음 뵙는 것 같은데요"라고 처음 보는 듯한 눈빛으로 답하는 것이다.

A씨는 식사를 하더라도, 조금 지나면 그 자체를 잊어버렸다. 기억의 갱생 훈련은 늘 오후 1시에 시작하여, 저는 항상 처음에 "식사는 하셨습니까?"라고 묻는다. 그러면 A씨는 잠시 당황하며 생각한 뒤 "입안에 귤 맛이 남아 있으니, 아마 식사는 한 것 같네요" 라고 대답한다.

또 어느 날은, 휴일에 가족과 영화를 보러 갔다고 해 "영화는 재미있었습니까?"라고 물어보았다. 그러자 "그때, 그때는 재밌다고 생각하지만, 영화를 다 보면, 뭘 보았는지 전혀 기억이 안 나네요. 재밌었다는 기분만은 남아있는데도 말이죠"라고 A씨는 담담하게 이야기하는 것이었다.

A씨는 운동연습 중의 사고로 머리에 상처를 입어서 기억장애를 갖게 된 것이다.

머리에 상처를 입으면 누구나 이렇게 되는 것은 아니다. 머리의 상처로 뇌 안의 기억과 관계된 어느 부분이 손상됐을 때, 이와 같은 증상이 일어나는 것이다.

'나'는 '나의 기억'이다

만일, 당신이 A씨처럼, 자신에게 일어난 일을 점점 잊어버린다고 상상해 보자. 만났던 사람, 지나간 길, 했던 일을 그때마다 잊어 버린다면, 모든 것이 처음투성이일 것이다. 그렇게 되면, 지금과 같은 삶은 불가능하게 될 것이다.

그뿐만 아니라, 자신이 누구인지도 모르게 되고, 불안에 떨게 될 것이 틀림없다.

우리 인간은, 당연하지만, 한 사람 한 사람이 '자신'이라는 것을 자각하며 살아가고 있다. 그 '자신'에 대한 자각은 자신의 지금까지 기억에서 생기는 것이다.

물론, 신체라는 확실한 것이 '자신'이 존재한다는 사실을 보증하고는 있다. 그렇다 해도, 자신이 자신이라는 사실의 일관성은, 어제의 자신과 오늘의 자신은 같은 자신이라는 실감으로 성립한다.

이를 지지해주는 것이, 우리 개인의 기억이다. 우리에게 기억이란, '자신'이라는 존재를 형성하는 것이기도 하다.

기억의 구조는 어떻게 이루어져 있는가

다시 예시인 A씨의 이야기를 하겠다. 그는 '점점 잊어버린다'라고는 하지만, 잊지 않고 확실히 기억하는 것도 많다.

'자신의 이름', '자신의 집이 어디에 있는지', '가족에 관한 일', '자신이 고교 시절까지 무엇을 했는지'와 같은 자신과 관련된 일이나, 식사할 때는 젓가락을 사용하고, 화장실에서 용변을 보고, 손을 씻는 따위의 일상 속 기본적인 활동이다. 물론, 우리말도 잊지 않고 잘 사용하고 있었다.

그럼, A씨가 '점점 잊어버린다'는 것이 무엇이냐 하면, '머리에 상처를 입은 이후 자신에게 일어난 일들'이다. 상처를 입은 이후의 일을 기억할 수 없고, 점점 잊게 되는 것이다.

이러한 기억장애의 증상을 '전향건망前向健忘'이라고 한다. 만일 그가 이와 반대로, 머리에 상처를 입기 전의 일을 모두 잊어버렸다면, 이 경우엔 '역향건망逆向健忘'이 된다.

기억의 작동은 뇌의 부위와 밀접하게 연관되어 있다. 뇌의 어떤 부위가 기억의 어떤 작동과 관계되는지를 조사하려면 보통 무엇인가의 이유로 뇌에 손상을 입었던 사람을 대상으로 한다.

뇌의 어딘가가 손상되었는지를 의학적으로 조사하고, 한편으론 그 사람의 인지 활동(보고, 듣고, 판단하고, 기억하는 등의)이 어떤 식으로 변화하는지를 조사한다. 그렇게 해서 뇌의 부위와 인지 활동 간의 관계를 알 수 있다.

그러한 연구가 지금까지 많이 시행되었다. 그리고 우리의 기억이 어떤 형태와 구조인지 여러 방면으로 규명해 왔다.

기억이란 무엇인가

작동기억과 장기기억

우리의 기억은 대략 '작동기억'과 '장기기억'으로 나눌 수 있다.
작동기억이란 우리가 무엇을 생각하거나, 계산하거나, 말하거나
하는 그때마다 사용하는 기억을 말한다(이러한 활동을 통틀어 '인지
활동'이라고 한다).

가령, 근처의 슈퍼마켓에 자전거를 타고 물건을 사러 갔다. 자전
거 페달을 밟으며 머릿속에서 살 물건, '토마토와 우유'를 반복해서
외워 잊지 않도록 한다. 400원짜리를 500원을 내고 잔돈을 거슬러
받을 때에는 머릿속에서 '500원에서 400원을 빼니까, 거스름돈은
100원이다'라고 생각하게 된다.

이러한 것들은 모두 작동기억에 의한 활동이다.

작동기억은 우리가 일어나 활동하고 있는 사이 줄곧 움직이고
있는 기억 활동을 말하지만, 한 번에 할 수 있는 것엔 한계가 있다.

많은 물건을 부탁받으면, 머리로는 다 기억할 수 없어서 메모를

하거나 한다. 이는 누구나 하는 것이지만, 작동기억에 한계가 있다는 점을 미루어 보면, 현명한 작업이라 할 수 있다.

또 하나의 기억은 장기기억이란 것인데, 이것은 작동기억과 비교하면, 줄곧 많은 정보를 언제까지나 축적해두는 기억이다.

우리가 살아가는 동안의 경험이나 지식의 데이터베이스와 같은 것이다. 우리가 인지활동을 하는 상황에서 필요한 지식을 이 장기기억에서 찾아 끄집어내어, 작동기억으로써 사용하는 것이다.

쇼핑을 예로 들면, 토마토가 어떤 것인지, 우유가 어떤 것인지, 슈퍼마켓이 어디에 있는지와 같은 지식이나, 산다는 것이 어떤 것인지와 같은 지식, 자전거 타는 방법과 같은 것도 모두 장기기억이다.

장기기억은 매일매일 우리의 경험에서 꾸준히 만들어진다. 작동기억에서 한번 혹은 몇 번인가 다루어진 활동의 내용이 어떤 활동을 통해 장기적으로 기억되는 것이다.

앞서 예로 들었던 A씨는, 작동기억에서 장기기억으로 정보를 보내는 활동에 무언가 잘못된 부분이 있다고 생각할 수 있다. 영화를 볼 때는 재밌었지만, 영화 관람을 끝내자마자 내용을 잊어버렸다는 얘기는, 이를 잘 나타낸다고 생각할 수 있다.

장기기억은 내용에 따라 여러 종류로 나눌 수 있다.

'에피소드(일화) 기억', '의미기억', '절차(과정)기억'의 세 가지다.

에피소드(일화) 기억이란, 자신이 경험한 사건에 관한 기억이다. 예를 들면 '유치원 시절, 부모님과 함께 동물원에 갔다'는 것처럼, '언제, 어디서'와 같은 시·공간적인 정보가 들어 있다.

이에 비해 의미기억은 '동물원이란 무엇인가?'와 같은 어딘가 순수한 지식, 정보에 대한 기억이다. 이 외에, 말솜씨나 문법 등도 의미기억이다.

에피소드 기억과 의미기억이 다른 것이란 점은 앞서와 같은 기억 장애 환자 A씨의 연구에서 확인된다.

그러나, 이 두 기억이 완전히 별개라고 딱 잘라 말할 수 없는 예도 많다.

처음에 우리는 '동물원'을 알지 못한다. 그런데 몇 번인가 '동물원'에 가는 경험(에피소드 기억)을 반복하는 것으로, 그것이 어떤 것인가에 관한 지식(의미기억)을 자신 안에 만들어 나간다.

즉, 의미기억은 에피소드 기억을 토대로 만들어지는 면도 있다.

또한, '부모님과 동물원에 갔다'는 에피소드 기억도, 만일 '부모님', '동물원'과 같은 지식이 없다면, 에피소드 기억이 될 리가 없다.

이는, 에피소드 기억이 의미기억의 지지를 받고 있다는 것을 의미하기도 한다. 이렇게 생각하면, 에피소드 기억과 의미기억은 나눌 수는 있지만, 서로 지탱하여 우리의 기억을 만들고 있다고 할 수 있다.

에피소드 기억과 의미기억에 반해, 절차(과정)기억은 좀 다르다. 절차(과정)기억이란, 자전거 타는 법, 구두끈 묶는 법, 손 씻는 법, 자동개찰구를 통과하는 법 등과 같은, 패턴화된 일련의 순서에 관련된 기억이다. 어느 쪽인가 하면, 신체를 사용한 운동적인 기억이다.

말로는 다 표현할 수 없지만, 어느 사이엔가 신체가 느끼는 듯한 기억이다.

구두끈을 묶는 동작을 생각해 보자. 말로 그것을 설명하려고 하면, 상당히 어렵다. 이와 반대로, 실제로 해보는 것은 간단하다. 콧노래를 부르면서 다른 것을 생각하면서도 구두끈을 묶을 수가 있다.

기억장애를 가진 환자 대부분은 에피소드 기억에 장애가 일어나도, 의미기억은 비교적 남아있기 쉽고, 절차기억은 그다지 손상되지 않는다고 한다. 앞서 예를 들었던 '점점 잊어버린다'는 기억장애를 가진 A씨도, 의미기억이나 절차기억은 뚜렷하며, 새로운 경험으로부터 에피소드 기억을 만드는 활동에서 장애를 보인다고 생각할 수도 있다.

어떠한 이유로 기억장애가 생기더라도 절차기억이 보존된다는 것은, 절차기억 살아 움직이는 존재로서의 우리에게 가장 기본적인 활동의 하나라는 것이다.

사람은 왜 잊어버리는 걸까

가장 최초의 기억은 무엇인가

다음은 기억의 장애가 아닌, 우리 일상에서의 '건망증(망각)'에 대해 살펴보겠다.

초등학생 시절 친구의 이름을 생각해 낼 수 없다, 잊어서는 안 되는 업무 일정을 잊는다, 강물에 빠져서 익사할 뻔했던 적이 있는데 자신은 잘 기억하지 못한다, 우리는 이렇게 아주 흔하게 일어나는 일을 '망각'하고 있다.

평소 생활 속에서 건망증이 심한 편인지 아닌지는 사람마다 다르다.

그런데, 인간이라면 누구나 잊어버린 것이라기보다 '기억해 낼 수 없는' 것이 있다. 그것은 자기 자신의 갓난아기 시절의 일에 대한 기억이다.

좀 더 정확히 말하자면, 태어나서 말을 분명히 할 수 있게 될 정도(대체로 3, 4세 정도)까지의 기간을 말한다. 이 기간에 자신에게 일어났던 일(즉, '유아기의 에피소드 기억'을 말한다)을 생각해 낼 수 없는 것을, 유아기 건망이라고 부른다.

유아기 건망이라고 하면, "그럴 리 없다. 나는 내가 갓난아기일 때의 일을 잘 기억하고 있다"라고 반론하는 사람도 많을 듯하다.

확실히 갓난아기 시절의 일을 기억하고 있다는 의견을 뿌리째 부정할 수는 없다. 그러나, 그와 같은 기억은 갓난아기 자신이 경험한 일을 그대로 에피소드 기억으로서 남긴 것과는 다른 때가 많다.

우리가 보거나 들은 것을 나중에 생각해 낼 수 있도록 하려면, 이를 위한 '기명처리記銘處理'를 해야만 한다.

기명처리란 기억해 두기 위한 수단으로, 말(언어) 등으로 치환하여 머릿속에 정착시키는 것이다.

굳이 의도하여 기명처리를 하지 않더라도, 일단 기억할 수는 있다. 그런데 기명처리를 해두지 않으면, 모처럼 경험한 일이라 해도, 몇 년이 지난 후부터 에피소드로 기억하는 것은 매우 어렵게 된다.

갓난아기 시절엔 누구나 말을 다 깨치지 못한다(말을 알지 못한다). 기명 방법도 모른다면 의미기억의 축적도 없다.

따라서, 갓난아기가 자신에게 일어난 일을, 시간이 지나 '자신이 경험했던 일의 에피소드'로 기억해 낸다는 것은 거의 없는 일이다.

그렇다면, 어떻게 갓난아기 시절의 일을 기억한다고 주장하는 사람이 많은 걸까? 이는 분명히 이후에 더해진 기억을, 스스로 경험했던 기억이라고 생각하기 때문이다.

우리는 대체로, 부모님을 비롯한 주변의 성인으로부터 종종 갓난아기 시절의 일에 대해 들으며 자라난다.

"보렴, 너는 이 코끼리 장난감을 무척 좋아하잖니"라든가 "이걸 모르고 아빠가 밟아서 망가지니까, 엄청 울었다구", 그리고 사진을 보이면서 "이건 그때 사진이란다. 그러니까 너는 울면서 사진을 찍은 거야"라는 식으로 몇 번이나 반복해서 이야기를 들려준다.

그러면 자신에게는 그런 기억이 없더라도, 어느샌가 그 사진의 광경과 에피소드가 자신 안에서 실제로 자신이 경험했던 일처럼 생각되는 것이다.

그렇게, 자신의 갓난아기 때 에피소드 기억이, 자신의 기억으로 첨가되는 것이다.

따라서, 만일 우리가 3, 4세 이전의 일에 대한 기억이 있다면, 그것은 자신의 에피소드 기억이라기보다는 이후에 첨가된 기억일 가능성이 짙다고 할 수 있다.

망각은 왜 일어나는가

유아기 건망, 즉 갓난아기 시절의 기억을 생각해 낼 수 없는 이유로 말을 제대로 할 수 없는 것, 기억으로 남기는 방법을 아직 알지 못한 것 등이 있다. 그러면, 성인인 우리의 일상에서 일어나는 망각은 어떤 구조를 이루고 있을까? 현재의 심리학으로는 망각의 원인을 무어라 꼭 집어 말할 수 없는 상태다.

망각을 설명하는 방법은 연구방법의 차이에 따라 4종류로 나뉜다.

자연붕괴설

첫 번째는 '자연붕괴설'이다. 이는, 시간이 흐를수록 기억이 희미해져(자연스럽게 붕괴되어) 간다는 간단한 설이다.

에빙하우스라는 학자가 19세기 말엽에 제창한 것이다. 그는 기억과 망각을 실험으로 조사하기 위해, 의미 없는 단어(무의미한 철자의 묶음, 무의미 음절)를 손수 고안해 냈다.

일상에서 사용하는 단어 등을 기억 실험에 사용하게 되면, 기억하기 쉬운 단어와 그렇지 않은 단어가 생겨 정확한 기억 측정이 어렵기 때문이다.

그리하여 무의미한 음절로 이루어진 단어 리스트를 사용하여, 자신이 실험대가 되어 기억과 망각에 대한 실험을 시행했다.

그 결과는 다음 그림과 같은 망각곡선이다.

• 에빙하우스의 망각곡선

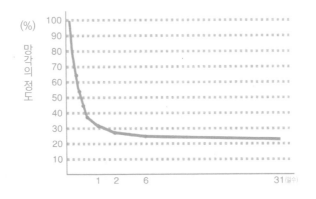

이 망각곡선은 단어 리스트를 완전히 기억하고 난 뒤, 몇 분 사이에 갑작스러운 망각이 일어나, 그 후에는 조금씩 잊혀 가는 것(잊게 되는)을 나타내고 있다.

우리가 오늘 아침 무엇을 먹었는지는 금방 기억해 낼 수 있더라도, 1개월 전의 그날 아침 무엇을 먹었는지는 좀처럼 기억하기 힘든 것은, 이 붕괴설(혹은 감쇠설)의 설명과 잘 들어맞는다.

다만, 자연붕괴설만으로 우리 망각현상의 모든 것을 설명할 수는 없다.

예를 들면, 거리에서 우연히 초등학교 시절의 옛 친구를 만났다고 가정하자. 그러면, 그때까지는 생각나지도 않던 예전의 일이, 제법 상세한 것까지 기억날 때가 있다. 이러한 것은 '시간이 흐를수록 잊어버린다'는 자연붕괴설로는 설명되질 않는다.

간섭설

겨울에는 늘 윗도리의 안쪽 주머니에 정기권을 넣어 다니는 사람이 있다고 하자. 따뜻한 계절이 찾아오면 윗도리가 필요 없으므로, 이번에는 정기권을 바지 뒷주머니에 넣어 다니기로 했다.

그러자 역 개찰구를 통과할 때, 그때까지의 습관대로 무심코 가슴 쪽으로 손을 가져가는 상황이 발생한다.

혹은, 전직하고 새로운 회사에서 근무하게 되면, 그 회사의 전화

꼬리에 꼬리를 무는 심리학이야기

번호를 기억할 때 즈음에는 이전 회사의 전화번호는 잊게 되는 때도 있다. 이처럼, 기억했던 것이, 다른 기억으로 방해를 받아 망각이 일어난다는 것이 간섭설이다.

간섭설에는 2종류가 있다. 새로이 기억한 것이 이전 기억으로 간섭받아 망각이 일어나는 것을 '순향간섭'이라고 한다.앞의 정기권 이야기가 이에 해당한나.

그리고, 이전에 기억했던 것이, 나중에 새로이 기억한 것으로 간섭받아 망각이 일어나는 것이 '역향간섭'이다. 전직한 뒤에 이전 회사의 전화번호를 잊어버리는 것이 역향간섭의 한 예다.

이와 같은 간섭은, 기억했던 것이 서로 닮을수록 일어나기 쉽다고 한다. 필자의 지인(남성)은 '희영'이라는 이름의 여성과 교제했다. 한동안 만나고 희영 씨와 결별한 후, 이번엔 '희정'이라는 이름의 여성과 교제하게 되었다.

희정 씨를 대하면서 그녀의 이름을 희영 씨라 잘못 부를 때가 종종 있어서, 상당히 어색했다고 한다. 이름을 잘못 불렀던 것은 그의 '희정' 씨에 대한 애정이 적어서가 아니라, 이름이 비슷해서이며, 이에 더해 순향간섭이 강하게 작용했기 때문이기도 하다.

억압설

'그다지 좋아하지 않는 친구와의 약속을 어기려던 건 아닌데 그만 깜빡하고 잊어버렸다'와 같은 경우는 일상에서 자주 일어나는 듯하다.

이처럼 '자신에겐 왠지 싫은 것은 생각해 내고 싶지 않아 잊어버린다'는 것이 억압설이다.

조금 참을 수 있는 것이라면, 우리는 잊어버리거나 하진 않는다. 그런데, 그 사람을 굉장히 싫어한다거나, 약속을 생각하면 불쾌해서 참을 수 없다거나 하는 등, 마음속으로 생각하고 있을 때, 자기 마음의 안정을 지키기 위해 저절로 망각이 일어날 수가 있다는 것이다.

즉, 자신을 위협하는 듯한 일을 생각하지 않아도 되는 곳(무의식)으로 쫓아내는 것이다. 이 '무의식으로 쫓아낸다'는 것이 억압이다. 이 설은 원래 정신분석으로 유명한 프로이트가 제창한 것이다.

1995년에 일어난 일본의 한신-아와지 대지진으로 집이나 가족을 잃은 사람, 특히 당시 어린아이였던 사람 중에는 지진이 났다는 것은 기억해도, '그 순간 어떠했는지' 등을 금방 기억해 낼 수 없던 사람도 있었다고 한다. 자신에게 너무 괴로웠던 체험의 순간을 항상 생각한다면, 누구라도 견뎌내기 힘들 것이다. 자아가 붕괴될지도 모른다. 어린이라면 더욱 그러할 것이다.

억압에 의한 망각은 마음에 일어난 긴급사태에서 자아를 지키려고 발동하는 메커니즘이라고 할 수 있겠다.

/ 꼬리에 꼬리를 무는 심리학이야기

'알고 있는데, 그 이름이 떠오르질 않는다'와 같은 경험은, 누구에게나 있는 일이다.

'이것 봐! 오늘 저녁 뉴스 프로그램 사회자가 말이야 이번에 그만둔다는 회견을 했었나네… 그리고… 음… 누구였더라…', 이처럼 그 사람과 관련된 정보는 제대로 기억해 내지만, 정작 중요한 그 사람의 이름을 기억해 내지 못하는 때도 있다.

이와 같은, '목구멍에 걸린 현상'을 설명해 주는 것이 '검색 실패설'이다. 기억해 내야만 하는 내용을, 장기기억에서 검색하여 작동기억으로 가져오는 데 실패하기 때문으로 생각하는 것이다.

이 설에서는, 우리가 뭔가를 생각해 내는 것이 장기기억의 검색을 거쳐 그 정보를 끄집어낸 뒤, 작동기억으로 가져오는 것이라 생각할 수 있다. '목구멍에 걸렸다'고 하는 현상은 장기기억의 저장고에서 기억이 사라진 것이 아녀서 '알고 있다'는 확신은 있다. 그러나 검색이 원활히 이루어지지 못하여 "어라, 음… 그러니까" 등의 머뭇거리는 말을 하게 되는 것이다. 일반적으로, 스스로 의식하여 자주 사용하는 지식이라면, 검색 실패는 그다지 일어나지 않는다. 보통 빈번히 사용하지 않는 지식은 정확히 알고 있다고 하더라도 장기기억의 깊숙한 곳에 묻혀 활성화되지 않고, 검색의 그물에 걸리지 않는 것이다.

검색 실패에 따른 망각을 방지하려고 한다면, 평소에 자신이 가진

각 방면의 지식을 자주 활성화해 주는 것이 중요하다.

또 하나, 기억할 때 검색의 실마리를 많이 만들어 두면 검색이 수월해진다.

가령, Z씨라는 사람과 안면이 있고, 이름을 기억할 기회가 있다고 하자. '친구 ○○에게 소개받은 Z씨', '탤런트 XX와 닮은 Z씨', '성악이라도 하는 듯한 아름다운 목소리의 소유자 Z씨', '△△(기업명)에서 영업을 하는 Z씨'와 같이, Z씨라는 이름을 기억해 낼 때의 실마리가 될 수 있는 에피소드적인 정보를 일부러 함께 기억해 두도록 하는 것이다.

기억하고 싶은 내용에 관련된 정보가 많을수록, 기억에서 끄집어 낼 때의 실마리가 되기 쉽기 때문이다.

망각에 관한 4가지 설을 소개하였다. 이들은 어느 것이 맞고 어느 것이 틀렸다는 것이 아니다. 각각의 설이 우리 일상에서 일어나는 망각이라는 현상의 다양한 측면을 잘 설명해 주고 있다는 것을 말하고자 함이다.

기억을 고쳐 쓰는 방법

기억을 만드는 것은 무엇인가

앞서, 유아기의 기억에 대해 논한 바 있다.

정말로 자신이 경험했던 일을 그대로 기억하고 있다고 스스로 믿고 있다 하더라도, 실제로 그 기억은 후에 가족 등이 전한 것으로, 그들이 유아의 머릿속에 심어 넣은 것이 대부분이라는 이야기였다.

'자신에게 일어난 사실'이 반드시 우리의 자전적 기억(자기 자신에 대한 에피소드 기억)을 만드는 것은 아니라는 말이다.

같은 방법으로, 있지도 않은 거짓 기억을 심어 넣은 것조차, 때에 따라서는 생길 수 있다고 한다. 또한, 기억이라는 것이 '일어난 사실'을 객관적으로, 있는 그대로 복사해서 계속 보존하는 것도 아니다. 이와 관련하여, 로프타스Elizabeth loftus라는 심리학자의 매우 유명한 실험을 한 가지 소개 하겠다.

어법 효과

우선, 실험 참가자를 모집하여, 교통사고의 영상을 보여준다. 그 후, 참가자를 반으로 나눠 각기 다른 질문을 한다. 질문은 다음과 같다.

질문 A '자동차가 충돌했을 당시, 어느 정도의 속도를 내고 있었습니까?'
질문 B '자동차가 부딪쳤을 당시, 어느 정도의 속도를 내고 있었습니까?'

참가자들은 똑같은 영상을 봤다는 사실과 무관하게, A의 질문을 받은 참가자 쪽이 더 빠른 속도라 답했다. 또한, 이 실험으로부터 1주 정도의 시간이 흘렀을 때, 실험 참가자에게 또 다른 다음의 질문을 하였다. 이번에는 어느 참가자나 똑같은 질문을 받았다.

질문 '(교통사고의 영상에서) 차창이 깨진 것을 보았습니까?'

실제 영상에서는 차창이 깨지지 않았다. 그런데도, 앞서 A의 질문을 받았던 참가자 쪽에서 훨씬 많은 수의 사람이 '차창이 깨진 것을 보았다'고 답했다.
이 답으로부터 무엇을 알 수 있는가?
질문 A와 질문 B에서는, A의 질문을 받았던 참가자 쪽이 B의 질문을 받았던 참가자보다, 빠른 속도라 답했다.

이는 질문의 말투에 영향을 받았기 때문이다. 이것을 '어법 효과'라고 한다.

'충돌'과 '부딪치다'라는 단어 중, '충돌'이라는 단어 쪽이 강렬한 인상을 준다. 따라서 '충돌'이라는 단어(질문 A)를 들은 참가자는 질문 B의 경우보다 자동차의 속도가 더 빨리 달리고 있었다는, 사실과는 다른 답을 끄집어냈던 것이다.

또한, 주목할 것은, 일주일이 지난 후에 주어진 '차창이 깨진 것을 보았는가'라는 질문이다.

앞서 질문 A를 받았던 참가자는 '충돌'이라는 단어로 어법 효과가 일어나, 영상의 인상이 '중대한 사고'인 것처럼 유도되었다. '차창이 깨진 것을 보았다'고 답한 사람의 비율이, 질문 A를 받았던 사람에서 많았던 것은 그 때문이다.

사고가 심했다는 인상으로부터 '차창이 깨졌다'고 하는 있지도 않은 기억이 만들어진 것이다.

기억은 일그러진다?

동일한 영상을 보면 약간의 개인차가 있다고 해도, 영상 속의 사실에 대한 동일한 기억이 형성될 것이다. 그런데, 그 후에 약간의 유도로 기억이 쉽게 원래의 사실과는 다르게 변화해 버린다는 것을 위 실험이 보여주고 있다.

로프터스의 연구는 '목격증언의 신빙성에 관한 연구'로 잘 알려져 있다. 사건의 수사에서, 목격자의 증언이 중요한 때도 있다. 사건의 진실을 목격한 것이 확실하다 해도, 사건에 대한 기억이 원래와 다르다면, 그것은 큰 문제가 된다.

로프터스의 연구는 우리의 기억이 경험한 현상 그대로의 복사가 아니라는 것을 뚜렷하게 보여 주었다. 요즘에는 어법 효과 이외에도, 우리의 기억을 쉽게 일그러뜨리는 요인이 무수히 많은 것으로 알려져 있다.

가령, 어떤 사건을 경험한 뒤 시간이 흐르면, 그 경험의 세세한 부분에서 망각이 일어난다. 그런 뒤, 이후에 기억해 낼 때에는 망각한 부분을 무의식중에 에피소드로서 앞뒤가 맞도록 적당하게 끼워 맞추는 경우가 있다.

또한, 사건을 목격했을 때에는, 나중에 매스컴 등의 보도를 접하고 자신이 목격하지 않은 정보를 알게 된다. 그렇게 되면, 새로이 알게 된 정보가 어느새 자신이 목격했던 사실의 기억과 융합되어, 원래의 기억과는 다른 기억이 형성되기도 한다.

일반적으로 우리는 자신의 기억이라는 것을 그다지 의심하지 않는다. '내 기억이 곧 진실'이라고 생각하는 경향이 짙다.

하지만, 실제로는 여러 가지 영향을 받아, 원래의 기억이 미묘하게 일그러지거나 변형되거나 하는 것이다.

또한, 그렇게 기억이 순식간에 변화하는 것을 우리 스스로 거의 느끼지는 못한다.

꼬리에 꼬리를 무는 심리학 이야기

'내가 이 눈으로 똑똑히 봤으니까 틀림없다!'는 식으로 주장하는 것은 일상에서 친숙한 모습이다. 하지만, 실제로는 그만큼 애매한 것도 없다고 말할 수 있겠다.

기억력이 좋은 사람은 행복할까?

기억력이 아주 좋으면 불행하다

누구나 한 번쯤은 '기억력이 좀 더 좋았더라면'하는 생각 한 적이 있을 것이다. 곧 시험을 치러야 하는 사람이라면 더더욱 그럴 것이다.

신문이나 잡지에 '기억술'이라는 광고를 대대적으로 내걸 정도로, 많은 사람이 기억력을 향상시키고 싶어 한다는 것이다.

한번 보거나 들었던 것은 무엇이든 금방 기억하고, 기억한 것은 잊어버리지 않고 늘 기억해 낼 수가 있다면, 그거야말로 부러운 일이다.

그럼, 완벽한 기억력이란 것이 정말로 대단한 것일까?

상상해 보자. 만일, 당신이 실제로, 이전에 경험했던 일에 대한 모든 것을 그 세부에 이르기까지 기억하고, 늘 잊지 않고 있을 수 있다면 어떻겠는가?

공부라면 모를까 인생을 두고 생각해 보면, 그렇게 썩 좋다고는 말할 수 없을 것 같지 않은가?

매일매일의 인간관계, 상대방이 했던 말, 상대방의 모습과 복장, 전철 안에 있었던 불친절한 사람, 먹었던 음식, 가게 점원의 태도, TV 뉴스, 잡지에 실려 있던 것 등 매일의 생활에는 멋진 일도 있고, 정말 싫은 일도 많다.

그러나, 이들 모두를 머릿속에 축적했다고 치면, 쓸데없는 것까지 기억할 뿐만 아니라, 그 쓸데없는 것까지 기억하게 되니까, 오히려 불편한 일이 많이 생길 것이다.

일에 집중하지 않으면 안 되는 때, 어제 식사가 맛있었다는 생각을 해내거나, 즐거웠던 데이트를 떠올리면, 주의가 산만해지는 것은 불가피한 일이다.

탁월한 기억력의 소유자였던 작가 겸 평론가인 A씨에게 이런 일화가 있다.

A씨의 아내는 남편이 했던 말을 금방 잊어버려서, 그때마다 똑같은 말을 반복해야만 했다. 이를 귀찮아 한 A씨는 몇 번씩이나 똑같은 말을 하지 않아도 되도록, 부인에게 자신이 했던 말을 하나하나 노트에 적어 두도록 했다.

부인은 남편이 말한 것을 자주 잊어서, 노트를 보고 다시 되새기는 것을 반복했다고 한다. A씨는 그 노트를 '아내의 바보 수첩'이라 이름을 지어 붙였다.

이는 분명 부인의 기억력이 나빠서가 아니라, A씨의 기억력이 보통 사람을 뛰어넘었기 때문일 것이라 생각한다.

A씨와 그의 부인이라면 또 몰라도, 일반 대중인 우리에게 그러한

기억력의 소유자가 있다면, 인간관계가 거북해질 수도 있을 것 같다.

상대방에게 "그 옷을 입었던 게 작년 10월 말부터 한 달 만이 군", "그 이야기는 벌써 4번째라고. 너무 집착하는 것 같아"라는 식의, 탁월한 기억력으로 지적했을 때를 생각해 보자. 앗! 하는 순간 귀찮아하는 상대의 모습을 볼 것이다.

혹 기억해 내었더라도, 무턱대고 다른 사람에게 말하지만 않으면 된다고 생각하지만, 우리에겐 그것도 어려운 일이다.

인간이란 존재는 기이해서, 자신의 머릿속에 떠오른 '알고 있는 것'은, 별 필요가 없다 하더라도 다른 사람에게 말하고 싶어지는 경향이 있다(이러한 경향을 '전도傳道'라고 부르기도 한다). 기억력이 좋다는 것은 편리한 점이 있더라도, 결코 바람직하다고는 말하기 힘든 때도 있는 것이다.

우리는 무의식중에 잊어버리는 것은 좋지 않고, 기억하는 것이 좋은 것이라 생각하기 쉽다. 하지만, 망각은 우리 머리의 건전한 작동과 마음의 안정에 반드시 필요한 존재이다.

'능란하게 잊어버리는 것이 창조의 비결'이라는 말도 있지만, 우리는 누구나 필요 없는 기억은 적당히 잊어버리도록 만들어져 있다(간혹 필요한 기억을 망각하기도 하지만).

그러므로, 머릿속에 여유가 생겨, 눈앞의 것에만 집중하여 몰두할 수 있으며, 마음의 평안을 계속 유지하며 매일 생활할 수 있다.

4장

감각

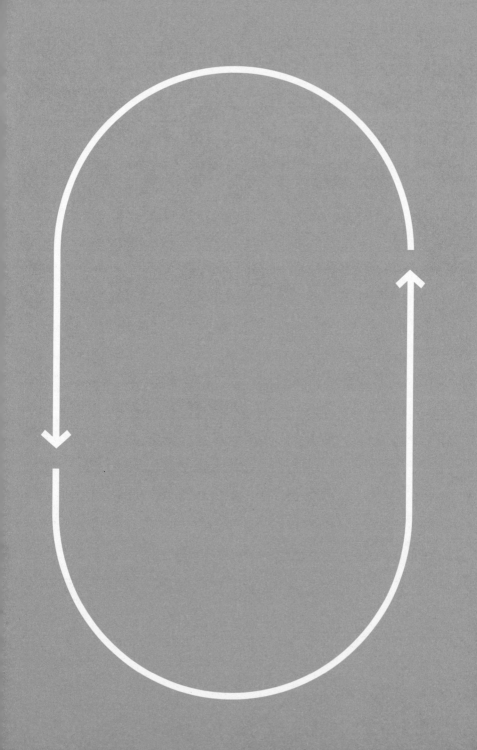

아픔과 인간관계

느낀다는 것은 살아 있다는 것

가령 평소와 같이 전철을 타고, 주변에 주의를 기울여 보자.

눈앞에는 창을 통해 환한 바깥의 풍경이 보인다. 옆에 서 있는 여성에게서 조금은 강한 향수 냄새가 풍겨 온다. 귀에는 칙칙거리는 희미한 소리가 들려오는데, 가장자리 좌석에 앉아 있는 학생의 헤드폰에서 소리가 흘러나오는 모양이다. 그러고 보니, 전철에 탔을 때는 몰랐는데, 조금 후덥지근하게 느껴진다.

이와 같이 우리는, 평소의 아무렇지도 않은(태연한) 생활 속에서도, 늘 다양한 감각을 통해 자기 주변의 상황을 파악하고 있다.

시각(보다), 청각(듣다), 후각(냄새를 맡다), 미각(맛을 보다), 촉각(피부로 느끼다) 등 이 5감을 통틀어 감각이라고 한다. 감각을 사용한다는 것은, 우리에겐 너무나도 당연한 것이다. 너무나 당연해서, 그 작용을 새삼스럽게 반복해 보는 경우는 거의 없다.

예를 들어, 지금 이 책을 읽고 있는 당신도 '지금 나는 시각을 사용해서 독서를 하고 있구나'라는 식으로 생각하지는 않을 것이다. 그런데, 그게 일반적이다. 감각 작용의 특징은 우리의 의지와는 상관없이, 멋대로 주위의 정보를 파악하여 우리에게 도움을 주는 부분이기도 하니까 말이다.

이 장에서는 평소 우리가 별로 신경 쓰지 않지만, 중요한 감각의 작용에 대해 알아보도록 하겠다.

'아픔'은 무엇을 위해 존재하는가

발끝을 문에 부딪치면, 발을 동동 구를 만큼 아픈 생각이 들고, 차가운 음식을 먹으면 뭔가 이빨에서 시린 듯한 통증을 느끼고, 왠지 위가 쓰리다고 생각하면 스트레스성 위염이었다는 등 … 우리는 매일의 생활에서 신체에 자주 '아픔(통증)'을 느끼곤 한다. 아픔이라는 감각은 오감으로 말하면 촉각의 하나지만, 보통은 '통각'이라고 부르고 있다.

아프다는 것은 대체로 불쾌한 것이다.

우리 일상에서 아픔이 없다면 얼마나 편하겠냐고 생각할 때가 많이 있다. 신경통이나 두통을 완화하는 약이 계속 발매되는 것을 보더라도, '아픔'이라는 감각은 우리의 신체엔 필요 없는 것, 몰아내야 할 것으로 치부되는 모양이다.

그렇다 해도 아픔이라는 녀석을 인간의 신체로부터 완전히 없애는 것은 불가능하다.

　왜냐하면, 아픔은 우리에게 없어서는 안 될 감각이기 때문이다. 만약 아픔이란 감각이 없다고 한다면, 우리에게 도대체 어떤 부작용이 일어날까?

아픔을 느끼지 못하는 병

　실은, 그런 사람들 - 뜨겁다, 차갑다, 아프다 등의 피부감각을 지니지 못한 사람들이 실제로 있다. 이는 무통증이라는 선천성 질환이다.

　통증을 느끼지 못한다니, 무적이라는 느낌이 들면서 왠지 멋지다고 생각하는 사람도 있을지 모른다. 하지만, 그 속내를 알면 그런 생각은 아예 사라질 것이다.

　이 질환을 앓는 사람은 항상 생명의 위험에 노출된 채 살아가고 있다. 가령, 자신의 신체에 상처가 생기더라도 아프다는 감각이 없어서 모르고 내버려두었다가 그 상처가 곪아버리기도 한다.

　오이와 같은 채소를 썰 때도 매우 위험하다. 분명하게 아픔을 느낄 수 있다면, 그 감각을 빌미로 어느 정도 썰지 알 수 있다.그러나 아픔을 느끼지 못한다면 무심코 너무 썰어버리거나 해서 살을 베는 것도 모른 채 피가 나오는 것을 보고 나서야 너무 썰었다는 것을 알아차리기도 한다.

스토브에 닿아도 그 뜨거움을 알 수 없어서 화상을 입을 수 있지만, 그것조차 느끼지 못한다. 신체 내 내장의 통증도 못 느껴서 맹장에 걸려도 이를 알아차리지 못한다. 발견이 늦어지면 큰 사고로 이어지기도 한다.

요컨대, 아픔이라는 것은 우리 몸이 다치거나, 상태가 나쁘거나, 몸에 무리가 간다거나 하는 것을 우리에게 알려주는 중요한 신호 역할을 하는 것이다. 그 기능이 결핍되는 것은, 까딱 잘못하면 시기를 놓쳐 생명을 잃게 되는 위험으로 이어질 수 있음을 의미하는 것이다.

아픔을 알지 못하면 타인에게 상처를 입힌다

그뿐만이 아니다. 아픔의 감각이 없어 때에 따라서는 주변 사람에게 상처를 줄 수도 있다. 우리는 보통 팔을 강하게 잡으면 아프다는 것을 안다. 맞으면 아프다는 것도 알고 있다. 좀 더 강하게 맞으면 그만큼 더 아프다는 것도 안다.

하지만 이러한 '신체를 ○○하면 아프다'는 감각에 관한 지식은, 자기 자신이 아프다는 경험을 한 뒤 비로소 몸에 배는 것이다. 갓난아기일 때부터 '○○하면 아프다'는 많은 경험을 온몸으로 체험해 와서, 그 아픔을 알 수 있다.

쓰다듬을 때와 비빌 때, 툭 칠 때와 때릴 때 힘의 강도에 따라 아픔이 어떻게 다른지는 우리 신체로 느껴보지 않으면 알 수 없다.

아픔이란 감각을 경험한 적이 없다면, 어느 정도의 힘을 가하면 얼마만큼 아픈지를 머리로는 알고 있더라도; 그 힘을 제대로 제어할 수 없다.

애정 표현을 한답시고 손을 꾹 쥐면, 너무 강해서 상대방의 손목에 멍이 든다. 장난삼아 상대의 팔을 잡아당기면 팔을 접질린다. 장난삼아 옆구리를 때리면 갈빗대가 나갈지도 모른다. 이런 만화와 같은 일이 실제로 일어나기도 한다.

본인에게는 상대방에게 상처를 입힐 생각이 없더라도 이런 일이 반복되면, 주변 사람도 위험한 생각을 하게 될 것이다.

'요즘 아이들은 1대1로 맞붙어 싸우지 않기 때문에 힘의 정도를 알지 못하고, 막상 폭력을 행사하게 되면, 그 정도가 지나치게 된다'고들 하는데, 이와 유사한 점이 있다.단지, 간단히 '경험이 없다'는 것뿐이라면, 경험을 쌓음으로 힘의 정도나 아픔을 알 것이다.

무릇 감각이란 것이 없다면, 경험의 축적도 없는 것이다.

아픔이라는 감각이 우리에게 천성적으로 갖추어진 것은, 환경 안에서 문제없이 살아나가기 위해서만이 아니라, 인간관계를 적절히 유지하기 위해서도 필요하기 때문이다. 그렇다면, 이 절에서 했던 이야기는 하나의 예에 지나지 않는다.

통각과 같이 우리에게 다양한 감각이 있다는 점에서는, 제각기 매우 중대한 의미가 있다. 이러한 감각의 기능은 인간이 살아가면서 절대로 빠뜨릴 수 없는 필요조건이라 할 수 있다.

인간의 초능력 '감각대행'

손으로 소리를 듣는다?

오감이 제대로 기능하는 사람에게는 사물은 눈으로 보는 것이며, 소리는 귀로 듣는 것이 당연한 것으로 생각된다.

분명, 빛이 전혀 없는 곳에서는 거의 사물을 볼 수가 없으며, 나이를 먹고 귀가 먹으면 보청기나 집음기를 사용하여 조금이라도 소리를 잘 들으려고 한다.

이처럼 시각에는 빛, 청각에는 소리와 같이 감각의 종류 개개의 특성에 걸맞은 자극이 이미 정해져 있다. 이를 심리학에서는 '적자극適刺戟'이라 부른다.

그런데, 어떠한 경우에나 사물은 눈, 소리는 귀라는 식으로 정해져 있는 것은 아니다. 조금 특별한 예를 소개하겠다.

우리가 악기 연주를 들을 때에는 보통 귀로 듣는다. 그러나 귀 이외의 신체에서 소리를 들을 - 정확히 말하자면, 듣는다기 보다는 '느낀다'는 표현이 맞지만 - 수도 있다.

부풀어 오른 풍선을 가지고, 악기 앞에 세워보자. 악기가 소리를 내면 손에 쥐고 있던 풍선이 덜덜 떨리는 진동을 느낄 수 있다. 놀랄지도 모르겠지만, 이 소리를 손으로 듣는다는 것이다. 이때, 귀마개를 하고 최대한 소리를 작게 줄이면, 더 큰 진동의 형태로 소리를 느낄 수 있을 것이다.

이 사실로부터, 실제로 소리라는 것은 공기의 진동이라는 것을 분명히 알 수 있다.

이러한 이치에서 말하자면, 악기에 따라 가령 콘트라베이스와 플루트로는 풍선의 떨림도 달리 느낄 수 있게 된다. 본래 청각으로 느껴야 할 소리라는 자극을, 피부라는 다른 감각으로 받아들일 수도 있는 예라 하겠다.

손끝의 진동으로 문자를 읽는다?

또 하나를 소개하겠다.

눈이 보이지 않는 사람이 어떻게 문자를 읽는지에 관한 이야기이다. 보통 우리는 눈이 보이지 않는 사람이라고 하면, '점자'를 연상하게 된다. 예를 들어, 요즘에는 맥주 같은 캔 음료에도 점자가 표시되며, 샴푸나 린스의 용기에도 손끝을 대어 읽을 수 있게 한, 점자와는 다른 것이 새겨져 있다. 눈이 보이지 않는 사람은 이러한 정보를 손가락으로 읽는다.

그러나, 외출을 하면 우리의 신체 주변에는 점자로 되지 않은 표시물이 아직도 많이 있다. 우편물도 그렇고, 광고 전단도 역시 그렇다.

점자와 달리, 눈이 잘 보이는 사람이 쓰거나 읽는 문자는 묵자墨字라고 한다. 우편물이든 전단이든 간에, 묵자 그대로 점자로 찍혀 있지 않은 것을 맹인이 읽어야만 할 때, 하나하나 해석을 부탁할 수밖에 없는 때도 있다.

따라서, 묵자를 읽기 위한 다양한 특수 기기가 이전부터 개발되었다. 그중 하나가 옵타콘Optacon이다. 옵타콘이란 '시각적인 것을 촉각적인 것으로 변환하는 기기Optical-to-Tactile converter'라는 영어를 축약한 명칭이다.

옵타콘은 스캐너와 같은 소형 센서로 묵자 부분을 읽어 들여, 핀의 진동으로 변환한다. 무수히 늘어서 있는 핀 끝에 손가락을 대면, 묵자의 형태를 진동으로 감지할 수가 있다.

점자로 변환하지 않더라도, 손가락으로 문자를 읽을 수 있어서 매우 편리하다. 다만, 최근에는 음성인식 워드프로세서와 같이, 문자를 합성음성으로 읽어내는 기기 쪽이 더 널리 보급되고 있다.

이처럼, 어느 감각을 사용할 수 없는 사람들을 위해, 다른 감각으로 대체하여 알게 하는 것을 '감각대행'이라 부른다.

시각을 촉각으로 대체하는 경우에, 이것은 시각대행이 된다.

꼬리에 꼬리를 무는 심리학이야기

앞서 소개한 옵타콘 등의 시각대행과 관련해, 최근에는 혀의 감각을 사용하여 정보를 직접 뇌로 전달하는 기기가 개발되고 있다.

사실 혀는 손가락보다 훨씬 더 민감하고, 우수한 기관이다. 머리카락 하나가 손바닥 위에 떨어져도 정말로 모를 때가 있지만, 입안으로 머리카락이 들어갔는데 이를 느끼지 못하는 사람은 없다.

그 만큼 입안, 즉 혀가 감각적으로 민감하다는 말이다. 혀의 시각 대행 원리는 대체로 옵타콘과 동일하다. 초소형 비디오카메라로 촬영한 보통의 문자나 그림 등을, 마우스피스와 같은 것을 통해 촉각의 경우 '혀의 감각' 정보로 변환하는 것이다.

이러한 감각대행 기기의 개발에 따라, 눈이 보이지 않는 사람이라도 눈이 잘 보이는 사람과 똑같이 정보를 얻을 수 있을지도 모른다.

눈이 보이지 않는 사람의 초능력?

종종 '우리는 감각의 80%를 시각에 의존하고 있다'는 이야기를 듣는다. 우리가 그 대부분을 시각에 의존하고 있다는 말은 실제로 납득할 만한 사실이며, 다양한 연구에서도 이를 입증하고 있다.

그러면, 만약 눈이 보이지 않는다고 했을 때, 그것이 얼마나 불편할지는 쉽게 상상이 갈 것이다.

시험 삼아 자신의 방에서 눈을 가린 채 몸을 움직여 보자. 전기 스위치를 끄고 일어나, 양복을 넣어둔 장롱으로 다가가 내일 입을 옷을 준비해 보라. 보통은 의식하지 않은 채 자유자재로 하던 일인데도, 그렇지 못하게 될 것이다.

만약 거리였다면 어땠을까? 불안해서 한발자국도 내딛지 못했을 것이다. 그리 생각하면, 눈이 보이지 않는 사람들은 정말 이상할 정도로 매우 능숙하게 생활하고 있는 것처럼 보인다.

어떤 대학생이 이런 이야기를 했다. 대학에 입학하자마자, 태어날 때부터 눈이 보이지 않는 여성과 같이 수업을 듣게 되었다.

그녀는 캠퍼스 내의 길이 꺾어지는 경사로조차, 상당히 빠른 속도로 척척 오르락내리락했다는 것이다. 마치 눈이 보이지 않는 것이 거짓말인 것 같았다고 한다.

실제로 이러한 일들은 눈이 보이지 않는 사람에게는 지극히 자연스러운 일이다(이 경우 눈이 보이지 않는 사람이란 태어날 때부터, 혹은 어린시절에 빛을 잃어, 오랜 세월 맹인으로 살아온 사람을 말한다. 실명한 뒤, 시간이 얼마 지나지 않은 사람은 우리가 눈가림하고 거리를 걷는 것과 같을 정도의 고초를 겪는다).

그 혹은 그녀들은, 눈으로 환경 정보가 입수되지 않는 만큼, 얼굴이나 신체에 닿는 풍압이나, 소리가 나는 방향, 혹은 냄새와 같은 시각 이외의 단서를 능숙하게 이용하여 상황을 판단하고 행동한다.

보통 시각에 의존하는 우리에게는 초능력처럼 보일 수 있다.

그러나, 그러한 모습은 인간에게 원래부터 갖추어진 능력이다.

인간은 원래 어떤 감각이 무언가의 이유로 손상되면, 그 부분을 보완할 수 있게 다른 감각으로 커버할 수 있게 된다. 오감이 일단 서로 맞물려 기능하는 인간의 신체에서는, '다른 감각으로 커버하는 행위'가 왠지 특별한 능력처럼 보이게 되는 것이다.

지금까지 살펴본 바와 같이, 우리의 감각은 기본적으로는 오감으로 나뉘어 있으며, 제각기 협조하여 우리가 생활해 나가는 데 용이하도록 기능한다.

나아가서는, 오감 중 어느 한 감각이 그 기능을 잃어 사용할 수 없더라도, 나머지 특정 감각이 그 역할을 보완할 수 있도록(또는 훈련으로 보완할 수 있도록) 작용하기도 한다. 그런 식으로 우리는 환경 속에서 자신의 능력을 완전히 활용하는 것이다.

감각은 변화해 간다

감각은 길들여진다

겨울철 목욕탕에 들어가면, 처음에는 뜨거운 느낌이 든다. 서서히 뜨거워지고, 곧 딱 좋은 느낌이 들게 된다.

또는 손목시계를 찼을 때, 처음엔 손목 주변에 '손목시계를 차고 있는' 느낌이 들지만, 잠시 후에는 손목시계의 착용감은 사라진다.

이와 같은 감각의 변화 현상을 일컬어, 감각의 '순응'이라고 한다.

한마디로 말하자면, '자극에 감각이 익숙해진 것'을 말한다. 감각의 순응은 우리의 오감 전체에 생기는 것으로(예외는 있다), 우리 주변의 가까운 곳에 많이 있다.

예를 들면, 영화관 같은 아주 어두운 곳으로 갑자기 들어서면 처음엔 주변이 하나도 보이지 않는다. 한발 앞으로 나아가는데도 갈피를 못 잡을 정도이다. 하지만, 잠시 후에는 조금씩 주변의 모습이 보이기 시작하고, 편하게 움직일 수 있게 된다. 이를 '암순응' 이라고 한다. 어둠에 눈이 적응하는 것을 말한다.

반대로, 줄곧 어두운 곳에 있다가 갑자기 밝은 곳으로 나왔을 때, 눈이 매우 부신 것을 느낀다. 하지만, 금세 눈부심은 사라지고, 평소처럼 보이게 된다. 이러한 현상은 '명순응'이다.

암순응과 명순응은 정반대의 현상처럼 보이지만, 크게 다른 점은 두 가지다.

하나는 어두운 곳에서 사물을 볼 때와, 밝은 곳에서 사물을 볼 때와는 눈 안에서 기능하는 세포가 다르다는 점이다.

암순응의 경우엔, 어둠에 완전히 순응했다고 할 수 있는 상태에서도 밝은 곳처럼 볼 수는 없다. 세밀한 부분이나 색을 확실히 구분할 수 없는 것이다. 이는 빛이 없는 곳에서 기능하는 시각세포(간체;杆體)가 시력이 낮고 색을 볼 수 없기 때문이다.

반대로, 밝은 곳에서 기능하는 시각세포(추체)는 시력이 좋고 색도 구분할 수 있다.

암순응과 명순응의 차이 중 두 번째는 암순응은 느리고 명순응은 순식간에 이루어진다는 점이다.

그 이유는 우리 인간이 밝은 곳에서 생활하는 동물이기 때문이다. 우리의 눈은 밝은 곳에서 사물을 보는 것이 용이하도록 만들어졌기 때문에, 명순응 쪽이 훨씬 빠르다 할 수 있다.

　에어컨의 온도설정 패널을 보게 되면, 문득 의문이 생기지는 않는가?

　한겨울에 18℃ 정도의 온도설정을 하면 상당히 덥다는 느낌이 드는데도, 한여름에 똑같이 18℃로 설정하면 제법 추운 느낌이 든다. 같은 사람이 같은 온도를 느끼는 데도 말이다.

　이것도 사실, 감각의 순응에 따라 일어나는 현상이다.

　겨울에는 누구나 낮은 기온에 신체가 순응한다. 한겨울 평균 기온이 서울에서 10℃ 정도라면, (춥다고는 해도) 이 온도에 적응이 된다. 그러면 18℃ 정도가 되면 상당히 따뜻하게 느껴질 것이다.

　반대로, 한여름 평균기온이 약 30℃로 이 온도에 신체가 적응되면, 같은 18℃라는 온도라 해도 제법 시원하게 느껴질 것이다.

　'같은 온도인데도 한편으론 덥고 한편으론 추운' 체험을 할 수 있는 실험이 있다.

　감각 연구로 유명한 19세기 생리학자인 베버가 실행했던 '베버의 세 가지 기구'라는 실험이다.

　우선, 그릇을 3개 준비하자. 다음 18℃ 정도의 냉수와 30℃ 정도의 미지근한 물, 42℃ 정도의 뜨거운 물을 준비한 뒤, 3개의 그릇에 각각 물을 붓는다.

준비가 끝나면,

- 냉수가 담긴 그릇에 왼손, 뜨거운 물이 담긴 그릇에 오른손을 넣고,
  각각의 온도에 손이 충분히 적응할 때까지 그대로 기다린다.
- 어느 손이나 그 온도에 충분히 적응이 되었다면, 동시에 손을 빼 올린 뒤,
  틈을 주지 않고 양손을 동시에 미지근한 물이 담긴 그릇에 담근다.

그 결과는 어떨까? 미지근한 물 속의 오른손과 왼손이, 마치 다른 사람의 손처럼 다르게 느껴진다.

똑같이 미지근한 물인데도 오른손은 차갑고, 왼손은 따뜻하게 느껴지는 것이다. 왼손은 차가움에, 오른손은 따뜻함에 순응하였기 때문에 일어나는 현상이다. 매우 간단히 할 수 있으니, 흥미가 생기면 시도해 보라.

사람은 어떤 냄새에도 익숙해진다?

감각의 순응은 오감의 거의 모든 것에서 일어난다. 시각이든 청각이든 촉각이든, 똑같은 자극에 줄곧 노출이 되면, 금세 그 자극을 느끼기 어렵게 된다.

다만, 어느 감각이나 똑같이 일어나는 것은 아니다. 순응이 일어나기 쉬운 것과 일어나기 어려운 것이 있다. 순응이 일어나기

쉬운 것 중 대표는 후각이다.

체취나 자신의 집에서 나는 냄새에 대해, 스스로는 알아차리기 힘들다고 하는 것도 후각이 순응하기 쉽기 때문이다.

아주 예전에, 어느 비평가의 다음과 같은 에세이가 있다.

비평가 A씨가, 당시 잘 나가던 소녀만화가 X씨의 집에 취재차 갔을 때의 일이다. 만화가 X씨는 평소엔 그다지 다른 사람을 들이지 않는 작업실로 A씨를 초대했다고 한다.

그 작업실의 문이 열리는 순간, 강렬하게 코를 자극하는 향수 냄새가 엄습해 왔고, A씨는 곧 기분이 나빠졌다. 주변의 냄새에 무심코, "굉장한 향이로군요"라는 말을 내뱉은 그때, 만화가 X씨는 태연하게 "나는 이 꽃의 향수가 너무나 좋아요. 매일 방 전체에 스프레이를 뿌리거든요. 늘 좋아하는 향에 둘러싸여 일을 하고 싶거든요"라는 의미의 말을 했다고 한다.

후각은 순응하기 쉬운 감각이다. 하지만, 보통은 순응이 일어나도 그 냄새가 나지 않는 곳에서 2, 3분만 지나면 원래의 감각으로 회복된다.

회복이 곤란할 정도로 순응해 버렸다고 한다면, 여류만화가 X씨는 상당히 오랜 기간 그 강렬한 향 속에서 작업을 계속해 왔을 것이다.

처음 맡아본 냄새를 정확히 말로 표현하는 것은 우리에게 매우 어려운 일이다.

기껏해야 '○○를 닮은 냄새' 정도라고나 할까. 딱 들어맞는 표현은 잘 떠오르지 않는다.

그런데도, 한번이라도 맡아본 적이 있는 냄새는 우리의 머릿속에 확실히 기억된다. 그래서, 언제 어디서 맡았던 어떤 냄새인지를 굳이 생각해 내지 않아도, "이 냄새를 알고 있다"는 말을 상당한 확신을 갖고 답할 수 있다.

갓난아기가 자기 어머니를 식별할 때, 어머니의 향취를 단서로 잡는 것, 동시에 어머니도 자신이 낳았을 당시의 갓난아기를 냄새로 식별한다는 보고가 있다.

또한, 모녀나 자매, 친구 사이 등 같이 사는 여성 사이에서 월경 시기가 겹치는 것도, 냄새(소위 페로몬)의 영향 때문이라고 한다.

어쩐지 냄새라는 것은 상당히 원초적이랄까, 우리의 깊은 곳에 뿌리내린 감각에 작용하는 것 같다.

곤충이나 동물만큼은 아니지만, 인간도 페로몬을 생성하고 있고, 의식적으로 알지는 못해도 그에 반응하고 있다고도 한다. '페로몬 향수'와 같은 괴이한 물건이 '남성을 유혹하는' 효과가 있다고 해서 잘 팔리는 것도, 냄새가 우리의 본능적인 부분에 작용하는 점을 이용하려는 것이다(다만, '페로몬 향수'가 효과 있을지는 별개의 문제다).

다시 감각의 순응으로 이야기를 돌리겠다.

왜 감각은 어떤 자극에 익숙해지는 것일까? 그 이유는 잠깐 생각해 보면 알 수 있다고 생각한다.

안경을 썼을 때의 착용감이 언제까지고 지속한다면 어떻게 될까? 상당히 답답하지 않을까?

마찬가지로, 언제까지고 에어컨의 희미한 소리가 계속 들리거나, 귀걸이의 무게를 끊임없이 느끼거나, 우리의 몸에 주어진 모든 자극을 계속해서 느낄 수밖에 없다면 답답함을 초월해 기분이 엉망이 된다고 해도 어쩔 수가 없을 것이다.

더 나아가, 위험을 감지하기 위해서도 순응은 필요하다.

집 안에 가스가 새는 일이 발생한다면 가스 냄새를 재빨리 알아채야 한다. 그때, 집안에 떠도는 방의 냄새나 음식냄새 등이 강하게 느껴진다면, 가스가 샌다는 것을 알아차리는 것이 늦어져 위험한 상황을 야기할지도 모른다.

우리는 매일의 생활 속에서 필요한 자극을 확실히 감지해야만 하며, 다른 자극은 무시하고 하나의 자극에만 집중해야만 하는 때도 있다.

끊임없이 주어지는 자극을 그것이 무엇이든 계속해서 강하게 느끼는 것은 아무리 봐도 최악의 상태이다. 시시각각 변화하는 환경 속에서 별 탈 없이 살아가기 위해서는, 무시해도 되는 자극에는 주의를 기울이지 않도록 감각이 순응할 필요가 있다.

그러한 이유로 끊임없이 주어지는 자극에 대하여 감각의 순응이 일어나는 것이다.

다만, 한 가지 기본적으로 순응이 일어나지 않는 감각이 있다. 바로 통각이다. 앞서 이야기한 것처럼, 통각은 우리의 신체나 생명이 위험에 노출된 것을 알려주는 신호로서 기능한다.

가령, 두통, 화상 등의 통증은 시간이 흘러도 적응되기는커녕, 점점 더 그 아픔의 감각에 민감해진다.

통각과 관련해 조금 흥미로운 부분도 있다. 어떤 통증이 생겼을 때, 피부에 다른 자극을 주면 그 통증이 약해지는 현상이 있다.

주사 맞을 때 통증을 무마하기 위해 엉덩이를 꼬집는다거나, 치과 치료의 통증을 달래기 위해 허벅지를 꼬집거나 하면, 주사의 통증이나 치통이 약해진다. 믿지 못하겠다는 분은 기회가 있다면 시험해보는 것도 좋을 것이다.

이것은 '게이트 컨트롤 가설'이라는 통증이 생기는 메커니즘에 관한 가설로 설명된다. 상당히 전문적인 것이라 이에 대한 설명은 생략한다.

우리가 느끼는 오감의 한계

우리는 모든 것을 느낄 수는 없다

지금까지 감각이라는 것의 탁월한 기능에 대해 살펴보았는데, 실은 우리 인간의 감각은 만능이 아니다.

가령, 홍차에 설탕을 넣을 때 아주 조금만 넣고 맛을 보아도 어김없이 정말 단 맛이 느껴지지 않을 것이다. 게다가 설탕을 조금씩 더 넣으면서 맛을 계속 보면, 어느 시점부터 비로소 달다는 느낌이 생긴다.

우리는 자극이 주어지는 상황이라 하더라도(이 경우엔 단맛), 그 자극을 느끼지 못하는 경우가 제법 많다.

이처럼 처음 느끼는 최소의 자극량을 심리학에서는 '자극역(또는 절대역)'이라고 한다.

반대의 현상도 있다.

앞서 이야기한 홍차 속에 조금씩 설탕을 추가한다고 생각해 보자. 홍차는 점점 단맛을 높여 그것을 느낄 수 있을 것이다. 그러나 어느 시점부터 더는 설탕을 아무리 더 넣더라도 단맛이 강해지지 않고, 똑같은 정도의 단맛(달다는 것에 한정)만을 느끼게 된다.

이처럼 자극을 계속 높여 가더라도 그 자극에서 생기는 감각이 더는 높아지지 않는 자극량을 '자극정'이라고 한다.

자극정에는 또 하나의 측면이 있다.

자극을 차례대로 높여 가면, 그 자극에서 생기는 감각이 다른 감각이 되는 경우가 있다.

예를 들면, 라이브 하우스 같은 곳엘 가면 원하지도 않은 스피커 쪽으로 앉게 되는 경험이 있지 않은가? 아니면 음악을 들을 때, 스피커의 볼륨을 점점 높였을 때의 기억을 떠올려 보라.

소리가 너무 커지면, '소리가 커진' 것처럼 들리기보다 '귀가 아플 정도로' 커졌다고 느끼지 않는가? 그때까지 청각으로 느꼈던 것이 통각으로 변해 버린 것이다.

우리가 살아가는 세계에는 실로 방대한 자극이 넘쳐흐르고 있다. 그렇다 해도 우리가 오감으로 감지할 수 있는 것은, 그중에서도 극히 작은 범위의 것뿐이라는 게 현실이다.

게다가 느낄 수 있는 범위는 생물의 종에 따라 다르게 나타난다.

예를 들면 청각의 경우, 우리가 귀로 들을 수 있는 자극(소리)의 범위는 대체로 20㎐(헤르츠)에서 20,000㎐의 주파수 범위에 있는 공기의 진동이다(주파수란 ㎐ 수가 많을수록 높은음, ㎐ 수가 적을수록 낮은음이라고 생각하면 된다). 이를 '가청역可聽域'이라고 한다. 인간이 들을 수 있는 범위라는 의미이다.

20,000㎐ 이상을 '초음파'라 부르는데, 박쥐는 수만 ㎐ 이상의 초음파를 들을 수 있다고 한다. 또한, 개와 같은 종의 가청역은 대략 100㎐에서 수만 ㎐이다. 멀리 떨어져 있는 개를 부를 때 사용하는 호각은 대체로 14,000㎐ 정도로, 이는 사람이 듣기엔 무리가 있는 고음이라 할 수 있다.

또한, 시각은 우리가 느낄 수 있는 것은 고작 380㎚에서 780㎚ 범위의 빛이다(㎚란 1m의 10억 분의 1의 단위). 이 범위를 '가시可視 스펙터클'이라고 부른다. 인간이 볼 수 있는 빛의 범위를 의미하는 것이다.

빛 에너지(전자파)의 전역

380㎚보다 짧으면 '자외선', 750㎚보다 긴 파장은 '적외선'이라 부른다. 자외선과 적외선은 가시 스펙터클의 범위 밖에 있는 파장의 빛으로, 우리 눈에는 보이지 않는다.

• 전자파의 파장에 따른 분류 및 이용

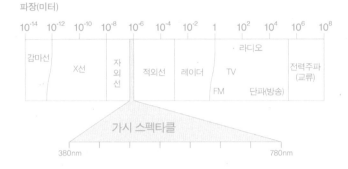

여름철이 되면, '구름 낀 날에도 자외선의 양은 변화하지 않으므로, 자외선 대책에 철저히 하십시오'라는 일기 예보를 듣게 되는데, 태양 빛과 자외선은 같지 않다는 이야기다. 우리에게는 보이지 않는 자외선이지만, 돌고래는 이것을 느낄 수 있다고 한다.

여기서, 이 글을 읽고 인간도 자외선과 적외선을 볼 수 있고, 초음파를 들을 수 있으면 좋지 않을까 생각한 분이 계실 거라 생각한다.

흥미로운 것임이 틀림없지만, 실제로 그렇게 된다면 필시 살아가는 것이 매우 힘들어질 것이다. 지금과 같은 보통의 상태에서도 다양한 것을 보고 들어 정보를 처리하며 살아가는데, 거기에 더해 처리하지 않으면 안 되는 정보가 늘어난다고 생각해 보자. 늘 초음파나 개호루라기나 20㎐ 이하의 저음파가 들려오는 환경에서 생활한다면, 결국엔 모든 상태가 악화될 것이 뻔하다.

우리가 오감으로 받아들일 수 있는 자극은 지구상의 모든 자극의 범위에서 생각해 보면, 매우 미미한 범위에 지나지 않는 것이 사실이지만, 그것은 인간에게 주어진 환경에서 생활해 나갈 때에는 적당한 수준이라 생각한다.

부메랑 효과

당신이 양복을 사러 갔다고 하자. 운이 좋았는지 마음에 드는 물건을 발견했다. 색깔은 갈색. 갈색도 좋았지만 '검은색은 있습니까?'라고 물어보자 '있었는데요, 다 팔렸습니다. 하지만 손님은 갈색이 더 잘 어울립니다'라고 판매원이 대답을 하자 왠지 당신은 검은색이 입고 싶어 그것을 가져오게 한다.

이 이야기에는 부메랑 효과가 잘 나타나 있다. 선택의 자유가 제한되면 오히려 제한받은 것에 더욱 끌려버리는 패턴. 자기가 그 설득에 응하면 상대가 이득을 보는 것이 훤히 들여다보일 때 생기는 것이 두 번째 패턴. 지금의 예의 경우 판매원의 '설득하려 한다'는 판매원의 속셈이 있어서 검정과 갈색의 선택을 제한받는 것처럼 생각한 것이다.

열심히 설득하려고 하면 할수록 상대는 반대의 태도나 의견을 갖는 악순환. 설득이 실패로 끝날 뿐만 아니라 스스로 적을 만드는 것이다.

인간은 욕구가 생기고 나서야 비로소 행동하는 존재라고 할 수 있다. 배가 고프면 음식에 대한 욕구가 생기고, 이를 채우기 위해 음식을 얻으려고 행동에 나서는 것과 같다. 따라서 최고 경영자는 사원들이 자발적으로 움직일 수 있도록 끊임없이 동기부여를 해주어야 한다.

5장

의욕

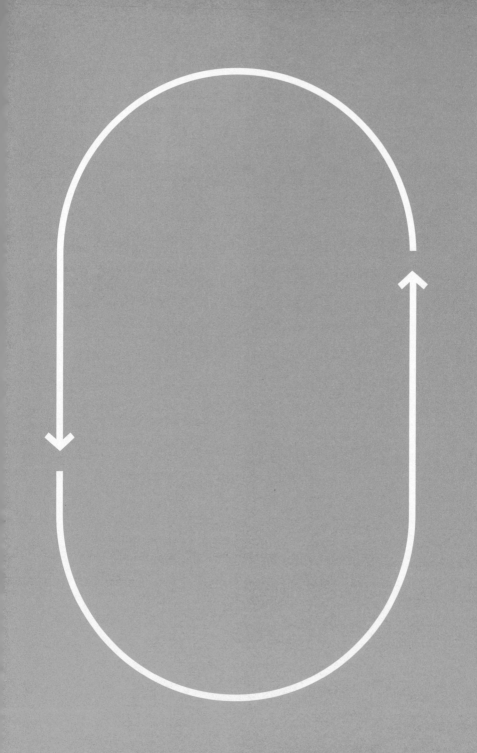

동기부여와 마음의 힘

동기부여란 무엇인가

"방을 정리해야 하는 데도 왜 이리 의욕이 안 생기지."
"시험까지 이제 1주밖에 안 남았으니, 힘내서 열심히 하자."
"모두 의욕이 안 나니, 성과가 좋지 않은 거야."

우리가 자주 사용하는 '의욕'이라는 말을 심리학에서는 '동기부여'라고 한다.

영어로 말하면 모티베이션motivation이며, 요즘에는 이 단어가 더 일상적으로 사용될지도 모르겠다.

무언가를 원하는, 무언가 하고 싶은, 행동의 원동력이 되는 상태가 '욕구'다. 이에 반해, '동기부여'는 욕구가 근본이 되어 행동을 일으키기까지 마음의 힘과 같은 것이다.

요컨대, '방을 정리하고 싶다'는 것이 '욕구'이며, 이 욕구를 기반으로 실제로 청소를 시작하여 방을 정리하기까지 과정이

'동기부여'이다.(주 : '욕구'라는 말을 간단히 '동기'라고 부르기도 한다.)

자식이 열심히 공부하길 바라는 부모가 자식에게 조용하고 쾌적한 공부방을 준비하고, 컴퓨터도 사주어 만반의 준비를 다 했다고 치자. 하지만, 자식은 자신의 동기부여가 일어나지 않으면, 아무리 공부하기 좋은 환경이라 하더라도, 그리 쉽사리 공부 해주질 않는다.

성적이 오르면 갖고 싶은 것을 사주겠다고 약속을 한다면, 조금은 동기부여가 되어 공부를 할지도 모른다. 그러나 그러한 동기부여는 오래가지 못한다.

도대체 어떻게 해야 우리 아이가 오래갈 만한 동기부여를 갖게 될까?

이 장에서는 동기부여란 어떤 것인지, 어떤 때 우리의 동기부여가 수그러드는지, 혹은 동기를 부여하기 위해서는 어떤 방법이 있는 지에 대해 알아보겠다.

자극이 없으면 참을 수 없다?

인간은 태어날 때부터 게으름뱅이

"일평생 아무것도 하지 않고 잠만 자며 살고 싶어."

우리는 이런 농담을 하곤 한다.

격무에 시달려 마음도 몸도 피곤해질 때일수록, '아무것도 하지 않고, 그냥 가만히 있을 수 있다면 좋겠다'고 생각하곤 한다.

하지만, 실제로 그런 일이 가능할까?

'밥도 제때 먹여주고, 생활에 대해 아무 생각 안 해도 되면, 며칠이든 잠을 잘 수 있겠지'라고 생각하는 사람도 있을 것이다.

예전에 이런 말을 실험으로 조사했던 사람이 있다. 캐나다의 헤론이라는 심리학자이다.

헤론은 실험 참가자로 대학생을 모집했다. 실험의 내용은 한 사람 한 사람이 작고 방음벽이 설치된 방에서 아무것도 하지 않고 시간을 보내는 것이다. 다만, 다음과 같은 조건이 붙었다.

- 방에 있는 침대 위에 눕는다(식사와 화장실 제외).
- 눈에는 아무것도 보이지 않도록 고글(goggles/보안용 안경)을 착용한다.
- 귀는 특별히 의미 있는 소리가 들리지 않도록 헤드폰을 쓴다.
- 어느 것에도 닿지 않도록 손에는 장갑을 끼고 덮개를 씌운다.
- 식사는 하루 3끼가 주어졌다(무미무취의 우주식과 비슷한 치약 형태이다).
  물도 마실 수 있고, 화장실도 갈 수 있다.

이러한 조건으로 시간을 보내면, 하루 일당으로 꽤 많은 보수(우리나라 돈으로 약 5만 원 정도로 생각하면 된다)가 지급되었다. 게다가 참가자 본인이 실험에서 빠질 때까지, 며칠을 보내도 무방했다.

여러분이라면 어땠을까? 며칠 정도 이러한 조건에서 보낼 수 있을 것 같은가?

이 실험의 참가자 중에는 며칠이고 버텨서, 여행 경비를 마련하려고 작정을 한 학생도 있었다. 하지만, 실제로는 3일 이상 버틴 사람은 한 명도 없었다.

참가했던 학생 대부분이 처음엔 잠을 잘 잤다. 주변에 자극이 적고, 조용한 곳에 있으면, 필연적으로 인간은 졸리게 될 테니까.

하지만, 이 시기가 지나면 자려고 해도 잠이 오질 않게 된다. 무언가를 생각하려 해도 사고가 정리되지 않고, 곧 환각이 보인다. 그래서 정신상태가 불안정해지고, 실험을 계속할 수 없게 된다.

이 실험은 '감각차단 실험'이라 불린다.

다시 한번 정리하겠다. 참가자는 실험 중에 식사나 배설 등의 생리적 욕구는 채울 수 있다.

이처럼 생리적으로 안정적이고, 충족된 상태에 있더라도, 인간의 오감(시각, 청각, 촉각, 후각, 미각)의 자극을 최대한으로 줄이면, '아무것도 할 수 없다'는 상태에 금세 견딜 수 없어진다는 사실을 알 수 있다. 어째서 이런 일이 일어날까?

감각차단 실험을 했던 것이 1950년대의 일이다. 이보다 이전의 심리학에서는 다음과 같은 생각이 당연하다 여겨졌다.

'인간은 욕구가 생기고 나서야 비로소 행동하는 존재'라는 것이다. 가령, 배가 고프면 음식에 대한 욕구가 생기고, 이를 채우기 위해 음식을 얻으려고 하는 행동에 나선다는 것이다. 이러한 생각을 '동인감소이론'이라고 한다(동인動因이란 욕구와 비슷한 의미라고 생각하면 된다).

동인감소이론으로부터, '인간이란 존재는 생리적 욕구가 충족된 상태라면, 자발적으로 활동하려고 하지 않는 게으름뱅이'라는 인간관을 도출해 낼 수 있다.

그런데, 이 감각차단실험에 따라 그 생각이 뒤집어졌다. 인간은 배고픔이 채워지면 안락한 상태가 되더라도, 아무것도 볼 수도, 들을 수도, 생각할 수 없는, 문자 그대로의 '아무것도 할 수 없는' 상태라면, 정신적으로 약해져 버린다는 사실을 알아냈다.

인간은 단지 생리적 욕구를 채우기 위해 동기부여가 이루어지는 것만은 아니라는 것이다.

이를 계기로, 인간은 스스로 환경에 영향을 미치고, 다양한

자극을 얻기 위해 동기가 부여되는 존재라는 새로운 인간관을
이끌어 냈다.

인간은 자극을 추구하는 존재다

이를 증명하는 하나의 증거로 감각차단실험의 변수가 있다.

감각차단 상태인 실험참가자에게, 광고 전단과 같은 문자가
새겨진 종이를 넣어주었다. 그러자 참가자는, 별다른 흥미로운 글이
쓰여 있지 않아도, 마치 그 종이를 탐하는 듯 반복해서 읽었다고
한다.

우리 역시 감각차단실험만큼은 아니지만, 일상적으로 이와
유사한 '다양한 자극을 갈구하는 마음' 같은 것을 경험한 적이 분명
있을 것이다.

신문이 오지 않는 일요일 아침, 무언가 부족함을 느낀 적은 없나?
혹은 딱히 할 일도 없고 지루한 때, 느긋이 신문이나 잡지에 실린
낱말 맞추기 같은 것을 하기 시작한 적은 없나?

우리는 늘 새로운 자극을 얻거나, 무언가를 생각하는 것으로
머리를 활성화하고자 한다.

'할 일 없이 늘 편안했으면 좋겠다'고 생각한 적이 있다 하더라도,
실제로 언제까지나 멍하니 있는 것은 인간으로서는 상당히 어려운
일일 것이다.

그보다 이전의 문제로, 일상생활에 쫓겨 일을 계속하지 않으면 안 되는 우리에게 있어 언제까지고 멍하니 있는 그 자체가 처음부터 불가능하지만 말이다.

포기의 이유

학습성 무력감

무언가를 생각하는 경우, 누구에게나 사고의 '습성'이란 것이 있기 마련이다.

상황에 따라 유연하게 생각하려 해도, 항상 똑같은 패턴의 생각을 하는 경우가 흔히 있다.

자기에게 상황이 좋지 않은 일이 일어나면, 어떠한 경우라도 다른 사람이나 '운' 탓으로 떠넘기는 사람, 혹은 거꾸로 어떤 경우라도 자신의 노력으로 뭔가 해낼 수 있다고 주장하는 사람, 그런 경향을 지닌 사람이 여러분 주위에도 있지 않은가?

이러한 사고의 습성을 '인지 스타일'이라고 한다.

가령, 취직활동을 하는 어떤 사람이 응모한 회사마다 면접에서 탈락했다고 가정해 보자. 그러면 이 사람은 '이제 난 회사에서 아무것도 아닌 인간이구나'라고 절망감에 휩싸여, 기회가 아직 있는 데도 취직활동 그 자체를 포기해 버리는 경우가 있다.

이러한 사람을 두고 주위에서는 '무기력하다', '의욕을 잃은 인간이다'라고 판단해 버리기도 한다. 하지만, 이는 그 사람이 원래부터 무기력한 인간이라는 것과는 조금 다르다.

취직활동에 계속해서 실패한 사람처럼, 자신이 뭘 해도 안 되는 경험을 반복함으로써, 다른 일에서도 무기력해질 수가 있다.

이를 '학습성 무력감'이라고 한다(이 경우에서 '학습'은 경험으로 몸에 배었다는 의미이다).

학습성 무력감에 빠져 버린 사람은, '난 무능력하니까 뭘 해도 안 된다'는 인지 스타일을 지니는 것이라 말할 수 있다 .

결과 없는 노력

학습성 무력감이란, 미국의 심리학자인 셸리그만Martin E. Seligman이 보고하였다.

셸리그만은 개를 사용한 실험에서 이 현상을 발견했다.

개를 상자에 넣고 바닥에서 전기충격을 주었을 때, 이 상자에서 빠져나가기까지 시간이 얼마나 걸리는지를 측정하는 실험이다. 보통의 개는 전기충격을 느끼면 상자에서 도망치려 한다. 이 실험을 반복하는 사이, 개는 전기충격을 느낀 즉시 도망칠 수 있게 되었다.

그런데, 이 실험 전에 절대로 도망칠 수 없는 전기충격을 몇 번이고 경험했던 개의 경우엔, 그 행동이 전혀 달랐다. 이 개는 상자

안으로 전기충격이 주어지더라도 도망치려고 하기는커녕, 가만히 웅크리고 있는 채로 있었다.

즉, 이 개의 경우에는 앞의 다른 개와 달리 아무리 빠져나가려 해도 전기충격으로부터 도망칠 수 없다는, 즉 '아무것도 할 수 없다'는 경험을 수차례 겪었기 때문이다.

'뭘 해도 소용없다'는 일종의 체념, 무력감이 몸에 뱄던것이다. 이 때문에, 간단히 도망칠 수 있는 상자에서도, '어차피 도망치려 해도 소용없다'고 생각하여, 도망치려고조차 하지 않게 되었던 것이다.

'어차피 난 안 되니까', '뭘 해도 소용없다'라는 말을 자주 입에 담고, 새로운 것에 도전하지 않는 사람, 동기부여가 일어나지 않는 사람이 있다.

이와 같은 사람은 셀리그만의 개에서 보는 바와 같이, 과거에 자신의 노력이 결과로 이어지지 않았던 경험이 여러 번 있었을지도 모른다.

의욕의 원동력 '인지 스타일'

원인귀속

취업 면접에 이제 한번 떨어졌을 뿐인데, 이제 그만두자고 생각하는 사람이 있는 반면, 다음엔 좀 더 힘내자고 생각하는 사람도 있다.

이 차이는 무엇을 의미하는 걸까? 그리고, 이 차이가 동기부여와 어떤 관계가 있는지를 생각해 보도록 하겠다.

당신이 새로이 두각을 나타내는 신진 사무기기 업체의 영업부 사원이라고 가정해 보자. 상사로부터 이른바 투신投身영업으로 신규개척 최저 5건 완수라는 명령을 받았다.

당신은 자신이 담당하는 구역 내를 돌아, 즉시 첫 번째 방문을 시도해 보았다. 이 회사에서는 이야기는 들어주지만, '지금은 필요 없다'며 딱 잘라 거절해 버리고 만다.

이때 당신이라면, 거절당한 이유가 무엇이라고 생각하는가? 다음 보기 중에서 선택해 보라.

- 나의 구매권유 방식에 궁리가 부족했기 때문

- 내가 영업에 맞지 않기 때문

- 투신영업이란 것이 원래 어렵기 때문

- 운이 나빴기 때문

자신에게 일어난 상황의 원인을 무엇인가에 요구하려고 하는 것을 '원인귀속'이라고 한다.

상기 문제에서는 당신이 노력한 일의 결과(성공·실패)의 원인귀속 방법에 대해 알아보고자 하는 것이다. 자신이 실패했던 경험의 원인을 어디에 귀속시키는가에 따라, 다음 시도 때의 동기부여가 달라지는 것이다.

- 나의 구매권유 방식에 궁리가 부족했기 때문임을 선택한 사람

'공부가 부족했다', '좀 더 연구했으면 좋았을 텐데'라고 생각한 경우, 원인의 귀속 대상은 자신의 '노력'이다.

노력부족의 원인으로 처음 회사로부터 거절당했다고 생각한 것이 된다. 자신의 실패를 노력부족으로 귀속하는 것은, 다음 기회에 노력을 좀 더 하면 성공할 것이라 기대할 수 있다는 의미이기도 하다.

따라서, 이 경우 '다음 회사에서는 성공해 보이겠다'는 동기부여가 높아질 것으로 예상한다.

노력이란 것은 자신의 내적인 문제이다. 노력을 할지 안 할지

결정하는 것도 자기 자신이다. 자신이 했던 일의 결과를 '노력'에 귀속시키는 경향이 있는 사람은, 성공했던 경험에 대해서도 마찬가지로, '노력하니까 해낸 거야. 다음에도 잘 해보자'고 생각한다.

노력하면 좋은 결과를 얻을 수 있다는 사실을 믿고 있는 것이라 할 수 있다. 자신에게 주어진 다음 기회에 대해서, 높은 동기부여로 도전할 수 있다.

• 내가 영업에 맞지 않기 때문임을 선택한 사람

'내가 무능력해서', '나에겐 영업 센스가 없다'고 생각하는 경우, 원인의 귀속 대상은 자신의 '능력'이다.

첫 번째 회사로부터 거절당한 것이 자신의 능력부족이 원인이라 생각한 것이 된다. 자신의 실패를 능력부족으로 귀속하는 것은, 다음 기회에도 역시 안 될 것이라는 부정적인 기대를 낳는다. 이 경우, '다음에 들를 회사도 틀림없이 안 될 것이다'라는 생각에 빠져, 동기부여가 낮아질 것으로 예상한다.

능력이란 것은 자신의 내적인 문제이다. 하지만, 이것만은 간단히 변해주지 않는다. 어제까지 능력이 낮았던 사람이 오늘이 되니 능력이 급상승했다는, 그런 일은 있을 수 없다.

자신의 실패를 '능력'에 귀속시키는 경향이 있는 사람은 다음 기회에서도 '역시 실패할 것'이라 생각한다. 따라서 동기부여는 오르지 않는다.

반대로, 자신의 성공을 '능력'으로 귀속하는 사람이라면, 다음 기회에서도 '이번에도 잘 되겠지'라는 기대가 생기므로, 동기부여가 높아질 것이다.

다만, 자신의 실패를 능력에 귀속시키는 사람일수록, 성공했을 때에는 '우연임이 틀림없다'고 생각하기 쉬운 경향이 있어서, 이런 사람은 어떤 것에도 그다지 동기부여가 오르지 않는 것이다.

• 투신영업이란 것이 원래 어렵기 때문임을 선택한 사람

'투신영업이란 건, 누구한테나 어려운 일이지', '다른 거라면 몰라도, 투신영업이라면 무리다'라고 생각하는 경우, 원인의 귀속 대상은 '과제의 난이도'이다.

첫 번째 회사로부터 거절당한 것은, 자신의 능력이 낮아서도 아니고, 자신의 노력이 부족해서도 아니다. 투신영업이란 방법이 원래 어렵다고 생각하는 것이다.

자신의 실패를 과제의 난이도로 귀속하는 것은, '그래서 다음번에도 잘 안 될 것이다'라는 부정적인 기대를 낳게 된다. 왜냐하면, 과제의 난이도는 자신의 능력이나 노력으로는 어쩔 도리가 없기 때문이다. 이 경우, 다음 회사를 방문하는 동기부여는 역시 낮아질 것이다.

다시 한번 말하면, 주어진 과제의 난이도라는 것은 자신의 힘으로는 어찌할 수가 없다. 자신의 외부에 있는 것이다. 실패하면 '과제가 어려워서', 성공하면 '과제가 너무 쉬워서'라는 식으로, 자신이 낳은 결과의 원인을 항상 자신의 외부에 귀속시키려고 한다면 어떻게 될까? 다음 기회에서 자신이 잘해낼 수 있을지 어떨지도, 과제의 난이도에 따라 좌우된다. 따라서, 다음 과제를 줬을 때, 동기부여가 반드시 오르리라고는 장담할 수 없다.

• 운이 나빴기 때문임을 선택한 사람

'오늘은 날이 아니다', '이 회사를 선택한 것부터가 잘못이다'라고 생각하는 경우, 원인의 귀속 대상은 '운'이다.

첫 번째 회사로부터 거절당한 것은 누구의 탓도 아닌, 가끔 그렇게도 되는 것이라 생각하는 것이다. 운도 그 의미를 따지자면 자신의 외부에 있다. 그리고, 좋을 때가 있으면 나쁠 때도 있는 것이다.

자신의 실패를 운으로 귀속하는 것은, '다음엔 혹시 잘 될지도 모르지만, 또 안 될 수도 있다'는 애매한 기대를 낳게 된다. 이 경우, 다음 회사를 방문하는 동기부여는 반드시 높아진다고는 할 수 없다.

'운을 하늘에 맡긴다'와 같이, 운은 자신이 어쩔 수 없는 것이다. 자신의 시도가 실패하면 '운이 나빴다', 성공하면 '운이 좋았다'고 자신이 낳은 결과를 무엇이든 운으로 귀속하게 되면, 무엇인가에 도전할 때라도 동기부여는 그다지 오르지 않게 된다.

원인귀속과 관련지어 거론했던 '노력', '능력', '과제의 난이도', '운' 이 네 가지 분류는, 와이너B. Weiner가 창안한 것이다. 이 분류는 다음 표와 같이 정리할 수 있다.

원인귀속의 경향은 사람마다 다를 뿐만 아니라, 문화적으로도 다르다.

• '어느 회사에 투신영업을 했지만, 거절당했을 때' 원인귀속의 패턴

	내부로의 귀속	외부로의 귀속
단시간 내에 변하지 않는 것으로의 귀속	(능력) 나는 영업과 맞지 않다	(과제의 난이도) 투신영업은 원래 어렵다
변하기 쉬운 것으로의 귀속	(노력) 나의 영업에 대한 공부가 부족했다	(운) 운이 나빴다

일본인의 경우, 자신의 성공은 '운이 좋았다'며 운에 귀속시키고, 자신의 실패는 '자신의 능력부족'이라며 능력에 귀속시키는 경향이 강하다고 한다. 이와 같은 겸손이 오랫동안 미덕이라 여겨왔기 때문이다.

이에 반해 미국인들은 성공은 자신의 능력에 귀속시키고, 실패는 운에 귀속시키는 사람이 많다고 한다. 일본인 중에서도 요즘의 젊은이들은 미국인 같은 타입이 증가하고 있을지도 모른다.

어쨌든, 우리는 원인귀속의 방법 중 어떤 종류의 '습성'을 지니고 있다. 이 또한 '인지 스타일'의 하나다.

어떠한 원인귀속 스타일을 취할지는 이후의 동기부여와 함께, 행동이나 기분에도 크게 작용한다.

안 좋은 결과를 모두 자신의 외부(운이나 과제의 난이도)에 귀속시키는 '인지 스타일'을 가진 사람은, 무엇을 하더라도 의욕을 내지 못하고, 자신의 행동에 책임 지지 않는 경향이 있다.

반대로, 안 좋은 결과를 자신의 내적인 문제(능력이나 노력)에 귀속시키는 '인지 스타일'을 가진 사람은, 필시 과도하게 자신을 자책하거나, 좌절하기 쉬울 것이다.

여러분에게 당부하지만, 자신의 '인지 스타일'에 대한 이해를 깊이 하길 바란다.

반대로, 안 좋은 결과를 자신의 내적인 문제(능력이나 노력)에 귀속시키는 '인지 스타일'을 가진 사람은, 필시 과도하게 자신을 자책하거나, 좌절하기 쉬울 것이다.

여러분에게 당부하지만, 자신의 '인지 스타일'에 대한 이해를 깊이 하길 바란다.

의욕을 만들어 내는 것

동기부여

    요즘 아이들은 비디오 게임을 매우 좋아한다.

    휴일이 되면, 아침부터 밤늦게까지 비디오 게임에 빠진 아이도 있다. 부모로부터 그만 하라는 소릴 들어도, 부모 말을 따르기는 커녕, 점점 더 빠져드는 아이도 있다. 비디오 게임을 했다고 해서 다른 사람에게서 칭찬받을 일도 없고, 뭔가 보상이 따르는 것도 아닌데도, 아이들은 스스로 원해서 게임을 한다.

    이처럼, 칭찬받거나 뭔가 보상을 받을 수 있는 것과는 관계없이, 자기가 스스로 원해서 하고자 하는 동기부여를 '내발적 동기부여' 라고 한다.

    게임에 열중하고 있는 아이들은 비디오 게임이라는 것에, 내발적으로 동기가 부여되어 있다고 할 수 있다. 그들에게 보상이 있다고 한다면, 그것은 비디오 게임을 한다는 그 자체이거나, 재미있게 놀았다는 만족감일 것이다.

이에 반해, 다른 사람에게 칭찬을 받거나, 보상을 받고 싶어 하는 활동이 있다면, 그것은 외발적으로 동기 부여된 활동, '외발적 동기부여'라 할 수 있다.

비디오 게임은 좋아하지만, 공부는 싫어하는 아이가 있다고 가정해 보자. 이 아이는 부모로부터 '공부 좀 해라'라는 말을 듣는 것만으론 좀처럼 공부하질 않는다. 이에 난처해진 부모는 "매일 공부 열심히 하면, 다음에 새로운 게임을 사 줄게"라고 말을 한다. 이렇게 되면, 이 아이는 공부를 할 수도 있다. 다만, 이때의 아이는 '새로운 게임'을 얻을 수 있는 외발적 동기를 토대로 공부하게 되는 것이다.

이처럼, 외발적 동기부여는 외부로부터 우리를 어떤 활동으로 유도하는 것이다. 보상이 주어지니까 한다, 하지 않으면 벌을 받으니까 한다와 같은 것이다.

물론, 그것이 외발적 동기부여라 해도, 하지 않는 것보단 나을 수 있다. 그러나, 외발적 동기부여를 토대로 한 행동 대부분은 그때뿐일 수 있다는 것이다.

상으로 새로운 게임을 받으면, 다음번에도 상을 준비하지 않을 경우, 아이는 다시 공부에서 멀어질 것이다.

이와 반대로, 내발적 동기부여의 경우에는, 비디오 게임에 빠진 아이와 같이, 그 활동에 열중하는 자체가 보상이 되는 셈이다. 따라서, 언제까지고 높은 동기부여의 지지로, 그 활동은 계속 유지되는 것이다.

아이가 가사를 도와주어서 간식을 준다. 아이의 시험성적이 좋아서 칭찬해 준다.

위와 같이, 어떤 활동에 대해 보상을 주는 것은 흔히 있는 일이다. 그리고 보상을 주는 것 자체가 나쁜 것도 아니다.

처음엔 간식을 먹을 수 있어서(외발적 동기부여) 어머니를 도와주던 아이가, 도움 그 자체에 재미를 느낄 수도 있다. 부모님에게 칭찬받고 싶어서 필사적으로 공부하던 아이가, 언젠가부터 공부 그 자체에 재미를 느끼게 될지도 모르는 일이다.

앞의 외발적 동기부여에 근거한 행동은, 대부분 그때뿐이라고 말했는데, 예외도 있다. 처음엔 보상을 목적으로 한 외발적 동기였다 해도, 그 활동을 하는 동안에, 활동 자체에 재미를 느끼는 때도 있다.

이와 같은 현상을 심리학에서는 '기능적 자율'이라 부른다. 처음에는 외발적이었던 활동이 내발적인 것으로 변화한 예다.

보상이 의욕을 잃게 하는 경우

동기부여에서 보상이라는 것은 양날의 검과 같다. 아이의 활동에 대해 보상함으로써 역으로 아이가 지닌 본래의 의욕(내발적 동기부여)을 박탈할 수 있다는 것이다.

그린과 레퍼라는 심리학자가 했던 유명한 실험을 간단히 소개할까 한다.

그림 그리기를 좋아하는 유치원생 아이를 많이 모집한다. 이 아이들은 유치원의 자유놀이 시간에 그림 그리기를 많이 하는 아이들이다. 내발적으로 동기가 부여되어 그림을 그리는 것이라 생각하면 된다.

그리고, 이 아이들을 A와 B, 두 그룹으로 나누어 실험을 한다. A그룹의 아이들에게는 '그림을 그리면 상을 주겠습니다'라는 말을 사전에 얘기한다. B그룹의 아이들에게는 아무 얘기도 하지 않는다. 그런 뒤, 두 그룹의 아이들에게 실험실에서 그림을 그리게 한다.

실험이 끝난 후, A그룹의 아이들에게는 예고한 대로 그림을 그린 장수에 맞춰 상을 주었다. B그룹의 아이들에게는 아무 얘기도 하지 않았지만, A그룹과 마찬가지로 아이들이 그린 그림의 장수에 맞춰 상을 주었다.

1주일 뒤, 유치원의 자유놀이 시간에 이 실험에 참가했던 아이들이 얼마나 그림을 그리는지를 관찰하였다. 그 결과, B그룹의 아이들은 실험 전보다 그림을 많이 그리게 되었다. 이에 반해, A그룹의 아이들은 실험 전과 비교했을 때, 눈에 띄게 그림을 그리는 아이의 수가 줄었던 것이다.

요컨대, B그룹의 아이들은 그림 그리기에 대한 내발적 동기부여가 높아진 데 반해, A그룹에서는 반대로 낮아졌다고 할 수 있다.

이것을 보고 어떻게 생각할 수가 있을까?

실험 당시, 어느 그룹이나 그림을 그린 데 대한 보상을 받았다는 점에서는 동일하다. 즉, 보상을 어떤 형식으로 주었느냐가 핵심이다.

A그룹의 아이들은 사전에 그림을 그리면 상을 주겠다는 이야기를 들었다. 상을 받을 수 있다는 사실을 안 상태에서 그림을 그렸던 것이다. 그러면, 얼마 지나지 않아 '내가 상을 받으려고 그림을 그리고 있는 건가?'라는 생각을 한다. 그 결과, 내발적 동기부여가 사라졌던 것이다.

이에 반해 B그룹에서는, 상에 대한 예고가 없었다. 따라서, 자신이 그렸던 그림에 대해 돌연 예상하지 못했던 상이 나왔다는 이야기가 된다. 이 예고 없는 상은 B그룹의 아이들에게 '내 그림이 좋은 평가를 받았다'는 기분을 불러일으켰다. 따라서, 내발적 동기부여가 한층 높아졌다고 할 수 있겠다.

이 실험은 주어진 보상이 같더라도 부여 방식에 따라서는 내발적 동기부여가 낮아지는 때도 있다는 사실을 보여주고 있다.

의욕의 원천 '자기효력감'

할 수는 있는데, 좀처럼 몰두할 수 없다?

보상과는 다른 각도에서 동기부여에 대해 생각해 보겠다.

필자가 고등학생일 때 이야기다. 고등학교 영어 선생님께서 수업 중 잡담에서 이런 이야기를 꺼낸 적이 있다.

> "요즘 여자애들은 모두 날씬해지길 원해서 다이어트를 하지만, 중도에 포기하기를 반복합니다. 그렇게 날씬해지길 원한다면, 한달 동안 아무것도 안 먹으면 되는데 말이죠. 그리하면 분명 10㎏정도는 빠질 겁니다!"

농담이라고는 해도 매우 설득력 있는 이야기인데, 정말 그 말을 그대로 받아들였던 것이다.

하지만, 이렇게 의욕적으로 다이어트에 도전해 보려고 하는 여학생들은 아무도 없었다. 당연한 일이다. 아무리 몇 개월 동안 금식해서 효과가 확실하다는 것을 알아도, 절대 무리라고 생각한 학생들에게 그런 의욕이 생길 리가 없다.

이처럼, 어떤 결과에 도달하는 데 필요한 행동을 제대로 해낼 수 있다고 생각하는 자기 확신을 일컬어 '자기효력감'이라고 한다. 자기효력감이 낮아지면 아무리 효과가 있는 방법이라도 동기부여는 높아지기 어렵다.

'자기효력감' 향상법

자기효력감이라는 개념은 미국의 심리학자인 반듀라가 창안했다. 반듀라는 다음 그림과 같이 동기부여를 분석하였다.

• 자기효력감과 결과기대

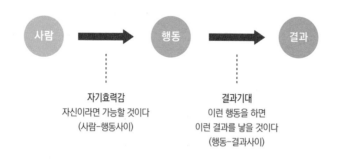

아무리 결과를 기대했다 하더라도, 자기효력감이 낮으면 동기부여는 오르지 않는다.

반면, 자기효력감이 높으면, 동기부여도 올라가고, 다소 곤란한 일이라 하더라도 꾸준한 노력으로 결과를 낼 수 있다.

그럼, 자기효력감을 높이기 위해서 어떻게 하면 좋을까? 그 세 가지 방법을 소개한다.

회사에서 근무하면서 자격증을 따고자 하는 사람이 있다. 본격적으로 계획을 실천하게 되면, 낮에는 회사, 밤에는 학원에 다니면서 가사도 돌봐야만 한다. 스스로 잘해낼 수 있을지 어떨지 불안함을 느끼게 된다. 자기효력감이 낮은 상태이다.

그럼, 이 사람이 자기효력감을 높게 가지고, 일과 자격증 취득이라는 두 마리 토끼를 잡으려면 어떻게 해야 할까?

ⓐ 성공한 사람의 사례를 알아본다(대리적 정보)

우선, 자신과 같이 일과 공부를 같이 해서 자격증을 취득한 사람에 대한 정보를 아는 것이다. 자격증 취득에 대한 당시의 불안이나 고생했던 일, 나름의 비결 등을 구체적으로 물어봄으로써, '나도 할 수 있다!'라는 자기효력감으로 이어진다.

ⓑ 격려(언어적 설득)

단순하긴 하지만, 친한 친구나 연인 등으로부터의 격려로 자기효력감을 높일 수 있다. 자신을 잘 알고 있는 사람으로부터 "너라면 분명히 해낼 수 있어", "너에게 불가능이란 없어"라는 말을 들으면 자신이 붙는다는 것이다.

© 일단 시도해 본다(행위적 정보)

일이란 실제로 해보면 걱정했던 것보다 의외로 쉬운 법. 과감히 시도해 보는 것이다. 최초의 불과 1주일이라도 학원에 다니며, 일과 가사를 돌볼 수 있다면 확실히 자기효력감이 높아진다. 게다가 실제로 학원에 돈을 내고 나면, '본전은 뽑고 싶다'는 생각만으로도 동기부여가 올라갈 수가 있다.

실제로는 이들 세 가지가 복잡하게 서로 얽혀 있어 자기효력감이 높아지지만, 그중에서도 ©의 방법이 가장 효과가 좋다고 한다.
패배의식이나 자신감 결여의 원인으로 의욕이 생기지 않으면, 우선 자기효력감을 높이는 일부터 해나가는 것이 좋을 것이다.

달콤한 레몬의 메커니즘

'레몬은 시다'라는 것은 누구나 알고 있는 상식.

그러나 본인이 '달콤하다'라고 생각한다면 달콤해지는 때도 있다. 사회인이 되어서 첫 보너스를 손에 든 S씨. 그것으로 정장을 새로 맞추었다. 완성된 재킷의 소매가 조금 컸다.

"대는 소를 겸한다는데, 그래 괜찮아."라고 말하고 S는 회사에 입고 갔다. 다른 사람이 봐도 너무 커 보이는데도 불구하고. S는 시큼한 정장을 달콤하다고 결정하고는 만족한 것이다.

또 다른 예. 당신이 좋아하게 된 여성이 상당한 말괄량이라고 하자. 그래도 사랑에 빠진 당신은 그녀의 그런 부분을 '귀엽다'라고 생각할 것이다. 결국, 상대의 약점을 미화함으로써 만족을 얻고자 하는 것이다. 이렇게 해서 시큼한 레몬은 달콤해진다. 그러나 사랑도 종말이 가까워지면, 레몬은 역시 시큼하다는 것을 통감하게 되겠지.

6장

선악

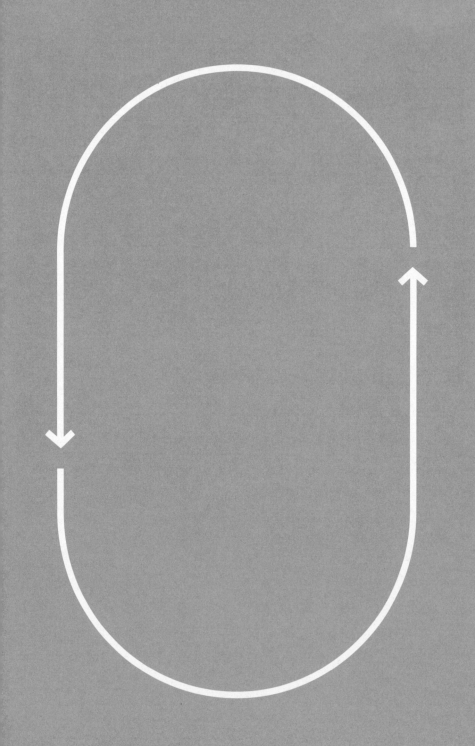

선악을 판단하는 기준

'마음'의 정체는 무엇인가

초등학생이 중고서적 전문점에서 태연하게 만화책을 훔치고, 10대 소녀가 돈 때문에 원조교제를 하고, 단순히 자기 기분 때문에 사람을 죽이는 등, 도저히 우리 상식으로는 이해가 가지 않는 범죄가 빈번하게 일어난다.

반면, 마침 우연히 지나가던 사람이 강에 빠진 아이를 구해내거나, 누구에게 부탁받지 않았는데도 아무런 대가 없이 자원 활동을 열심히 하는 사람이 있기도 한다.

물론, 나쁜 일만 하는 사람이 있는 반면, 좋은 일만 하는 사람도 있다. 평소엔 온후하고 인망도 두터웠던 사람이, 알고 보니 범죄에 손을 대고 있었다는 식의 일도 그리 드문 일이 아니다. 의도적으로 나쁜 짓을 하려고 하지 않은 사람이라도, 다른 사람의 시선이 없을 때 규칙을 위반하는 때도 자주 있는 일이다.

우리는 사회 안에서 살면서 무엇이 옳고 무엇이 그른지를, 무의식중

몸에 익혀간다. 태어나서 자라 온 과정에서 다양한 경험을 통해, 무엇이 선하고 무엇이 악한지에 대해 무심코 알아가게 되는 것이다. 그렇다 해도, 우리 안에는 '선한 것'과 '악한 것' 중 어느 것이든 행할 가능성이 잠재되어 있다.

가령, 흉악한 범죄를 저지른 소년이 있다고 하자. 이 소년의 성장 과정이 정말 불행했다는 사실을 안다면, 우리는 어떻게 생각할까? "그런 불행한 환경이라면, 범죄를 저지르는 것도 어쩔 수 없는 일이다"라고 동정을 표하게 될지도 모른다. 하지만, 그 소년과 똑같은, 아니 그 이상으로 불행한 환경이라 하더라도 범죄와는 무관하게 살아온 소년도 이 세상 어딘가에는 존재할 것이다.

그럼 어째서, 어떤 사람들은 범죄로 치닫게 되는 것일까? 어째서, 똑같은 상황에 놓였을 때 나쁜 짓을 하는 사람과 그렇지 않은 사람이 있는 것일까? 또한, 왜 자신에게 하등의 이득도 없는데 다른 사람을 도우려고 하는 것일까?

우리 내면에 있는 선악의 판단 척도, 기준은 어떤 구조로 이루어져 있을까? 이러한 의문들에 대해 심리학적으로 다양한 각도로 검토할 수가 있다. 이 장에서는 그러한 마음의 작용에 대해 생각해 보도록 하겠다.

범죄자는 타고난다?

죄를 저지르는 사람은 천성?

요즘에는 아마 누구나 '범죄를 저지를지 아닐지는, 태어날 때부터 결정된다'고 생각할지도 모르겠다.

실제로, 천성적으로 범죄를 저지른다고 낙인찍혀 있는 사람은 없다. 그래서 '범죄가 일어난 원인이 무엇인가?', '어떻게 하면 범죄를 예방할 수 있는가'라는 것이 중요한 문제로 제기되는 것이다.

하지만, 오래전엔 그렇지 않았다. '범죄를 저지른 사람은 천성'이라는 생각이 힘을 발휘했던 시대도 있었다. 19세기 영국, 유럽 등지에서 있었던 일이다. 이는 원래, 영국의 골턴이라는 유전학자 (진화론으로 유명한 다윈의 사촌이기도 하다)가, 인간의 본질은 유전에 따라 결정된다고 주장했던 것이 시초였다.

골턴은 우수한 능력을 갖춘 사람의 혈통에서 우수한 자손이 많이 나온다는 것을 조사를 통해 확인하여, 인간의 능력이나 성격이 유전으로 결정된다는 이론을 제출했다.

이와 같은 유전 중시의 사상은, 범죄정신의학의 선구자였던 롬브로즈에 의해 '태어날 때부터 범죄자'라는 생각으로 전개되어 나갔다.

롬브로즈는 유전 또는 진화론의 사상을 근거로, 다음과 같이 생각했다. 범죄자가 될 사람은 처음부터 결정되며, 그 증거는 '조상회귀'의 특징으로 신체에 나타난다고 주장했던 것이다.

'조상회귀'의 특징은 침팬지 등 유인원의 특징을 말한다. 예를 들어, 턱이 크고 머리의 크기에 비해 얼굴이 눈에 띄며, 팔이 길고, 어려서도 이마에 주름이 많다든가, 통증에 둔감하다든가 하는 것이다.

당시 유럽에서는 이러한 신체 특징을 지니면 증거가 부족하더라도 체포되거나, 형사재판에서도 불리한 처지에 놓였다. 사람을 겉모습으로 판단했던 것이다.

더 나아가 롬브로즈는, 범죄예방을 위해서 '조상회귀'의 특징을 지닌 사람이 범죄를 저지르기 이전에 미리 격리해야 한다는 생각도 했는데, 이는 실행하지 않았다(실행되면, 인권상 커다란 문제에 휩싸이기 때문이다).

롬브로즈의 주장은 논거가 애매한 점이나, 범죄의 사회적인 배경을 무시하고 있다는 비판도 많아 오래 지지를 받지는 못했다.

예전 TV 만화인 황금박쥐에서 주인공의 적으로 나왔던 '수수께끼

박사'는 등장할 때마다 반드시 "롬브로즈!"라고 외쳤다. 이는 롬브로즈의 이름에서 따온 것이라고 한다. '수수께끼 박사 → 태어날 때부터 악한 자 → 롬브로즈'라는 연상에서 나온 것이었다.

범죄자의 뇌에는 특징이 있다?

반복되는 이야기인데, 롬브로즈가 말한 신체의 특징으로 알 수 있는 '태어날 때부터 범죄자'라는 생각은 이미 옛날이야기가 되었다.

그렇다고 해서, 현대에 범죄를 저지른 사람의 태어날 때 소질에 대해 처음부터 아예 생각하지 않을 리는 없다.

일반적으로 범죄에 대해 생각할 때에는, 그 범죄를 야기한 요인을 크게 다음의 세 가지 측면에서 생각한다. 사회환경적인 측면, 본인의 심리적 측면, 그리고 본인의 신체적(생물학적)인 측면이다.

이 중에서 태어날 때부터의 소질에 해당하는 것이 신체적(생물학적) 측면이다. 신체적(생물학적)인 측면에 대해서는 특히, 뇌의 구조를 조사해 범죄의 원인으로 이어질 법한 뇌의 특징을 검토하고 있다.

최근, 매우 악질적이고 흉악한 범죄가 세간을 들끓게 하고 있다. 사소한 이유로 안면이 있는 가족을 무참히 살해한다든가, 명확한 이유 없이, 계획적으로 어린아이를 계속해서 살상하는 등의 사건들이다.

이러한 흉악한 범죄를 저지른 사람의 뇌를 조사해 보면, 뇌가 위축되어 있거나, 뇌에 미세한 손상이 발견되는 경우가 많다는 보고도 있다.

가벼운 범죄를 저지른 사람과 통계학적으로 비교해 보더라도, 흉악 범죄자 쪽이 확실히 이러한 생득적인 뇌의 이상이 많다는 결과가 나왔다고 한다(덧붙여서 말하자면, 앞에서 이야기한 '생득적인 뇌의 이상'은 유전이라는 것이 아니라, 태어나기 전 태아일 때 어떤 이유로 생긴 이상이라는 말이다).

뇌의 이상이라는 사실만을 범죄와 연결지어, 뇌에 이상이 있는 사람은 흉악한 범죄를 저지르기 쉽다는 식으로 단정할 수는 없다.

그렇다 해도, 범죄자의 뇌에 특정한 징후가 보인다는 사실은 범죄의 대응이나 예방 등에서 앞으로 하나의 중요한 포인트가 될지도 모른다.

범죄자는 환경에 의해 결정된다?

심리학에서는 인간의 성격이나 좋은 두뇌가 무엇으로 결정되는지에 대해 오래전부터 다양한 의견이 나왔다.

앞서 소개했던 '태어날 때부터 범죄자'라는 생각은, 우리의 성격이나 좋은 두뇌가 태어날 때부터 결정된다는 이론 중 하나의 극단적인 사례다. 이와 같은 이론을 '생득설'이라고 한다.

이와 반대로, 인간은 태어날 때는 동등하며, 성격이나 좋은 두뇌를 결정하는 것은, '어떠한 환경에서 자라나는가?' 하는 이론이 있다. 이를 '경험설' 또는 '환경설'이라고 한다.

환경설로 유명한 사람이 20세기 초의 미국인 심리학자 왓슨이다.

왓슨은 원래 흰쥐를 무서워하지 않던 갓난아이에게, 흰쥐를 볼 때마다 커다란 굉음을 들리게 한 단순한 실험을 통해, 그 갓난 아이에게 흰쥐를 볼 때마다 두려워하여 도망치도록 하였다(이 실험은 사실, 소위 '파블로프의 조건반사'와 동일한 방식이다).

그리하여, 왓슨은 인간의 성질은 경험으로 형성된다는 것을 실증하였다.

즉, 인간을 결정하는 것은 태어날 때의 자질보다는 어떠한 환경에서 자라고, 어떤 경험을 했는가의 문제라는 것을 강조했던 것이다.

왓슨은 범죄자의 아이라 하더라도 자라난 과정에 따라서는 보통의 아이로 자랄 수 있으며, 도덕적인 가정의 아이라 하더라도 범죄자가 될 수 있다는 것을 주장하며 다음과 같이 말하였다.

"나에게 건강하고 잘 자란 12명의 아이와 그 아이들을 양육하는데 나 자신이 자유로울 수 있는 환경을 제공해 달라. 그리하면, 그 아이 중 한 아이를 무작위적으로 선택, 훈련하여 내가 선택한 전문가 - 의사, 법률가, 예술가, 실업가와 함께 거지, 도둑까지도 길러 보이겠다. 아이의 조상이 가진 재능, 취미, 경향, 적성, 능력이 어떻든 간에."

왓슨 본인도 이것이 극단적인 발언이라는 점을 충분히 고려하고 있었다고는 하지만, 그만큼 환경이나 경험이야말로 인간을 결정하는 중요한 원인이라고 주장하고 싶었던 것이다.

환경 때문에 죄를 저지르는 것은 아니다

범죄자라고 하면 집안이 가난한데다, 충분한 예의범절이나 교육을 받지 못해 그 결과 좋은 쪽으로 자라지 못하고, 마음이 병들어 나쁜 길로 빠졌다… 는 식의 '불운한 환경의 범죄자'라는 이야깃거리를 떠올리기 쉽다.

그러면 정말로 왓슨이 말한 대로 환경만으로 사람이 결정되어 버리는 것일까?

똑같이 '가난하고 불운한 환경'이었다 하더라도, 범죄와는 무관하게 살아가는 사람이 이 세상에 허다한 것이 사실이다.

다만, 그러한 보통 사람들이 많이 있다는 사실은 (당연한 사실이지만)보도되지도 않고, 기록에 남는 것도 아니니 우리의 귀에 들어올 리가 없다.

그러한 이유로 '환경이 불운하여 범죄로 치닫는 사람'의 존재만이 기록으로 남게 될 뿐이다.

더군다나, 지금에 와서는 '가난하고 불운한 환경'에 처한 사람이 어쩔 수 없이 저지른 범죄의 유형은 감소하는 추세다.

오히려, 지극히 평범한 가정에서 자라나, 지극히 평범한 수준의 생활을 꾸려가고 있는 사람의 범죄가 일반화되고 있다. 자라난 환경만으로 인간이 결정된다고 단순하게 결론짓는 것은 역시 조금은 무리가 있지 않을까 생각한다.

덧붙여, 앞서 소개한 바 있는 왓슨에게는 2명의 아이가 있었는데, 한 아이는 정신병원에 입원하게 되고, 또 다른 한 명은 범죄자가 되었다고 한다.

사람은 왜 죄를 저지르는가 '강화이론'

선악의 판단 기준이란 무엇인가

알기 쉬운 예로 범죄를 들어, 심리학의 고전적인 이론으로 '생득설'과 '환경(경험)설'을 소개하였다.

그러나, 범죄를 저지르게 된 원인이 그 사람의 태생에만 있는 것이 아니며, 생육환경에만 있는 것도 아니다. 이들 두 개의 요인과 더불어 그 상황의 조건 등도 복잡하게 얽혀 있어서, 인간은 어떤 때는 범죄를 저지르고, 어떤 때는 다른 사람을 구하기도 하는 행동을 보이는 것이다.

오늘날의 심리학에는 우리의 행동을 해독하는 많은 이론이나 가설이 있다. 지금부터는 우리의 선악에 대한 판단 기준이나, 어째서 어떤 사람은 범죄로 치닫고, 어떤 사람은 다른 사람을 구하는지에 대해, 심리학적인 입장에서 고찰해 보도록 하겠다.

"왠지 모르게 가지고 싶어서 훔칠까 생각했지만, 붙잡히기라도 하면 퇴학 처분을 받을 것 같아서 훔치지 않겠다."

"흠씬 두들겨 패고 싶은 상사가 있지만, 그렇게 하면 회사에서 잘릴 테니 관두겠다."

이처럼 우리가 반사회적인 행동을 하지 않는 것은, 벌을 받고 싶지 않기 때문이라는 설이 있다. 즉, 그 행동에 대한 욕구는 있어도, 실제로 하면 그 결과로 자신에게 불리하다는 이유로 억누르는 것을 의미한다.

원래, 이것은 아이의 예의범절과 똑같은 원리다. 아이가 위험한 것에 손대려고 하면, 손을 치며 "안 돼!"라는 말과 함께 꾸짖어서 그만두게 한다. 이를 반복하면, 아이는 위험한 것에 손대지 않는다는 것이다. 또는, 가령 아이가 학교에서 친구들에게 가끔 폭력을 행사하여, 선생님에게 엄한 처벌을 받고, 친구들도 놀아주지 않는다고 가정해 보자. 이것이 몇 번인가 계속되면, 아이 자신은 선생님에게서 사랑받고 싶어 하고, 친구가 없어지는 걸 두려워하여, 곧 친구들에게 더는 폭력을 행사하지 않게 된다. 이러한 원리를 '강화이론'이라고 부른다. 어떤 행동을 취함으로써 본인에게 '좋은 결과'가 일어날 때, 그 행동이 반복된다. 이를 강화이론에서는 '행동이 강화되었다'고 표현한다.

이때의 '좋은 결과'를 '강화물(보상)'이라고 한다.

반대로, 어떤 행동을 취함으로써 자신에게 '좋지 않은 결과'가 되었다면, 그 행동은 더는 나타나지 않게 된다. 이 경우의 '좋지 않은 결과'에 해당하는 것이 '벌'이다('벌'은 일상적인 용어이지만, 심리학의 전문용어이기도 하다).

이들 강화나 벌의 경험이 축적되어 우리의 행동을 제어한다고 생각하는 것이 강화이론(행동이론이라는 말로도 부른다)의 견해다.

선악의 판단 기준은 경험으로부터 형성된다

강화이론으로 생각해 보면, 우리의 행동에 대한 선악 판단의 기준은, 과거의 강화나 벌의 경험으로 형성된다.

앞서 소개했던 왓슨의 환경주의적인 견해와 유사하다.

요컨대, 무엇을 훔쳤는데 칭찬을 받았다거나, 벌을 받지 않은 경험을 반복하게 되면 '도둑질? OK!!'라는 생각을 하기도 하는 셈이다.

도둑질을 했는데도 발각되지 않고 끝나거나, 도둑질의 성공이 같은 패거리로부터 좋은 평가를 받는 등의 경험을 반복한 아이는, 도둑질이라는 행위가 강화된다. 그러면 점점 더 도둑질을 하게 되고, '이런 짓은 하면 안 돼'라거나 '그만 손 떼는 편이 좋다'는 발상도 사라지게 된다.

경리를 담당하는 회사원이 십수 년 동안 총 수억 원의 돈을 횡령했다는 사실이 발각되어 체포되는 뉴스가 종종 있다. 이러한 사건도 처음에는 소액으로 시작했던 것이 별 탈 없이 진행되어 강화되기 때문에, 반복되는 동안 어느샌가 수억 원의 돈이 되어버린 것이다.

물론, 사회적으로 바람직한 행동도 마찬가지로 강화이론을 통한 설명이 가능하다. 아이가 우연히 길에서 100원을 주워서 근처 파출소에 넘기면, 경찰이 그 아이에게 "고맙다. 정말 착한 아이구나"라며 칭찬했다고 하자. 이 경우, 아이의 행동은 강화되어 필시 또 돈을 줍게 되면 파출소에 넘기게 될 것이다.

거꾸로, 똑같은 행동에 대해 경찰이 "경찰 아저씨는 바쁘니까, 이런 건 일부러 갖고 오지 않아도 된다"고 말한다면, 아이는 돈을 줍게 되더라도 더는 파출소에 넘기진 않을 것이다.

어떤 행동의 결과로 칭찬받거나 자신에게 좋은 일이 생기면, 그 행동은 강화되고 반복될 것이다. 자원 활동처럼 직접적인 보상이 주어지지 않은 경우라도, 자원 활동을 하는 것으로 '다른 사람에게 도움을 줄 수 있다', '좋은 일을 했다'고 자기 자신이 만족할 수 있다면, 그것이 보상되고 자원 활동이 강화된다.

호스티스 경험이 있는 일본의 한 여성만화가의 육아 만화에서, '어느 나이트클럽의 유능한 매니저 소속 호스티스에게로의 훈화 訓話'라는 에피소드가 소개되었다. 대략 다음과 같은 이야기다.

"손님으로부터 100엔을 받으면, 바보 취급하지 말고 크게 기뻐해요. 그러면, 그 손님은 '100엔으로도 이렇게 기뻐해 주니, 더 큰 금액을 주면 어떤 좋은 일이 벌어질까' 생각하여 더 많은 돈을 주게 될 거에요."

이를 강화이론으로 해석하면, '손님'의 '호스티스에게 돈을 준다'는 행동이, '호스티스가 크게 기뻐한다'는 결과에 따라 강화된다고 말할 수 있다.

범죄를 방지하는 방법이란?

이야기를 되돌리겠다. 그럼, 만약 범죄를 방지하고자 한다면, 강화이론으로는 어떻게 생각할 수가 있을까?

가장 단순하지만, '벌을 무겁게 한다'는 것이다. 가령, 아이가 물건을 훔쳤는데 발각되었을 때, 가게 주인이 화만 낼 뿐이라면 이는 아이에게 벌이 된다. 아이는 이때만 반성하는 기미를 보이곤, 또 도둑질을 반복하게 된다.

만약, 물건을 훔친 아이를 경찰에 넘기고 학교에도 연락하면, 아이에게 명백한 벌이 되므로 원리적으론 도둑질이 줄어들게 된다.

하지만, 실제로는 그렇게 원리대로 만사가 해결되지는 않는다.

요즘의 아이 중에는, '경찰에 붙잡히는 건 별 거 아니다', '퇴학 당해도 상관없다'는 식으로, 일반적인 가치관이 통용되지 않는 때도 있다. 그러면 아무리 도둑질에 엄벌을 가하더라도 벌이 벌로서의 효과를 발휘하지 못한 채, 조금도 도둑질이 줄어들지 않게 된다.

때에 따라서는, 아이들에게 있어서 벌이 무거운 만큼, 발각되지 않고 훔칠 수 있는지 어떤지의 긴장감을 높이기도 한다. 이렇게 되면, 도둑질이라는 범죄행위를 더욱 더 부채질(강화)하고 마는 얄궂은 결과를 낳게 될지도 모른다.

도둑질을 줄이고자 한다면, 도둑질에 대해 벌을 엄중히 하기보다는 도둑질 이외의 행동이 강화될 수 있도록 상점 간의 장치 혹은 협조를 이루어 나가는 편이 효과적일 것이다.

사람은 왜 죄를 저지르는가 '모델링'

타인의 행위를 보고 기억한다

'품행이 나쁜 친구와 함께 놀면, 전염되어 비행에 빠지기 때문에 나쁜 친구와는 놀면 안 된다'든가, 'TV의 폭력적인 영상을 본 아이가, 실제로 폭력을 행사하게 되므로, 폭력적인 프로그램은 금지해야 한다'는 등의 말을 자주 듣는다.

이처럼, 어떤 사람의 행위를 보고, 그와 똑같은 행위를 하는 것을 모델링(관찰학습)이라고 한다.

우리가 어떤 행동을 기억하고, 자기 자신도 하게 되는 것은, 언제나 강화나 벌에 의한 영향에 따른 것이 아니다. 스스로 경험하지 않더라도, 타인의 행위를 보는 것만으로 새로운 행동을 몸에 익힐 수 있다. 일상에서는 오히려 그편이 많을 정도이다.

가령, 스타벅스와 같은 새로운 유형의 가게에 처음 들어갔을 때에는 어떻게 행동하면 좋을지 잘 모른다.

이럴 때, 대체로 주변 손님들의 모습을 관찰한다. 주문에서 음식까지 어떤 순서로 전개할지를 재빨리 학습하여 그대로 행동한다. 이것이 바로 모델링이다. 누군가가 하고 있는 행동을 보는 것만으로 그 행위를 기억하고, 스스로 이용한다는 것이다.

모델링의 억제효과

하지만, 누군가의 어떤 행위를 관찰했다고 해서, 이 모델링이 반드시 똑같은 방식으로 실행되는 것도 아니다. 똑같은 행위를 관찰했다고 해도, 때에 따라서는 역으로 그 행위가 억제되는 때가 있다.

그 결정인자가 되는 것이 무엇이라고 생각하는가?

그것은 바로 '대리강화(벌)'다.

대리강화란, 모델링에서 모델(관찰된 사람)에게 주어진 강화를 가리킨다.

대리강화는 이를 관찰하고 있는 다른 사람에 대해, 간접적인 강화 효과가 있다.

모델의 행동을 볼 때, 모델의 행동이 강화되는 부분까지 보았다고 가정하겠다. 이를 본 사람은 같은 행동을 취하기 쉬워진다. 반대로, 모델의 행동에 벌이 주어진 것을 본 사람은 모델과 같은 행동을 억누르게 된다. 이것을 '대리벌代理罰'이라고 한다.

구체적으로 예를 들어 보겠다. 작금을 통틀어, 일부 젊은이들 사이에서는 각성제 등의 이른바 위법적인 약물(예를 들면 마약류)이

떠돌고 있다.

마약을 남용하는 사람들이 마약에 대해 '쾌감을 느낀다'거나 '즐거워진다'고 하거나, 마약을 남용하는 것이 마치 세련된 것인 양, 이미지를 흩뿌리고 있다고 생각해 보자. 그러면 이를 본 사람은 마약이 나쁘다는 사실을 알더라도 '마약이란 게 별 것이 아니다', '기분이 좋아진다'라거나 '다른 사람도 한다'고 생각하여, 모델링에 따라 마약을 남용하는 것이다.

이 경우의 대리강화가 무엇인가 하면, 마약을 남용함에 따라 얻는 '쾌감', 마약을 남용하는 것이 '하면 어때라는 이미지'이다.

반면, '대리벌'이 작용하여, 모델링이 일어나지 않기도 한다. 마약을 하고 머리나 몸이 완전히 망가지고 마는 모습을 본다든가, 폐인이 되고 만 사람을 볼 때 등이다. 이렇게 되면 대리벌이 작용하여, '마약은 정말 나쁘다', '손대지 않겠다'는 생각을 하기 쉬운 것이다.

만약, 젊은이들 사이에서 도는 마약의 만연을 막고자 한다면, 한편으로 금지할 뿐만 아니라 마약을 남용하면 어떻게 되는지, 그 결과까지 자세하고 숨김없이 보여주는 것이 중요하다.

몇 년 전, 일본에선 음식물에 독극물을 혼합하거나 바늘을 넣어, 슈퍼마켓의 진열장과 자동판매기의 수취함에 두는 등의 독극물 주입 사건이 성행했다.

이와 같은 일련의 사건에서 흥미로운 점은, 이 사건들이 한번 발생하면, 곧바로 일본 전역으로 퍼져, 이곳저곳에서 동일한 수법의 사건이 일어났다는 것이다. 동일한 범죄라도, 이와 거의 유사한 시기에 일어났지만, 누구도 흉내 내지 않았던, 초등학생의 머리를 잘라 교문 앞에 걸어두었던 잔혹한 범죄와는 대조적이다.

이 독극물주입사건의 전국적인 전개는 모델링으로 설명할 수가 있다. 요컨대, 이 범죄는 독극물 등을 주입한 주스나 음식물을 놓아 두기만 하는 수법을 썼다.

이 사건의 보도를 보는 것만으로, 그 방식이 매우 간단하며 범행이 발각되기 어렵다는 점 등을 알 수 있다. 그리고 독극물을 주입한 상품이 발견되면, 그것만으로 중대사건으로서 크게 보도된 점도 알 수 있다.

이 경우, '범행이 발견되기 어렵지만, 사건으로서는 크게 보도되었다'는 점이, 이 사건을 보도로 알게 된 사람에게는 대리강화로 작용한 셈이다. 독극물주입이라는 수법은, 단순히 세간을 들끓게 하고 싶을 뿐인 사람에게는 매우 용이한 방식인데다 만족도가 높은 범죄행위가 된다. 그래서 이 사건이 일본 전역에서 빈번하게 발생했던 것이라 생각할 수 있다.

사람은 왜 죄를 저지르는가 '상황의 힘'

사람은 어디까지 잔혹해질 수 있는가

자신은 '옳지 않은 일'이라고 머리로는 알더라도, 할 수밖에 없는 때도 있다.

초·중학교에서 일어나는 집단 따돌림 문제를 예로 들어보겠다. 어떤 아이가 자기는 동급생을 괴롭히는 이유가 딱히 없고, 괴롭히고 싶은 마음조차 없다고 가정하자. 하지만, 따돌림 행위에 참가하지 않으면 다음엔 자신이 그 대상이 되거나, 그 패거리로부터 내쳐질 가능성이 생긴다.

이럴 때 아이 대부분은 옳지 않다고 알고 있으면서도, 표면적으로는 따돌림에 가담하게 된다. 이것이 '동조의 심리'다.

우리는 보통, 굳이 다른 사람에게 미움을 받거나, 따돌림당하고 싶어 하지는 않는다. 그래서 자신을 보호해야만 하고, 자신의 본심은 숨긴 채 주위에 동조하는 것이다.

이러한 이유에서의 동조는 흔히 우리 주변에서 있는 일이다.

그 행위가 옳은지 그른지의 판단 자체는 기본적으로 우리가 사회 속에서 자라온 과정에서 알게 모르게, 혹은 벌이나 강화를 통해 몸에 익혀 온 것이다.

다만 그것이 옳지 않다는 것을 알더라도 어쩔 수 없이 하게 되는, 또는 옳지 않다는 것을 알더라도 하는 수밖에 없는 부분이, 우리 인간의 약하고도 안타까운 점이다.

대리상태에서는 잔인해질 수 있다

우리는 통상의 심리상태에서는 스스로 원해서 옳지 않은 잔혹한 행위를 하고 싶어 하지 않는 존재다. 그런데, 상황에 따라서는 자신도 모르게 터무니없이 잔혹한 행위에 다다를 때도 있다.

밀그램이라는 심리학자의 매우 유명하고 충격적인 '권위에의 복종'이라는 실험을 소개하겠다.

실험 참가자는 '학습에 끼치는 벌의 효과에 대한 실험'이라는 거짓 명목의 실험에 참가한다. 실험의 진짜 목적은 알려주지 않는다. 참가자는 이 실험에서 교사 역할을 한다.

주어진 과제는 일대일로, 교사(역할자)는 간단한 문제를 내고, 학생(역할자)은 그에 답하는 단순한 것이다. 단지, 학생이 답을 틀리면, 교사는 벌로 전기충격을 준다. 또한, 학생이 답을 틀릴 때마다 전기충격의 강도를 높여 나가야만 한다.

실은 학생 역할은 실험자 쪽의 지원자로, 일부러 답을 계속해서 틀린다. 그리고 실제로는 전기충격은 주어지지 않지만, 교사 역할자의 눈앞에서는 일부러 고통스러운 듯 몸부림친다.

실험이 진행되어 감에 따라, 교사 역할을 맡은 참가자는 실험이라고는 해도 이렇게 해도 되는지 갈등으로 괴로워하기 시작한다. 그러나, 함께 하고 있는 실험자로부터 "계속해 주십시오"라는 지시를 받으면, 실험자의 말 그대로 하게 된다. 도중에 실험을 그만둘 수 있는 선택권이 있는데도 말이다.

결국, 이 실험에서 참가자 40명 전원이 300볼트까지 전기충격을 주며, 최고 전기 충격(450볼트, 실제로 주었다면 사망에 이를 정도의 강도)에 도달할 때까지 계속했던 참가자는 40명 중 27명에 달했다.

당시 참가자의 심리를 밀그램은 '대리상태'라 불렀다. 요컨대, 이 실험처럼 폐쇄적인 상황에서 권위 있는 사람으로부터 명령을 받으면 이에 거역하지 못한 채, '나의 의지로 하는 것이 아니다, 나는 그저 명령에 따랐으므로 실험자의 대리로 하고 있을 뿐이다'라고 생각하여, 그대로 따랐던 것이라고 한다.

말 그대로 선악의 감각이 '마비'되었던 상태이다.

이 실험은 '아이히만 실험'이라고도 불린다. 이 실험은 제2차 세계대전 때 독일에서 유대인 대량학살에 관련되었던 당시 게슈타포의 중간관리직에 있었던 아이히만이, 전후 재판에서 "나는 단지 상관의 명령대로 했을 뿐이다"라고 일관된 진술을 했던 것에서 유래한다.

권위에 따를 수밖에 없는 상황에서는 자신의 의지가 아니라고 믿는 것으로, 인간은 끝없이 잔혹해질 수 있다는 것을 실증했던 실험이라고 할 수 있다.

사람은 왜 죄를 저지르는가 '익명성'

누구인지 알 수 없어서 한다

점심시간에 빌딩가를 걷다 보면, 요즘은 목에 이름이나 사진을 넣은 사원증을 달고 다니는 사람을 흔히 보게 된다. 시청 등에 가면 그곳의 직원 역시 명찰을 달고 있다.

사무실에 전화를 걸면, "네 ○○회사 ××담당 김수철입니다"라고 회사이름뿐만 아니라, 자신의 이름까지 대는 것이 당연한 일로 되었다.

최근에는 이처럼 회사와 같은 집단 속에서도 개개인을 분명히 표시한다. 이는 물론, 사원 한 사람 한 사람의 책임감 있는 개인 으로서의 자각을 촉구하기 위해서라고 생각할 수 있다.

자기의 이름을 주위에서 알 수 있도록 하거나, 이름을 댐으로써 자신의 행위에 대해 책임감을 갖는 것이 재차 자각되기 때문이다.

우리는 일반적으로, 주위에 아무도 없다든가, 거꾸로 많은 사람에 둘러싸이는 상황에서 무책임한 행동을 취하는 경향이 있다.

아무도 보지 않는 곳에 쓰레기를 버리고, 백화점 바겐세일같이 사람이 많은 곳에서는 외양을 신경 쓰지 않고 행동하는 것 등은 누구에게나 있을 수 있는 태도다. 월드컵 때 문제가 되었던 훌리건이나, 자기가 응원했던 팀이 경기에 지면 운동장에 뛰어드는 야구팬들도 이와 같은 것이다.

반대로, 친구와 함께 행동한다거나, 명찰을 붙이고 행동할 때 등에는 무책임하게 행동하지 않게 된다.

왜 이와 같은 일이 생기는 것일까?

이는 자신의 상태에 대한 자각, '자기가 자기를 모니터하는 눈'의 문제라고 생각할 수 있다.

우리는 자기가 누구인지 주위에 알려진 상황에서는 자기 일에 대한 책임은 틀림없이 자신에게 돌릴 수 있다. 그러한 상황에서는 자신의 태도에 대한 자각이 높아지므로 이성적으로 행동하게 된다.

하지만, 많은 사람 속에 묻히거나 주위에 아무도 없는 상황이 되면, 무엇을 하든 누구의 책임인지 알기 어렵게 되고, 누군가로부터 책임을 묻게 될 걱정도 없다. 따라서 자각이 약해지고, 무심코 무책임한 행동을 취하기 쉬운 것이다.

대학의 학생식당에서 식기 정리를 관찰하면, 식당이 혼잡할 때 일수록 식기를 정리하지 않고 방치하거나, 대충 정리하는 학생이 많아지는 걸 알 수 있다. 이것은 혼잡 정도에 따라 자신의 상태에 대한 자각이 약해지기 때문이다. 반면, 친구와 2, 3명이서 함께 학생식당에 온 학생은, 식당이 아무리 혼잡하더라도 정리를 깨끗이

하는 경향이 있다.

이는 친구가 있어서 공적인 규칙을 지켜야만 한다는 동기부여를 받음과 동시에 자신의 존재가 다른 사람에게 알려져 있고 자신의 상태에 대한 자각이 높아지기에 일어나는 경향이다.

이것은 심리학의 실험에서도 확인되었다.

학습장면을 설정하고, 문제의 답을 틀린 학생에게 전기충격을 주도록 실험 참가자에게 지시한다. 그 결과, 평소의 복장으로 명찰을 단 참가자보다 머리부터 발끝까지 하얀 천으로 완전히 치장한 익명상태의 참가자 쪽이 더 강한 전기충격을 준 것이다.

물론, 누구나가 반드시 익명의 상태가 되면 일탈 행동을 취하기 쉬워진다는 말이 아니다. 개중에는 어떤 상태에 처하더라도 자신의 이성으로 확고하게, 자신의 신념에 따른 행동을 취하는 사람도 있다.

상황이나 장면에 따라 흔들리기 쉬운 사람일수록, 익명 상태에서 일탈하기 쉬운 경향이 있다고도 할 수 있겠다.

사람은 왜 죄를 저지르는가 '사회의 룰'

'보통 사회'란 무엇인가

'곤란한 처지에 놓인 사람이 있다면 도와줍시다', '다른 이에게 함부로 상처 입히지 말 것', '다른 사람의 것을 마음대로 취하지 말 것'과 같은, 우리 사회에는 인간관계에 대한 다양한 규칙(사회 규범)이 있다.

누군가에게 배웠다고 하는 확실한 근거가 없더라도, 해도 좋은 일과 해서는 안 되는 일, 즉 선악 판단 기준의 잣대를, 보통의 사회생활 속에서 자연스럽게 몸에 익힌다.

사회 속에서는 일반적으로, 규범에 반하는 행동을 하면 모종의 제재(벌)를 받게 된다. 다른 사람을 해하면 주위 사람에게 질책을 받거나, 친구들에게 외면당하거나, 때에 따라서는 상해죄를 묻게 될 수 있다.

자기 눈앞에 곤란한 처지에 놓인 사람을 보고도 지나치면, 눈에 보이는 형태의 벌을 받진 않더라도 주위 사람에게 무정한 사람으로 치부되거나 책망받는 등의 사회적인 제재를 받는다.

　만일, 단지 제재를 피하고자 사회 규범을 지키는 사람이 있다면 어떻겠는가?

　"도둑질하다 들키게 되면 범죄가 되니까, 도둑질하지 않는다."
　"도와주지 않으면 비난받을 게 분명하니 도와준다."
　"집단따돌림 하다가 들키면 주변의 욕을 먹으니까 하지 않는다."

　규범을 자기 안에 내면화하지 않는 사람은 제재가 없다고 하면 간단히 규범을 깨뜨릴 것이다.

　'가게의 물건을 훔쳐서는 안 된다'는 것을 지식으로서는 알고 있더라도 동급생이 간단히 훔치는 것을 알고 나면, '들키지 않는다면 나도 한번 해봐야겠다'(모델링)는 생각을 하게 된다. 이렇게 되면, 죄책감도 생기지 않을 것이다.

　이와 같은 사람은 필시, 앞서 소개한 '권위에의 복종'이나 '익명 상태에서의 무책임 행위'와 같은 행동도 일어나기 쉽다고 할 수 있다.

　이에 반해, 사회 규범이 내면화된 사람은 '따돌림 따위를 해서는 안 되니까, 나는 안 하겠다'고 생각하듯, 제재가 있든 없든 상관없이, 규범에 따른 행동을 취하는 데 자발적으로 동기를 부여받게 된다.

　이와 같은 사람이라면 규범이 자신의 신념이 되어 어떠한 상황에서도 그 상황에 휩쓸리지 않고 이성적인 행동을 할 수 있다.

'왜 살인이 안 된다는 거지?'

요즘에는, 속칭 '원조교제'라는 매춘행위를 가볍게 여기는 소녀들이 많다. 또한, 터무니없는 이유로 간단히 살인하는 사람도 있다. 왜 이렇게 범죄로의 문턱이 낮아져 버린 걸까?

앞서, 우리는 사회의 규범을 두고, '보통의 사회생활 속에서 자연스럽게 몸에 익힌다'고 기술한 바 있다.

지금의 사회에서는, '보통의 사회생활'이 공유되기 어려워졌다는 것이, 그 이유 중 하나라고 생각할 수 있다.

가족의 상태나 삶의 방식, 가치관 등이 다양화되면서, 지금까지 오랜 세월 우리에게는 당연하다고 여겼던 규범이 규범으로서 기능하지 못하기 때문이다. 10년 전이었다면, 어렸을 때부터 동네 친구와 뛰놀고, 싸우고 하면서 인간관계에 대해 실제로 배우는 것이 당연했다. 또한, 부모뿐만 아니라, 근처의 노인들에게 꾸중을 듣거나 칭찬을 받으면서 '무엇이 옳고 무엇을 하지 말아야 하는지'를 몸으로 자연히 기억할 수 있었다. 게다가 부모 세대와 자녀 세대 사이에서, 상당 부분 똑같은 가치관을 공유하고 있어서 사회 규범이 자연스럽게 내면화되었던 것이다.

이것도 시대의 필연이라 할 수 있겠지만, 지금에 와서는 예전과 달라졌다. '보통'이 무엇인지에 대한 기준도 흔들리고, 부모와 자식의 가치관도 어긋나 있다.

그러면, 사회 전체에서 같은 규범을 공유하는 것이 불가능하게 된다. 이러한 사회 상태를 아노미anomie라고 한다.

결국, '해서는 안 되는 일'을 머리로는 알고 있더라도 그러한 규범이 내면화되지 않아 규범을 벗어난 행동으로 바로 치닫게 되는 것이다.

'왜 살인은 안 된다는 거지?', '원조교제를 해도 뒤끝이 없으면 되는 것 아닌가'라고 생각하는 아이의 말은, 아노미 상태의 사회를 잘 보여주는 예이다.

아무리 사회의 규범이 제대로 기능하지 못하게 되었다고 해도, 우리가 이 사회에서 살아가고 있는 것은 변함없는 사실이다.

적어도, 자기 안에 '이것만은 절대 안 돼!'라는 규범을 내면화하여, 그때뿐인 상황에 몸을 맡겨 행동하는 일이 없기를 바란다.

피그말리온 효과

키프러스 섬이라는 곳에 조각을 좋아하는 피그말리온이라는 왕이 있었다. 그는 스스로 조각한 상아 여인상에 사랑을 느껴서, 여인상에 생명을 불어넣어 달라고 미의 여신인 비너스에게 부탁한다.

그리스 신화에 등장하는 이야기다. 마음속 깊은 곳에 가라앉아 있는 무의식적인 감정이나 강렬한 추억 등이 때로는 주위 사람에게 의외로 작용한 적이 있다. 예를 들어 보자. 자식이 그린 낙서를 보고 부모가 '이 아이는 그림에 재능이 있구나'라고 생각한다. 또래 아이들은 모두 그리는 단순한 낙서를 예술적(?)인 작품으로 착각한 것이다. 그렇지만 아이는 부모의 기대대로 변화해 가기도 한다.

어느 실험에 의하면 이러한 경향은 유아기에 자주 나타나는데, 어린 자녀가 있는 사람은 자식의 재능을 믿고 그 재능을 자꾸 키워나가게끔 북돋아 준다면, 아이도 부모의 기대에 어긋나지 않도록 노력할 것이다.

7장

욕망

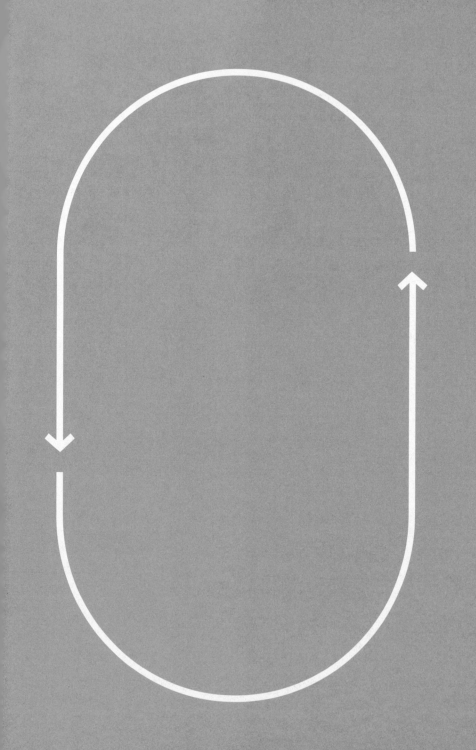

욕망의 정체는 무엇인가

왜 우리는 무언가를 원하는가

우리는 항상 무언가를 갖고, 얻고 싶어한다.

배가 고프면 음식을 원하고, 잡지를 보면 유명브랜드의 가방이 갖고 싶어진다. 더 나아가서는 명성을 얻고 싶고, 돈이 부족하지 않더라도 더 많은 돈을 원하는 때도있다.

이처럼, 어떤 것을 얻고 싶어하는 마음의 상태를 '욕구'라고 한다.

한마디로 욕구라 하더라도 '밥이 먹고 싶다'와 '명성을 얻고 싶다'와는 상당히 다른 느낌이 든다. 확실히 그대로, 욕구는 여러 가지 면에서 파악할 수 있다. 심리학에서는 욕구를 크게 두 가지로 나누어 생각한다. 바로 '생리적 욕구'와 '사회적 욕구'다.

생리적 욕구란, 우리가 살아가기 위해 어쩔 수 없이 필요한 것을 원하는 욕구를 말한다.

신체에 수분이 떨어지면 자연히 물이 마시고 싶고, 신체가 피로를 느끼면, 금세 졸음이 온다. 갈증, 공복, 성, 수면뿐만 아니라 아픔 등의 고통으로부터 피하는 것도 생리적 욕구에 해당한다.

생리적 욕구는 신체의 생명을 유지하는 사명을 다하기 위한 신체의 욕구다. 따라서, 우리의 의사나 기분과 상관없이 작동하는 경우가 있다.

지독한 금식이 따르는 다이어트를 한 뒤에는, 그전보다 심한 식욕이 생겨 '먹으면 안 돼'라는 생각을 하면서도 과식을 하게 되고, 순식간에 본래의 체중으로 돌아가 버리기도 한다.

이는 다이어트를 하고 있을 때의 영양부족을, 신체는 '생명유지의 위기'라 판단하여, 더 많은 영양을 체내에 축적하려고 하는 경향이 강해졌기 때문이다. 이러한 때 식욕을 참는다는 것은, 아무리 강한 의지가 있더라도 대단히 어려운 일이다.

이와 같은 생리적인 욕구를 통제하는 신체의 기능 중 가장 기본적인 것을 '항상성Homeostasis'이라고 한다. 항상성은 모든 생물에게 갖추어져 있으며, 우리 체내의 상태를 늘 최적의 균형 상태로 유지해 두려고 하는 경향을 말한다.

생리적 욕구는 모두 이 항상성으로 균형의 조정에 따라 일어난다.

밥을 먹지 않고 아주 오랫동안 계속해서 참을 수 없는 것도, 며칠 동안이나 잠을 자지 않는 것이 어려운 것도, 항상성의 작동에 따라 '먹고 싶다', '자고 싶다'와 같은 생리적 욕구가 일어나기 때문이다.

'사회적 욕구'란 무엇인가

또 하나의 욕구인 사회적 욕구에 대해 생각해 보겠다.

사회적 욕구는 생리적 욕구보다 조금 더 복잡하다. 생리적 욕구는 태어나면서 누구에게나 갖추어진 것이다.

반면에 사회적 욕구는 사회생활 속에서 경험을 통해 몸에 밴 욕구다.

가령, 다른 사람과 친해지고 싶다(친화욕구), 목표를 높이 세우고 도전하고 싶다(달성욕구), 다른 사람으로부터 인정받고 싶다(승인욕구) 등의 욕구는 어느 것이나 경험을 통해 몸에 밴 사회적 욕구다.

이처럼 사회적 욕구에는 수많은 종류가 있으며, 사람에 따라 제각각이다. 다른 사람과 늘 함께 행동하고 싶어 늘 메일이나 전화로 친구와 연락하는 사람도 있는 반면, 혼자 있어도 평온하고 약속이 없으면 다른 사람과 전혀 연락하지 않는 사람도 있다. 전자는 친화욕구가 높은 사람, 후자는 친화욕구가 낮은 사람이라고 할 수 있다. 심리학자 머레이는 사회적 욕구의 상태가 그 사람의 성격을 나타낸다고 생각하여, 사회적 욕구의 종류를 정리한 리스트를 작성했다.

그 유명한 리스트에는 친화, 달성, 승인, 현시, 공격, 지배, 의존 등 20종류 이상의 사회적 동기가 서술되어 있다.

그러나 사회적 욕구는 머레이의 리스트처럼 단순하게 분류할 수 있는 것이 아니다. 우리가 어떠한 사회에 태어나 어떻게 살아가느냐에 따라, 사회적 욕구도 여러 가지로 달라지기 때문이다.

브랜드가 좋은 이유

필요하진 않다, 그래도 갖고 싶다!

여기서 우리의 사회적 욕구에 대해 생각해 보도록 하겠다.

'잡지에 유명 브랜드의 가방이 소개되었다. 그걸 보곤 왠지 모르게 갖고 싶어졌다'는 경험이 있는 여성이 많을 것이다. 가방이 아니라도, 양복이나 구두, 액세서리라도 마찬가지다. 물론 여성에만 국한된 것이 아니라, 남성에게도 이러한 경향은 다소 있을 것이다.

여기서 주목할 것은 단지 가방이 갖고 싶다는 점이 아니다.

'이미 갖고 있는 가방이 몇 개나 되고 굳이 필요하지도 않은데도, 갖고 싶어졌다'는 점이다.

만일 가방을 갖고 싶어 하는 이유가 '학교 다닐 때 사용하던 하나밖에 없는 가방이 망가졌기 때문'이라면, 실제로 부족한 것, 필요한 것을 원하는 지극히 자연스러운 욕구이다. 여기서 생각해 봐야할 것은 '이미 충분한데도 더 갖고 싶어 하는' 경우다.

필요하지도 않은 가방이 왠지 갖고 싶어지는 이유로 생각할 수 있는 것은 대부분 다음과 같은 두 가지다.

• 그 가방이 유명 브랜드의 것이라서(그 브랜드가 좋아서)
• 그 가방이 신상품, 인기상품, 흔치 않은 상품이라서

우리에게는 원래, 새로운 것, 진귀한 것에 대한 욕구가 있다. '신기성 욕구新奇性欲求'라고도 한다. 속을 들여다보면, 인간에겐 금방 싫증을 내는 경향이 있다는 것이다.

마음에 드는 물건이라도 오래 사용하다 보면, 때론 새로운 것이 갖고 싶어지는 것이다. 남편이 아무리 아내를 소중히 생각한다 해도, 때로는 다른 여성에게 홀딱 반해버리는 것 역시 이와 유사한 부분이 있다.

그러나, 우리가 필요하지도 않은 가방을 갖고 싶어 할 때는 뭐라도 좋으니까 새로운 것을 갖고 싶다는 것과는 차이가 있다. 많은 경우, 유명 고급 브랜드의 값비싼 가방에 마음을 빼앗기게 된다. 도대체 왜 그런 것일까?

답은 역시 '자신에게 부족한 것이기 때문'이라고 말할 수 있다.

유명 브랜드의 가방을 몇 개나 가진 사람, 혹은 아직 갖지 못한 사람이라도, 단순히 새로운 가방이 아니라 유명 브랜드의 가방을 갖고 싶어 하는 것은, 그것이 자신에게 부족하다고 생각하기 때문이다.

그럼, 유명 브랜드의 가방이 부족하다는 것은 어떤 것일까?

앞서 항상성에 대해 이야기했다. '체내의 상태를 최적의 균형상태로 유지하려는 경향'을 말한다. 최적의 상태가 붕괴하거나, 균형이 깨진 상태가 될 때, 항상성의 작용에 따라 생리적 욕구가 일어난다는 것이다.

이와 유사한 것이, 브랜드 상품을 갖고 싶어하는 경우에도 일어난다. 이 경우에는 신체의 욕구가 아닌, 사회적 욕구로서 일어나는 것이다. 여기에서는 자기상(自己像, 자기인식) 레벨의 욕구라고 말해두겠다.

요컨대, 우리는 자신이 어떠한 존재인지에 대해 어느 정도 이미지를 갖고 있다. 이를 여기에서는 자기상自己像이라고 부르겠다.

자기상에는 대략 2종류가 있으며, 하나는 있는 그대로의 현실의 자신, 또 다른 하나는 '이렇다면 좋을 텐데, 이렇게 되고 싶다'라는 이상의 자신이다. '나는 지금 무엇하나 제대로 된 게 없는 존재이고, 주위에서도 주목받고 있지 못하다. 좀 더 좋은 평가를 받고 싶고, 모두에게 존경받고 싶다'고 생각하는 사람이 있다고 치면, 앞의 반이 현실의 자기상, 뒤의 반이 이상의 자기상이 된다.

이 두 가지 자기상 사이에는 일반적으로 어긋남이 있다. 그리하여, 앞의 항상성과 같이 그 어긋남, 즉 '부족한 부분'을 메우려고 하는 마음의 작용이 자연스럽게 일어난다.

어긋난 곳을 어떻게 메우는지는 사람에 따라 제각각이다.

익숙한 일을 통해 새로운 기능, 기술을 몸에 익히고 싶어 하는 사람이 있으면, 운동이나 전신미용을 통해 아름다워지고자 하는 사람도 있다. 그중에서도 가장 손쉬운 것이 브랜드 상품을 입수하는 방법이다.

돈을 내고 유명 브랜드의 가방을 자신의 것으로 만들어 버리면, 그 브랜드의 가치로 단박에 자신을 최저의 수준에서 끌어올릴 수 있다고 생각하기 때문이다. 시간과 노력을 들여 부족한 것을 채우기보다도 훨씬 간단하다.

유명 브랜드의 가방을 갖고 싶어하는 것은 결국 가방을 갖고 싶어한다기보다, 자신에게 부족한 부분을 브랜드의 위력으로 메우고자 하는 것이다.

그 브랜드의 가방을 가진 자신을 현실화하는 것으로, 브랜드의 위력이 자신의 가치를 높여주고, 바라던 이상이었던 '모두에게 존경받고 싶다'는 자기상에 가까워질 수가 있는 셈이다.

가방이 브랜드 상품이라는 것에 더해, 신상품이거나 혹은 자신에게 오기까지 몇 개월 이상 걸리는 인기상품이거나, 한정품이라고 한다면 한층 더 그 가치가 높아지므로 그 가방을 가진 자신 역시 더욱 수준이 높아진 듯한 기분이 들 수 있다.

하지만, 브랜드 상품을 갖는다는 것은, 열심히 공부해서 자격증을 따거나, 노력해서 외모를 아름답게 만드는 것과는 근본적으로 차이가 있다. 새로운 자격을 취득하거나, 체중을 줄이거나, 신체를 단련하여 아름다워지는 것은, 그 상태 그대로 현실의 자기상의 수준을 직접 높이는 것이 된다.

이에 반해 브랜드 상품에 의한 수준의 향상은, 자신은 아무것도 변하지 않은 채 브랜드의 위력을 빌리는 모양이 된다. 앞서도 말씀드렸듯이, 우리에겐 금방 싫증을 내는 경향이 있다. 아무리 브랜드 상품으로 자신의 수준을 일시적으로 끌어올린다 해도 결국은 싫증을 내버리며, 또 다시 자신의 가치 상승을 위해 새로운 브랜드 상품을 요구하게 되는 악순환에 빠져버리는 경우가 허다하다.

그런데, 매우 유복한 가정에서 부족함 없이 자란 아가씨들은 우리 서민이 생각하는 만큼 그렇게 브랜드 상품에 열광하진 않는다. 유명한 브랜드 상품을 갖고 있다 하더라도, 어머니나 할머니에게 물려받은 잘 손질된 가보 같은 것이 대부분이다.

우리 대부분이 그렇듯, 그 가치를 알아보기 쉽게 나타내 주는 브랜드 상품으로 자기상의 수준을 끌어올리지 않아도 될 만큼, 이미 자신은 충족되어 있다는 것일지도 모르겠다.

'왜 유명 브랜드의 가방을 갖고 싶어하는가?'에 대하여, '주위로부터 좀 더 나은 평가를 받고 싶다, 존경받고 싶다'는 이상의 자기 상에 가까워지기 위함이라는 설명을 했다. 이를 앞서 소개한 머레이의 사회적 욕구로 이야기하자면, '승인욕구'에 해당하는 것이다.

이런 식으로, 우리의 일상적인 욕구를 하나하나 꼬집어 그 구조를 생각해 나갈 수도 있겠다.

욕망은 어떤 형태인가

매슬로의 '욕구계층설'

우리 안에서는, 다양한 생리적 욕구 혹은 사회적 욕구가 있으며, 이들은 서로 밀접하게 맞물려 있다. 이를 이해하려면 어느 정도 거시적인 관점에서 보는 것도 중요하다.

건강한 인간의 정신 성장에 대해 연구한 매슬로라는 심리학자는, 인간의 다양한 욕구는 어떠한 통합된 형태를 띠고, 계단식으로 발전해 나가는 것이라 생각했다.

매슬로Abraham H. Maslow의 욕구계층설이라 불리는 유명한 이론이다.

욕구계층설에서는, '주위로부터 좀 더 나은 평가를 받고 싶다'는 욕구(승인욕구)는 아래로부터 네 번째의 '자기존중의 욕구'라는 계층에 해당한다. 매슬로가 말하는 '자기존중의 욕구'란, 스스로 자신을 갖고 싶다, 자신의 존재를 존중해 주길 바란다, 혹은 지위나 명예를 얻고 싶다 등의 욕구를 의미한다.

이 욕구가 아래로부터 네 번째에 위치한다는 점이 포인트다.

• 매슬로의 욕구계층설

자아실현의 욕구
자기존중의 욕구
소속과 애정에 대한 욕구
안전에 대한 욕구
생리적 욕구

• 생리적 욕구

매슬로는 우리의 욕구는 가장 아래 단계에서 시작되어, 그것이 충족되지 않으면 위 단계의 욕구가 생기지 않는다고 생각했다.

요컨대, 기아나 갈증으로 괴로워하고, 잠을 이룰 수도 없는 상태로 살아갈 때에는, 명성을 얻고 싶다든가 'HERMES(에르메스)' 가방이 갖고 싶다거나 하는 기분이 들지 않는다는 것이다.

그림대로 본다면, 우리에게 가장 근저에 있는 생리적 욕구가 어느 정도 충족되면, 다음에 나타나는 욕구는 안전에 대한 욕구다.

• 안전에 대한 욕구

안전에 대한 욕구란, 생명의 위험이나 불안을 피하고, 늘 안심하고 평화롭게 살 수 있길 바라는 욕구이다. 이 욕구는 현대에 사는 우리에겐 어지간한 상황이 아니라면, 당장 충족시킬 수가 있다.

이 욕구가 어느 정도 충족된 뒤, 비로소 세 번째인 소속과 애정에 대한 욕구가 나타난다.

• 소속과 애정에 대한 욕구

소속과 애정에 대한 욕구는 가족이나 친구에게 받아들여지길 바라는, 사랑받길 원하는 인간관계에 관한 욕구다.

최근 매스컴에서도 자주 거론되는 유아학대 등을 생각해 보자. 학대를 받는 아이, 즉 매일 밥을 제대로 먹지 못한다거나, 무시당한다거나, 뭔가 있을 때마다 폭력에 휘둘리거나 한다면, 생리적 욕구나 안전 욕구 모두 충족되지 않는다. 그런 상태에서의 아이는 다른 사람들에게 사랑받고 싶고, 사랑하고 싶은 그 마음이 계속해서 보류 상태로 남아 있게 된다.

보통 우리는 생활을 영위하는 동시에 사랑받고 싶어 하는 마음뿐만 아니라, 타인을 사랑하고 싶은 마음이 필요할 수밖에 없다. 타인을 사랑하는 마음이란 것은 아이가 매일 밥을 먹을 수 있고, 안심하고 살 수 있으며, 충분히 사랑받는 것 등으로 생겨나는 것이다. 이와 같은 소속과 애정에 대한 욕구가 어느 정도 충족되면, 드디어 나타나는 것이 네 번째인 자기존중의 욕구다.

● 자기존중의 욕구

　자기존중의 욕구가 스스로 자신감을 느끼고 싶다, 주위에서 존중 받고 싶다와 같은 욕구라는 것은 앞서도 기술했다. 그럼, 이것이 충족되는 것이란 어떤 것일까?

　자기존중의 욕구에는 실은 두 가지 측면이 있다. 하나는 자기 신뢰의 욕구, 즉 자신감을 갖고 싶다는 측면, 또 하나는 소위 프라이드에의 욕구, 즉 타인으로부터 존중받고 싶다는 측면이다. 보통, 이 둘은 연관되어 움직이고 있다.

　일상생활 속에서 노력을 통해 달성 혹은 실패하기를 반복함으로써 자기신뢰가 형성된다. 자기신뢰가 확고하게 형성되면 자연스럽게 주위로부터도 존중받게 된다. 그렇게 자기존중의 욕구가 충족되면, 이번에는 스스로 존중받고 싶어할 뿐만 아니라, 타인을 존중하고 싶다는 기분이 생겨난다.

　요즘에는 자기신뢰가 약한 상태인데도 프라이드만 높은 사람이 늘어나고 있다.

　그런 사람은 자기존중의 욕구가 균형을 이루지 못한 채 발달하게 된다. 타인으로부터 약간의 비판을 받았을 뿐인데도 자신을 잃고 숨어 지내거나, 혹은 방향을 바꿔 다른 사람을 쪼아대는 것은, 자기신뢰가 약한 반면, 프라이드가 높은 사람의 병리가 자주 나타나는 예인지도 모르겠다. 앞서의 예로 말하자면, 다른 사람으로부터 존경받고 유명 브랜드의 가방을 갖고 싶어하는 사람이란, 자기 신뢰가 낮은 반면, 프라이드가 높은 사람에게 자주 보이는 듯하다.

• 자아실현의 욕구

　욕구계층설의 마지막, 다섯 번째에 나타나는 것이, 자아실현의 욕구다. 이것은 자신이 가진 모든 가능성이나 능력을 모두 펼쳐, 인간으로서 성장하고 싶어하는 욕구이다. 매슬로에 따르면, 이 단계까지 성장한 사람은 그다지 많지 않다고 한다.

　확실히 지금의 현대 사회를 보더라도 짐작이 간다. 현대사회에는 자기계발과 관련된 다양한 취미활동들이 성행하고 있다. 또한 물질적인 풍요로움보다 정신적인 풍요로움을 찾는 경향도 강해진 듯하다.

　그렇다 해도, 이는 자아실현의 욕구라기보다는, 불황 등으로 자신의 장래에 위기감을 느낀 사람이 조금이라도 유리하고, 편하게 살기 위해 모색하고 있는 모습일 뿐이라고도 생각할 수 있다.

　마지막으로 매슬로의 욕구계층설에 대하여 하나만 짚고 넘어가겠다.

　아래 단계의 욕구가 충족되지 않으면, 위 단계의 욕구는 일어나지 않는다는 설명을 했다. 하지만, 언제나 그렇다는 것은 아니다. 일단 아래 단계의 욕구가 어느 정도 충족되었다면, 그것은 위 단계의 욕구가 일어나기 위한 절대필요조건은 아니다.

　가령, 지위나 명예가 있는 사람이 정치의 부정함에 분노하여, 항의를 위한 단식(농성)을 하는 경우가 종종 있다. 가까운 예로는, 죽어도 갖고 싶다는 것을 사기 위해 절약을 하거나 끼니를 건너뛰거나 하는 것도 자주 있는 일이다. 이는 보다 기본적인 욕구를 희생양으로 삼아 높은 수준의 욕구를 채우려고 하는 경향이 우리에게 있다는 것을 의미한다.

지금까지 왜 우리는 무언가를 원하게 되는지에 대해, 즉 욕구라는 측면에서 살펴보았다.

유명 브랜드의 가방을 갖고 싶어하는 사람은 스스로에게 자신이 없는 사람이라는 말을 했지만, 이는 하나의 해석일 뿐이다. 물론, 모든 사람이 그렇다는 것은 아니다. 또한, 그것이 나쁘다는 것도 아니다.

우리는 일생을 통해 언제나 무언가를 원하면서 살아가는 존재다. 일상생활 속에서 무언가를 강렬하게 원한다고 생각할 때, 그곳에 어떤 마음의 장치가 작동하는지 좀 더 생각해 보는 것도 좋겠다.

자신을 이해하는 힌트가 틀림없이 숨겨져 있을 것이다.

고슴도치 딜레마

즐거운 교제기간을 지나 순조롭게 골인한 두 사람이지만, 신혼생활을 시작한 지도 얼마 되지 않아서 '안녕'. 결혼을 해서 서로의 인간관계가 진정한 모습이 아니었다는 것을 깨달은 결과이다.

직장동료, 친구, 연인으로 이르기까지 너무 가깝지도 않고 너무 떨어지지도 않는 인간관계가 좋다고 한다. 그것을 독일 철학자 쇼펜하우어가 예로 든 것이 '고슴도치 딜레마'.

추위에 견디지 못하고 몸을 기대어 서로 온기를 전하던 두 마리의 고슴도치가 너무 가까워지면 서로의 침에 몸을 찔리고, 그렇다고 서로 너무 멀리 떨어져 있으면 추운 딜레마에 빠진다는 것.

인간은 침이라는 것을 갖고 있지 않지만, 역시 너무 가까워지면 서로에게 상처를 주는 경우도 많다. 반대로 너무 떨어져 있으면 쓸쓸함을 느끼게 된다. 최근에는 '넓고 얕게'라는 식의 교제를 하는 사람이 많은 것 같다.

현대인은 처음부터 상처를 주는 것을 두려워하므로 고독한 것일지도 모른다.

8장

뇌행동

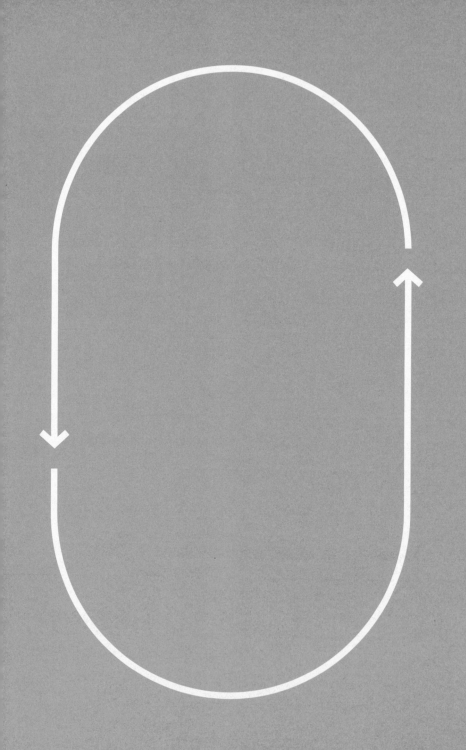

뇌는 어떤 작용을 하는가

뇌와 행동

"인간은 뇌의 10퍼센트만을 사용하고 있다."

"왼손을 사용하면 우뇌가 발달하여 잠재적인 능력을 발휘할 수 있다."

"기억력을 한 차원 높일 수 있는 능력개발법이 있다."

이러한 이야기를 어딘가에서 들어본 적이 없는가?

우리는 뇌에 관해 잘 알지 못하더라도, 자신의 능력 향상을 위해 뇌의 작용에 대해 자세히 알고 싶다는 생각을 문득 하게 된다.

그러나, 능력을 향상시키는 방법이란 게 정말 있는 걸까? 그 전에 우선, 뇌는 어떤 작용을 하는 걸까?

뇌 그 자체의 구조나 작용에 대한 연구는 심리학뿐만 아니라 신경과학, 신경생리학에서 본격적으로 실행하고 있다. 물론, 뇌의 작용은 우리가 '마음'이라고 부르는 것과 밀접한 관계가 있다.

심리학에서도 신경과학적인 지식을 토대로 뇌와 마음, 행동과의 관계에 대해 여러 연구가 진행되고 있다.

이 장에서는 특히 심리학과 밀접한 관계에 있는 뇌와 마음의 작용, 뇌와 행동에 대해 고찰해 보겠다.

24시간 일하고 있는 뇌

뇌가 일한다는 것은 어떤 것일까?

사물을 기억하거나 생각할 때, 사람과 대화할 때에 뇌가 작용하는 것은 당연하다. 운동할 때에도 마찬가지다. 그럼, 멍하게 있을 때나, 잠자고 있을 때는 어떨까? 이때도 뇌는 활발하게 움직인다.

우리는 보통 스스로 머리를 사용한다는 것을 알 때만 뇌가 작용하는 것처럼 느끼곤 한다. 그러나 실제는 그렇지 않다. 우리가 살아있는 한, 뇌는 24시간 내내 쉬지 않고 움직이는 것이다. 게다가, 생각하거나 이야기하는 동안 우리의 의식에 떠올라 있는 것에 관한 뇌의 활동은 뇌 전체에서 보면 실로 미미한 일부분에 지나지 않는다.

가령, 멍하니 있을 때나, 잠자고 있을 때와 같이 아무것도 하지 않는 듯 보이는 때에도, 우리의 신체는 심장을 움직이고, 호흡을 하고, 체온조절을 하며, 음식을 소화하기도 한다. 잠자고 있을 때라면 꿈을 꾸기도 한다. 이러한 것들은 모두 뇌의 작용에 따라 일어난다.

잠에서 깨어나 활동하고 있을 때에도 동일하게 우리가 알아채지 못하는 곳에서 뇌가 영향을 끼치는 경우가 많다.

'칵테일파티 효과'

사람들이 많이 모여 있는 파티장과 같은 장면을 떠올려 보자.

눈앞에 있는 사람과 대화를 하고 있을 때에는 아무리 주변이 소란스럽다 해도 능히 대화에만 열중할 수 있다. 그때의 주변 소리는 단순한 웅성거림일 뿐이다.

하지만 돌연, 어딘가에서 자신의 이름을 부른 듯한 느낌이 들면, 그 순간에 그때까지 열중했던 눈앞 사람과의 대화로부터 갑자기 주의가 흩어지고, 이름이 들린 방향으로 자연스럽게 주의가 기울여 진다. 이는 '칵테일파티 효과'라 불리는 현상이다.

우리가 한 가지 일에 집중하고 있을 때에도, 뇌는 늘 주변에 안테나를 뻗치고 있다. 그런데 만일 우리가 어딘가에 주의를 기울이 려고 해도, 자신과 관계있는 정보가 있으면 바로 그 정보를 알아 차릴 수 있게 해주는 것이다.

행동의 계획에 맞춰 생각해 낸다

한 가지 더 예를 들어보겠다.

휴일에 잠깐 외출하려는 남편에게, 아내가 "역에 가는 도중에 이 엽서 좀 우편함에 넣어 줄래요? 그리고, 돌아오는 길에 상점가에 들러 화장지 좀 사다 줘요"라고 심부름을 시킨다.

부탁을 받은 남편은 특별히 심부름할 내용을 메모해 두거나, '가는 도중에 엽서, 돌아오는 길에는 화장지'라고 계속해서 마음속으로 되뇌이거나 하지도 않는다.

그렇다 하더라도, 분명 틀림없이 엽서를 우편함에 넣고, 잊지 않고 화장지를 사서 돌아와 줄 것이다.

이처럼 우리는, 나중에 해야 할 일을 한번 기억하거나, 일단 잊어버리더라도 필요할 때에 확실하게 생각해 낼 수 있도록 만들어져 있다(가끔은 잊어버리고 실패하는 때도 있지만).

이와 같은 기억을 '전망기억'이라고 한다.

전망기억의 기능도 우리가 의식하지 못하는 곳에서 뇌가 작용한다는 하나의 증거다.

이처럼, 우리가 의식하지 않고, 알아차리지 못하는 곳에서도 뇌는 늘 작용하고 있다.

바꿔 말하면, 뇌가 작용한다는 것은 우리가 살아있다는 것이다. 그리고, 우리의 마음과 행동에 관한 문제는 그 근본을 더듬어 가면, 어느 것이든 뇌와 관련된 것으로 이어져 있다.

인간은 뇌의 10%밖에 사용하지 않는다?

뇌의 구조와 역할

우선, 뇌가 어떠한 구조를 이루고 있는지, 대략 설명해 보겠다. 그림을 보며 확인해 두면, 나중에 나오는 이야기를 이해할 때 도움이 될 것이다.

뇌와 척수를 통틀어 '중추신경계'라 부른다.

척수는 등뼈의 속으로 관통해 있으며, 머릿속으로 들어가게 되면, 처음 아래로부터 '연수', '뇌교', '중뇌', '간뇌'가 순서대로 이어져 있다.

연수에서 간뇌까지의 부분을 통틀어 '뇌간'이라고 한다.

이 뇌간 위에 대뇌가 있다.

대뇌는 꼭대기에서 보면 2개의 덩어리로 이루어져 있다. 이 2개의 덩어리는 좌우대칭으로 이루어져 있으며, 각각이 좌반구(우뇌), 우반구(좌뇌)이다. 뇌는 두개골, 척수는 등뼈에 의해 보호를 받는다.

버섯에 비유하자면, 뇌의 부분이 버섯의 '갓(균모)', 척수는 버섯의 '자루(대)'에 해당한다. 이에 반해, 중추신경으로부터 신체의 구석구석까지 뻗쳐있는 것이 말초신경이라 불리는 것이다.(그림 1)

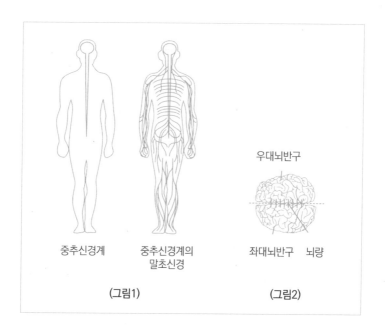

중추신경계   중추신경계의 말초신경   우대뇌반구   좌대뇌반구   뇌량

(그림1)   (그림2)

다음, 대뇌반구는 좌우의 반구, 즉 좌뇌와 우뇌는 '뇌량'이라는 신경의 묶음으로 이어져 있다. 뇌량이란, 좌뇌와 우뇌의 연락통로와 같은 것이다.(그림 2)

그리고 대뇌의 가장 표면에 해당하는 얇은 층을 대뇌피질이라고 한다. 대뇌피질은 크게 네 부분으로 나뉜다. 각각을 전두엽, 측두엽, 두정엽, 후두엽이라 한다.

여러 가지 용어가 나왔다. 각기 어떠한 기능을 담당하는지를 간단하게 살펴보겠다.

뇌간은 호흡이나 심장박동 등의 우리가 살아가는 데 가장 기본이 되는 신체의 기능을 담당하고 있다.

간뇌는 시상과 시상하부라는 2개의 부위로 이루어져 있다. 시상은 감각정보의 중계소가 되며, 시상하부는 항상성(Homeostasis; 호메오스타시스)의 기능이나 성욕, 식욕을 담당한다. 또한, 간뇌의 주위에 있는 여러 부위를 통틀어 대뇌 변연계라 부른다. 대뇌 변연계는 우리의 감정 기능을 담당한다.

대뇌피질은 뇌 안에서도, 특히 인간에게 가장 발달해 있는 부분이다. 판단을 하거나 계획을 세우는 등의 모든 지적 활동이나, 감각, 운동의 제어를 담당하는 부분이다.

전두엽은 사물을 계획하거나 실행하는 일에 관련되어 있다고 한다.

측두엽은 청각, 두정엽은 신체의 감각이나 운동, 후두엽은 시각에 관련한 중추가 있다고 한다.

다만, 아직 뇌에 대해 알지 못하는 것, 단순하게는 말할 수 없는 것이 많기에, 여기에서 설명한 것이 모두가 아니라는 점을 기억해 두기 바란다.

뇌는 이처럼, 마음이나 신체의 다양한 기능을 담당하는 부분들로 이루어져 있다. 이들이 서로 연결되어 작용하는 덕분에 우리는 신체를 움직이거나, 무언가를 생각하면서 살아갈 수 있다.

'인간은 뇌의 10%밖에 사용하지 않는다' 이것은 지금의 30~40대 성인이라면, 필시 어디선가 보았던 매우 친숙한 문장이다.

대략 10년 전에는 학습잡지 등에 능력계발을 노래하던 이상한 기계의 통신판매 광고가 자주 등장했다. 그런 식의 광고에는 늘 '90%의 뇌의 능력을 활성화하면, 당신도 천재적인 능력을 발휘할 수 있습니다'라는 문구가 쓰여 있었다.

아쉽게도, 이는 완전히 틀린 말이다.

도대체, 이 '10%'가 뇌의 부위를 가리키는 것인지, 부위와 관계 없이 기능하는 양을 가리키는 것인지 그 의미가 모호하다. 이것만으로 이미 이 주장이 엉터리라는 것을 알 수 있지만, 우선 이에 대해 생각해 보기로 하자.

뇌의 활동 중 우리가 의식할 수 있는 부분은, 분명 미미할지도 모른다. 그러나 의식되지 않는다고 해서 뇌가 사용되지 않는다는 것이 아니다.

가령, '낮에 레스토랑에 가서 메뉴를 보고, 먹고 싶은 것을 주문한다'는 단순한 행동만으로도 뇌는 많은 일을 한다.

메뉴를 보면 뇌의 시각을 담당하는 부위가 작동하며, 균형 있는 식사를 하기 위해 아침에 먹었던 것을 기억해 내려고 하면 기억에 관계된 뇌의 부위가 작동한다.

이러한 것들은 순서에 따라 하나하나 조금씩 작동하는 것이 아니다. 굉장한 속도로 각각을 담당하는 부위가 연동하여 작동하는 것이다. 그리고, 주문한 것을 최종적으로 결정할 때에도 마찬가지로, 판단을 담당하는 부위가 작동하는 것이다.

이처럼, 뇌가 거의 사용되지 않는다는 것은 있을 수 없는 일이다. 물론 이는, 뇌의 필요한 부위가 필요에 따라 활동하는 것이지, 뇌의 모든 부위가 언제라도 완전히 가동된다는 것도 아니다.

만일, 뇌 전체가 항상 활성화된다면, 천재적 능력의 발휘는커녕, 발광에 가까운 혼란상태에 빠지게 되지는 않을까?

뇌의 기능에서 중요한 점은, 수많은 부위가 작동하는 것이 아니라, 어느 부위가 다른 부위와 어떻게 연동하는가 하는 것이다.

무릇 '뇌의 10%…'라는 문장 자체가, 실은 근거 없는 설일 것이다.

천재 물리학자인 아인슈타인은 '인간은 잠재능력의 10%밖에 사용하지 않는다'라는 명언을 남겼다. 여기엔 인간은 좀 더 노력할 여지가 있다는 의미가 포함되어 있다. '뇌의 10%…'라는 말은, 아무래도 아인슈타인의 말이 제멋대로 어딘가에서 왜곡되어 버린 것 같다.

우뇌와 좌뇌의 실체

좌뇌는 의식, 우뇌는 무의식?

인간의 뇌가 거의 좌우 대칭으로 좌뇌와 우뇌로 나뉘어 있다는 것은 앞서 보신 바와 같다.

이때, 좌뇌는 우반신의 감각 또는 운동을, 우뇌는 좌반신의 감각 또는 운동을 제어하고 있다. 좌뇌와 우뇌는 우리의 우반신과 좌반신을 각기 분담하고 지배하고 있는 것이다. 이를 '대측성(대칭성)의 원리'라고 한다.

실은 오랜 시간, 뇌의 기능은 좌뇌나 우뇌 모두 동일하다고 생각하고 있었다. 그러나, 20세기 중반을 지날 즈음부터, 좌뇌와 우뇌는 각기 기능 면에서 차이가 있다는 사실이 밝혀졌다. 이를 '대뇌반구기능차', 혹은 '라테라리티'라고 한다.

간단히 말하자면, 좌뇌는 언어적, 논리적인 기능에서 우월하고, 우뇌는 감정이나 이미지적, 공간적인 기능에서 우월하다는 것이다.

좌뇌는 언어나 논리, 우뇌는 감정이나 이미지라고 하지만, 보통은

감이 잘 안 온다.

아이의 장난에 화가 날 때, '아아, 지금 나의 우뇌가 분노하고 있다'와 같이 느끼지는 않는다. 우리 자신에게는 좌뇌나 우뇌가 어떻게 분담하여 작동하는지를 깨달을 필요가 없는 것이다.

그런데, 이러한 좌뇌와 우뇌의 기능 차이를 실험으로 철저히 확인했던 사람들이 있다.

그 결과 알아낸 것은, 한 사람의 좌뇌와 우뇌가 마치 다른 두 사람의 것처럼, 서로 무엇을 하고 있는지를 알지 못한다는 사실이었다. 어떤 실험이었을까?

분리뇌 환자 실험 Ⅰ

심한 간질의 치료를 위해, 뇌량이라는 부분을 절단하는 수술이 시행된 적이 있다. 그러한 수술을 통해 발작 증상이 가벼워지는 것이다. 수술을 받은 뇌는 '분리뇌'라 불린다. 앞서도 설명했지만, 뇌량이란, 좌뇌와 우뇌를 연결하는 신경의 묶음이다. 뇌량은 우뇌의 정보와 좌뇌의 정보를 서로 주고받는 연락통로와 같은 기능을 한다.

즉, 분리뇌 환자라 함은 좌뇌와 우뇌가 정보를 주고받을 수 없게 된 사람을 가리키는 것이다.

신경과학자인 스페리는 분리뇌 환자에게 정면을 보도록 하고, 좌측 시야(스크린의 좌반부)에 아주 짧은 시간 동안 '열쇠'라고 단어를 보여 주었다.

'대측성의 원리'는 시각의 경우엔 '우뇌와 좌측 시야', '좌뇌와 우측 시야'가 대응한다. 좌측 시야에 단어를 보여준 것은 우뇌에만 단어의 정보를 주입하기 위함이다.

만일, 정면을 보고 있던 환자가 양쪽 눈 모두를 움직여 버렸다면, 좌뇌에도 단어의 정보가 주입되어 버린다. 이를 막기 위해 '아주 짧은 시간(0.1~0.2초 이내)' 동안만 보여주는 것이다. 0.2초 이내에 단어를 보여주면, 우뇌에만 정보를 주입할 수가 있다.

거기서 무엇이 보였는지 환자에게 물어보면, 환자는 "아무것도 보이지 않습니다"라고 대답한다. 결국, 좌측 시야의 정보는 우뇌 쪽으로만 주입되었던 것이다.

이 환자는 분리뇌 환자여서, 우뇌의 정보(이 경우 '열쇠'라는 단어)는 좌뇌로 완전히 전달되지 않는다. 언어를 취급하는 것은 좌뇌이므로, 이 환자는 보여주었던 것에 대해 질문을 받더라도 대답할 수가 없었던 것이다.

다음으로 스페리는 환자에게 몇 개의 물품 중에서 왼손을 사용하여 손으로 더듬는 것만으로 자기가 보았던 것을 선택하도록 요청했다.

그러자 환자는 틀리지 않고 열쇠를 선택할 수 있었다. 환자는 왼손으로 주워 올린 열쇠를 보고 나서야, 자신이 보았던 단어가 무엇이었는지를 알게 된 느낌이었다고 한다.

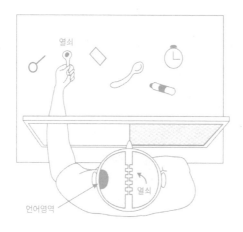

도대체 어떻게 된 것일까?

　우뇌는 언어를 담당하지 않기 때문에, 보았던 것을 말로 보고할
수가 없다. 하지만, 그것이 무엇인지는 알고 있다. 그러므로 우뇌에
의해 통제된 왼손은 손으로 더듬는 것만으로 보았던 것을 선택했던
것이다.
　더욱 놀라운 점은, 우뇌가 '열쇠'라는 단어를 보고 나서 왼손으로
정확하게 열쇠를 선택하는 사이, 환자 자신은 자기가 무엇을 하고
있는지를 전혀 자각할 수가 없었다는 사실이다.

또 다른 분리뇌 환자의 실험을 소개하도록 하겠다.

마찬가지로 신경과학자인 가자니가는 분리뇌 환자의 좌측 시야에 여성의 누드사진을 보여 주었다.

무엇이 보였는지 묻자, 환자는 "아무것도 보이지 않았습니다"라고 대답했다. 그럼에도, 대답하면서 얼굴을 붉히고 킥킥대며 웃는 것이었다. 어째서 웃는지 환자에게 묻자, 환자는 "선생님께서 재밌는 분이라서"라고 대답한다. 도대체 무슨 일이 일어났던 것일까?

좌측 시야의 정보는 우뇌에만 주입된다.

우뇌는 언어를 다룰 수 없으므로, 무엇이 보였는지를 말로 표현할 수 없다. 그래도 우뇌는 보였던 것(이 경우에는 '누드사진')을 분명히 인식하고 있기 때문에, 얼굴을 붉히며 웃는 감정적인 반응이 나타난 것이다.

이 환자는 분리뇌 환자이므로, 우뇌의 '얼굴을 붉히며 웃는' 행동의 본질적인 이유는, 좌뇌로 전달되지 않는다. 누드사진을 보았던 사실을 좌뇌는 알지 못하기 때문이다.

왜 웃었는지 물었을 때, 좌뇌 나름대로 '선생님께서 재밌는 분이라서'라는 이유를 갖다 붙인 말로 대답했던 것이다.

좌뇌와 우뇌의 불가사의한 관계를 이제 알겠는가? 다시 한번 정리하겠다.

분리뇌 환자에게는 좌뇌와 우뇌가 각각 별개의 사람처럼 작동한다. 좌뇌는 언어나 논리를 주로 담당하고 있다. 그리고, 우리가 의식할 수 있는 것은 좌뇌의 기능이다. 이에 반해 우뇌는, 감정이나 이미지 등의 공간적인 정보를 주로 다루고 있다. 그러므로 우뇌의 기능은 의식에 떠오르지 않는다.

지금 소개한 분리뇌 환자의 예에서도 알 수 있듯이, 뇌량이 없다면 우리의 좌뇌(의식)는 우뇌(무의식)가 무엇을 하고 있는지를 직접 알 수가 없다. 여기서는 좌뇌가 의식할 수 없는 우뇌의 활동을 '무의식'이라 불렀다.

우뇌가 했던 것의 본질적인 이유는 우뇌로만 알 수 있다. 좌뇌는 우뇌가 했던 것의 결과를 보고, 대충 이유를 갖다 붙여 해석하여 말로 표현한다는 것이다.

우리는 일반적으로 자기라는 존재는 하나로 통일되어 있다고 생각한다. 자기가 모르는 자신이 있다고는 별로 생각하고 싶지 않은 것이다. 그러나 뇌의 측면에서 보면 반드시 그렇다고 말할 수는 없다.

그러나 그렇게 걱정할 필요는 없다. 지금까지 소개했던 것은 어디까지나 뇌량을 절단한 분리뇌 환자에 대한 것이니까 말이다.

우리의 뇌는 좌뇌와 우뇌가 뇌량에 의해 밀접하게 연결되어 있다. 좌뇌와 우뇌 사이에서는 끊임없이 정보가 오가며, 정보를 공유하고 있다. 그러므로 우뇌와 좌뇌가 긴밀히 연계되어 아무 지장 없이 살아갈 수 있다.

뇌의 능력을 올리는 비결

뇌의 능력을 업그레이드하는 비결이 있는가

우리는 많든 적든 간에 '머리가 좀 더 좋았더라면' 하고 생각하는 존재다.

항간에는 '대뇌생리학을 응용한 기억술', '최신의 인지과학을 구사한 영어회화 학습법' 등의 광고가 많이 나돌고 있다. 또는 이보다는 소문으로 '왼손을 자주 사용하면 우뇌가 발달해 잠재능력이 계발된다'는 등의 것도 있다.

보통 그렇게 꽉 막히지 않은 사람이라도 광고를 보거나 소문을 들으면, '머리가 좋아지고 싶은 욕망'이 자극을 받아, 한번 해 볼까 하는 심정이 되어 버린다.

정말로, 이러한 방법으로 머리가 좋아질까?

답은 예스YES일 수도 노NO일 수도 있다. 머리가 좋아진다고 하면 되든지, 아니면 그렇게 효과가 있지는 않다든지 그런 것이겠다.

꼬리에 꼬리를 무는 심리학이야기

근거가 없어도 효과가 오른다?

이렇게 말하는 것도, 이러한 능력 업그레이드 방법을 잘 보면, 대부분이 누구나 알고 있을 법한 당연한 사실이기 때문이다. 가령

- 매일 한다
- 쉬운 것부터 차근차근 한다
- 이미 알고 있는 지식에 짜 넣는 식으로 한다
- 편안하게 휴식을 취한다와 같은 식이다.

"텍스트를 처음부터 순서대로, CD 안의 음악을 들으며, 매일 20분씩 해주세요. 3개월 후에는 반드시 효과가 나타납니다"라는 말을 들으면, 정말로 효과가 있는 듯한 기분이 들 것이다. 하지만 실제로는, 클래식 음악 등을 들으며 편안하게 쉬면서 3개월 동안 매일 연습하면 누구나 어느 정도는 향상될 것이다.

나머지는 '플라세보 효과'일 것이다. 플라세보 효과라는 것은, 본래는 효과 없는 것이라도 '효과가 있다'라는 말을 들으면, 암시에 걸려 정말로 효과가 나타나는 것을 말한다. '대뇌생리학(이 말 자체가 꽤 오래된 것이다)을 응용한 최신의 기억 업그레이드 기술을 개발!'과 같은 말을 들으면, 아무리 생각해도 효과가 있을 것 같은 기분이 들고 만다. 그러나 '효과가 있을 것 같다'라고 생각해 버린 그 시점에서, 이미 암시에 걸려버린 것이나 마찬가지다.

정말로 효과가 있다면 플라세보 효과라도 괜찮을지 모르겠지만, 여기에 드는 엄청난 비용을 생각하면, 고개를 젓고 싶어진다.

그러나, 아무리 탁월할 것 같은 공부법이라 해도, 모든 사람에게 절대 효과를 보이는 방법이란 없다. 아무리 효과가 좋다고 강조하는 방법이라도, 반드시 사람에 따라 맞고 안 맞는 부분이 있다.

청취 능력을 키우고 싶을 때, 외국인과 직접 일대일로 대화해서 향상된 사람도 있고, 테이프를 반복 청취해서 더 나은 효과를 본 사람도 있다는 것이다.

빠른 시간에 향상되길 바란다면, '훌륭하다는 교재'에 뛰어들기 전에 어떠한 방법이 자신에게 가장 효과적인지를 아는 것이 중요하다.

왼손을 사용하여 능력을 계발할 수 있다?

'왼손을 자주 사용하면 잠재능력이 계발된다'는 이야기를 종종 듣는데, 이는 완전한 오해다.

필시, 소위 천재라 일컬어지는 사람에게 왼손잡이가 많다는 이야기와 우뇌가 좌반신을 통제하고 있다는 사실이 짜맞춰져 왜곡된 것일 것이다.

원래 오른손잡이인 사람이 억지로 왼손을 사용하여 생활하려고 한다면 어떻게 될까? 능력이 계발되기는커녕, 오히려 자신에게 익숙한 오른손을 사용할 수 없는 스트레스로 가진 능력을 충분히 발휘할 수 없게 될지도 모른다.

능력과 관계가 있을 법한 부위에는 뇌로 주입된 정보를 분석하거나 통합하거나 하는 연합영역이 있다. 그러나, 왼손을 움직이는 것에 관련된 것은 우반구의 운동영역이라 불리는 부위다.

운동영역과 연합영역은 별개의 것이다. 따라서 왼손을 무리해서 사용하더라도 잠재능력의 계발 효과는 기대할 수 없을 것이라 해도 무방하겠다.

머리가 좋아지는 진정한 비결

마지막으로, "적어도 이것만은"이라고 할 만한 능력계발법 하나를 소개하겠다. 그것은 바로 '머리를 자주 사용한다'는 것이다.

우리는 될 수 있으면 수고를 덜게 되어 있다. 한 번 사용한 방법이 몸에 배면, 반드시 거기에 의존한다.

여러분의 통근·통학, 쇼핑 루트는 정해져 있지 않은가? 퇴근 후 귀갓길에 평소와 마찬가지로 편의점에 들러 똑같은 음식을 사고, 똑같은 TV 프로그램을 보고 잠을 자는 생활이지 않나? 식사할 때의 방법도 정해져 있지 않은가?

이러한 생활을 오랫동안 계속하다 보면, 뇌의 활동에 변화가 부족해진다. 본인에게는 정해진 일의 반복이니까 편안할 것이다. 하지만, 이는 분명히 뇌의 노화로 이어질 것이다.

그럼, '머리를 자주 사용한다'는 것은 어떻게 해야 할까? 실은 매우 간단한 일이다.

가끔은 평소와는 다른 길을 통해 귀가한다거나, 음식재료를 사서 요리에 도전한다거나, TV를 보지 않고 방안의 모양새를 바꿔 보거나 하는 것이다. 늘 다니던 길이라도, 주위를 잘 관찰하여 변화를 발견하고 놀라워하거나 하는 방법도 좋다.

즉, 자신이 '평소 하던 방식'에 변화를 주어, 뇌에 새로운 자극을 주는 것이다. 이것이 '머리를 자주 사용한다'는 방법이다.

능력 계발이란 것이 조금은 과장된 것일지도 모르겠지만, 적어도 뇌를 노화시키지 않는 효과가 있음이 분명하다.

로미오와 줄리엣 효과

셰익스피어의 '로미오와 줄리엣'이라면 세계적으로 유명한 러브 스토리. 부모님께서 서로 원수지간이었기 때문에 헤어진 두 사람의 진실한 사랑을 다룬 이야기이다.

이 주인공 두 사람의 이름을 빌린 로미오와 줄리엣 효과는, 연인들에게 부모님의 반대나 주위의 장애는 반대로 사랑을 깊게 하기에 효과적이라는 것이다. 한때 붐을 이루기도 했던 '불륜'은 정말로 로미오와 줄리엣 효과가 이룩한 것이다. 남녀 중 어느 쪽에 배우자가 있고 더욱이 사내에서 이루어졌기라도 했다면 이미 효과는 두 배가 되는 느낌. 장애를 넘어 남의 눈을 피해서 만난 두 사람의 사랑은 더욱더 불타오를 뿐이다. 마치 멜로드라마와 같은 전개이지만, 분위기가 무르익는 데에는 어느 정도 장애가 중요한 향신료가 되는 것은 확실하다.

그러나 아무쪼록 향신료를 너무 심하게 가미한 사랑은 주의를, 로미오와 줄리엣 효과의 효능이 끊어진 다음의 보증은 할 수 없다. 그리고 결말을 생각해 보라. 로미오도 줄리엣도 죽었다.

9장

관계

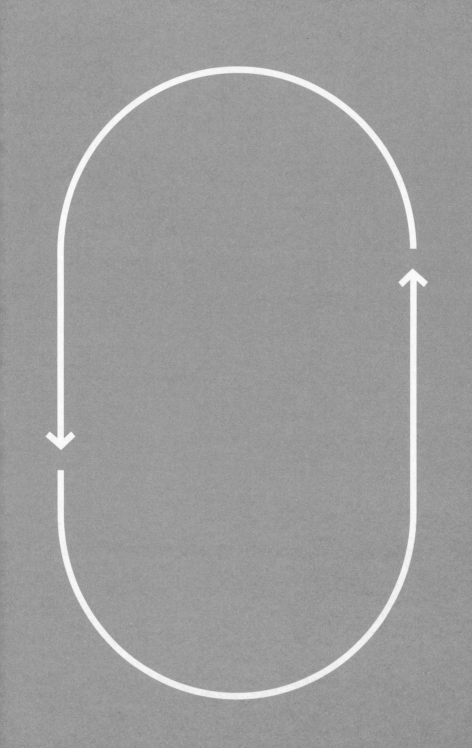

최초의 인간관계

인간관계의 기본은 모자관계

오리나 기러기 등의 새끼가 태어나고 처음 보는 움직이는 물체를 뒤쫓는다는 사실을 알고 있는 사람이 많으리라 생각한다. 이 현상을 '각인imprinting'이라고 한다.

자연 상태에서는 오리 새끼가 태어나고 최초로 눈에 들어온 움직이는 물체는, 대부분은, 틀림없는 어미 오리이다. 제대로 어미 오리를 쫓아 걷거나 헤엄치므로 자연의 섭리를 따른다.

그런데, 처음부터 알을 어미로부터 격리시키고, 새끼가 태어나자마자 사람을 보게 하면 어떻게 될까? 새끼는 어미 오리 대신 최초로 본 그 사람을 늘 어딜 가더라도 뒤쫓게 된다.

그 뿐만이 아니다. 그렇게 해서 오리 새끼가 어미로 성장하면, 사람에게 구애 행동을 한다고 한다.

구애 행동 중 하나로, '급이給餌'라고 해서, 상대에게 먹이를 물어다 주는 행위가 있다. 이 연구로 유명한 로렌츠라는 비교행동학자의 재미있는 이야기 하나. 로렌츠에게 각인된 회색기러기의 새끼는, 어미가 된 뒤 로렌츠에게 급이 행동을 하지만, 물어온 지렁이나 곤충 따위를 로렌츠의 귓구멍으로 밀어 넣으려 했다는 것이다.

이처럼, 각인이라는 현상은 막 태어난 후 친자관계의 경험이, 그 후의 대인(대조)관계나 그 種의 적응력을 결정하는 중요한 의미가 있다는 점을 가르쳐 준다. 인간의 경우, 회색기러기의 각인 정도는 아니지만, 어릴 적의 모자관계가 그 후의 대인관계에 여러 가지 다양한 영향을 끼친다는 사실은 잘 알려져 있다.

여러분 주변에 패턴화된 대인관계만을 반복하는 사람이 있진 않을까?

좋아하는 이성을 독점욕으로 구속하다가 결국 매번 차이는 사람, 능력 없고 폭력을 행사하는 남자들만 사귀는 여성, 혹은 자신이 다른 사람한테 차이기 쉽다고 생각하고 특정의 사람과 깊이 관계하지 않으려는 사람 등 말이다.

이처럼 패턴화된 대인관계가 어떻게 형성되는가에 대해서 심리학에서는 유소년기의 모자관계로 다양하게 설명한다.

왠지 피곤한 인간관계

왠지 상대방을 피곤하게 만든다?

정신분석학에는, '전이'라는 개념이 있다. 이 개념을 발견한 것은 정신분석으로 유명한 프로이트다.

전이란, 간단히 말하자면 '실제로 A씨에 대해 갖고 있는 감정을 B씨에게로 향하는 것'이다. 더욱이 전이는 무의식적으로 일어나, 본인은 깨닫지 못하는 것이 보통이다. 자, 그럼 구체적으로 설명해 보겠다.

이영미 씨(26세)는, 연인이 생기더라도 항상 오래 사귀지 못한다. 대인관계가 좋아서, 금방 다른 사람과 친해질 수는 있지만, 교제를 시작하면 아무래도 상대방을 피곤하게 만드는 모양이다.

이영미 씨는 상대방과 잠깐 연락이 끊어지면 빈번하게 전화를 걸거나, 데이트 약속이 상대방의 업무로 취소되면, 스스로 차였다고 생각해서 패닉 상태에 빠지고 만다. 그리고 상대방이 사과하면 좀 전까지는 울고 있다가도, 맹렬하게 분노를 퍼붓기도 한다.

거기에 더해, 대화 도중에도 바로 "화났어?"라고 물으며 상대방의 얼굴색을 살펴보거나, 자신에 대한 호의를 몇 번이나 확인한다. 그런 식으로 계속 반복하다 보면, 상대 남성 역시 정신적으로 녹초가 되어, 관계가 금방 식어버리는 것이다.

이영미 씨의 부모는 이영미 씨가 어린 시절부터 줄곧 대인관계가 좋지 않아, 날마다 서로 으르렁댔다고 했다. 이영미 씨는 4살 때 아버지가 집을 나가고, 어머니와 단둘이 살았다. 이영미 씨는 어머니를 도와드리며 돌보았지만, 이영미 씨가 9살 되던 해, 어머니에게 새로운 남자가 생겼다. 어머니는 그때부터 귀가가 늦어지는 일이 빈번해지고, 가끔 그날에 돌아오지 않는 일도 생겼다.

그 즈음부터 이영미 씨는 학교에서도 안정을 찾지 못하고, 구토를 하거나 빈혈을 일으키는 일이 생기고, 몇 번이나 보건실 신세를 졌다. 그리고 어머니가 집에 있을 때는, 어머니에게 딱 달라붙어 응석을 부리곤 했다.

이윽고 이영미 씨가 중학교에 입학할 즈음, 어머니는 그 남성과 헤어지고, 다시 이영미 씨는 어머니와 둘만의 생활로 돌아갔다. 그러자 이영미 씨의 건강도 다시 회복되고, 무사히 고등학교로 진학할 수도 있었다. 학교를 졸업하고 취직한 이영미 씨는 집을 나와 혼자 독립해 살았고, 어머니는 또 다른 사람과 재혼해 지금에 이르렀다고 한다.

자 그럼, 이영미 씨의 연인에 대한 태도를 정신분석적으로 해석해 보자. 이영미 씨는 어린 시절, 자신이 어머니의 눈밖에 날지도 모른다는 강한 불안을 경험한 것에 기인한다고 생각할 수 있다.

어린 시절 이영미 씨가 경험했던, 어머니에게 좀 더 사랑받고 싶다, 소중한 존재가 되고 싶다, 눈 밖에 나지 않으면 좋겠다는 집착의 감정을, 연인에게 돌리는 것이다. 물론 이영미 씨 자신은 이를 깨닫지 못하고, 무의식적으로 연인에게 그런 태도를 반복하고 말았던 것이다. 이것이 전이다.

전이에 대해서는 앞서 '처음 보는 데도 왠지 좋다?'에서도 언급한 바 있다.

무릇 프로이트에 따르면, 전이란, 정신분석의 치료에서 환자가 유아기에 부모 등의 중요 인물에 대해 품었던 감정을 부활시켜, 이를 임상치료사Therapist에게 향하는 것을 의미한다.

전이에서 상대방에게 향해진 감정은 대체로 이율배반 (Ambivalent ; 양면 가치의)적인 것이다.

즉, '상대방을 좋아하니까 사랑받고 싶다'는 응석 부리는 듯한 기분과 '사랑해 주지 않는 것은 용서할 수 없다'는 분노의 기분이 뒤섞여 있는 것이다.

이영미 씨가 연인에게 응석 부리고 울며 매달리든가 또는 격노하는 것은, 전이의 이율배반적인 점을 잘 나타내고 있는 것이다.

이영미 씨의 예를 좀 더 다른 각도에서 생각해 보도록 하자.

발달심리학에서는 '애착'이라는 개념으로, 대인관계의 패턴화가 왜 일어나는지를 설명할 수 있다.

애착이란, 아동정신의학자인 볼비John Bowlby가 제창한 것으로, 친자관계, 특히 모친(혈연관계에 있지 않은 양육자 포함)과 갓난아기 사이에 형성되는 정신적인 유대를 말한다.

볼비에 따르면, 애착은 어린아이의 모든 측면에서 발달 기초가 된다.

막 태어난 갓난아기는 혼자서 밥을 먹을 수 없으며, 기저귀를 갈 수도 없다. 어머니의 세심한 보살핌이 없다면, 간단히 목숨을 잃어버릴지도 모른다. 이러한 상황에서 갓난아기와 어머니 사이에 애착이 작용하면서 갓난아기는 어머니의 따스한 보살핌을 받으면서 비로소 그 애착을 이해한다.

덧붙여, 애착은 갓난아기의 안전을 지키는 것만이 아니다. 어머니는 갓난아기에게 절대적인 애정을 쏟는 유일한 존재이다. 인간에게 최초의 대인관계는 어머니와의 관계로 시작한다. 이때, 사랑을 듬뿍 받아 어머니를 신뢰할 수 있는 경험이 생기면, 그로부터 대인관계의 기초가 확실하게 만들어진다.

즉, 상대방을 기본적으로 신뢰한 상태에서 관계를 쌓을 수 있다.

보통은 한번 상대방을 신뢰하고 관계가 구축되면, 그 신뢰는 어지간하지 않은 한, 변함없이 지속된다. 연인으로부터 어제 사랑한다는 말을 들었다면, 다음 날에도 그것을 전제로 관계가 지속되는 것이다.

어린 시절에 어머니와의 사이에 안전한 애착이 형성된 사람이라면, 성인이 된 후의 대인관계도 안정적이다. 이영미 씨 경우처럼, 이유도 없이 불안하게 되는 경우는 거의 없다.

만약, 갓난아기 때부터 유아기에 걸쳐, 어머니가 자신을 잘 보살펴주지 않았다거나, 내버려졌거나, 아이에게 어머니가 필요할 때, 이에 답해주지 않는 일이 반복된다면, 어떻게 될까?

제대로 된 애착이 생기지 않고, 어머니와의 관계에서 안심하고 만족하지 못한다. 그뿐만 아니라, 신뢰를 토대로 한 대인관계를 구축할 수도 없는 일이 허다하다.

그러면, 이영미 씨의 예처럼, 상대방의 사소한 행동 변화를 민감하게 받아들이고 '이제 내가 싫어진 걸까?', '이제 나는 버려진 걸까?'라고 불안을 참지 못하는 사람도 생기는 것이다.

이처럼, 유아기의 모자관계가 이후의 대인관계 패턴을 결정짓는 일이 있다.

그렇다고 해서, 모자관계가 안정적이지 못했던 사람이, 모두 이영미 씨처럼 되는 것은 아니다.

어머니로부터 보살핌을 받지 못했거나, 소위 학대를 받았던 아이라 하더라도, 이후에 어떤 사람과 어떤 관계를 구축하느냐에 따라 대인관계의 패턴은 변하기도 한다.

정신분석 등, 심리학의 몇 개 학파에서는 어린 시절의 경험이 그 사람을 결정짓는다는 생각이 많은 것 같다('유아기 결정론'이라고 한다).

그러나 동시에, 인간은 더 유연하게, 본인의 자질이나 성장과정의 경험에 따라 크게 변화할 수 있다는 점도 명심해두면 좋겠다.

사람의 인상을 결정하는 것

사람의 취향을 좌우하는 '중요타자'

지금까지 설명해 온, 전이나 애착의 존재가 이후의 대인관계 패턴의 방향을 결정짓는다는 이야기는, 좀 더 광범위한 시점에서 정리할 수 있다.

대인관계에서 전이나 애착의 형성은, 어느 것이나 '유소년기의 친자관계'라는 점이 포인트다.

그러나, 이에 그치지 않고, 자신에게 '중요타자'가 대인관계를 맺는 방식이나 타인에 대한 좋고 싫음의 평가에 영향을 준다는 견해가 있다.

'중요타자'라는 것은, 부모 이외에, 친구, 연인, 학교 선생님 등, 사회생활 속에서 자신의 태도나 의견에 강한 영향을 끼치는 타자를 말한다.

이에 대해서는 앞에서도 다루었지만, 여기서는 조금 더 상세하게 설명해볼까 한다.

우리는 처음 만나는 사람에 대해 직감적으로 호감을 느끼거나 상대하기 싫다고 생각하는 때도 있다.

이에 대한 이유로 생각하는 것 중 하나는, 그 상대가 자신의 중요타자 중 누군가와 외모나 분위기 같은 것이 닮아 있다는 것이다 (이외의 다른 이유도 있겠지만).

가령, 새로 부임한 직장의 상사가 자신의 아버지와 닮은 분위기가 있다고 하자.

상사에 대해서는 인품이 어떤지 자세히 알지 못한다. 그에 비해, 자신의 아버지에 대해서는 인품이나 버릇, 대인적인 대응 방식 등을 제법 자세하게 알고 있다. 이리되면, 자신이 가진 아버지상을, 상사에게 자동으로 끼워 맞추는 일이 생긴다.

더 나아가서는, 만약 자신이 아버지와 사이가 나빴다고 한다면, 상사에 대해서도 '나 저 상사에게 찍힌 거 같아'라고 생각하거나, 상사와 그다지 가까이 지내고 싶지 않다고 생각한다.

물론 이와 반대로, 아버지와 관계가 좋아서 아버지를 존경하고 있는 경우엔, '저 상사는 아주 좋은 사람 같아', '저 상사 밑에서 일할 수 있으면 좋겠다'는 식으로 생각하기도 한다.

상사가 아버지와 닮았다는 것을 깨닫지 못하였으면 더욱 그렇겠지만, 그 사실을 깨닫고 있고 더 나아가 '상사와 아버지는 다른 사람이다'고 알더라도, 역시 어딘가에서 멋대로 끼워 맞춰 버린다.

이런 일이 일어나는 것은 중요타자가, 형제든 친구든 아니면 이전 연인이더라도, 상당히 관계가 깊고, 상대방에 대해 속속들이 알고 있다는 것이 전제된다.

그런 만큼, 중요타자와 매우 닮은 분위기의 사람을 만났을 때, 중요타자와의 관계성을 무의식적으로 적용하는 것이다.

그래서 사이가 가까워진 뒤 '처음 생각했던 것과는 달리, 이런 점이 있구나'며 다시 생각을 고치기도 하는 것이다.

자동으로 사람을 판단하는 시스템

그런데 이런 현상은, 그만큼 이상하지도 않고 드문 일도 아니다. 우리가 일반적으로 사람을 만날 때마다 같은 구조이다.

생글생글 웃고 있는 여성을 만나면, '이 여자, 다정할 것 같아'라고 멋대로 생각하지 않는가? 이런 생각은 우리가 '웃고 있는 사람은 다정한 사람'이라는 인격에 관한 지식을, 마음속 아주 깊은 곳에 품고 있기 때문이다. 심리학에서는 이를 '암묵의 인격관'이라고 한다.

그래서 생글생글 웃고 있는 사람을 보면, 이에 대한 지식이 마음대로 활성화돼 무의식중에 '다정한 사람'이라고 생각하는 것이다.

우리는 매일 일상에서 많은 사람과 만난다. 이때, 상대방 한 사람 한 사람이 어떤 사람인지 - 간단히 말하자면, 자신에게 적인가

동지인가 - 를 되도록 신속하고, 정확하게 파악할 수 있는 편이
여러 가지 면에서 유리하다.

그래서 우리는, 우리 한 사람 한 사람이 마음 깊은 곳에 축적해
놓은 '사람에 관한 지식', '인간관계에 관한 지식'을 다른 사람과
만날 때마다 자동으로 움직여, 상대방을 이해하는 데 유용하게
사용하는 것이다.

꼬리에 꼬리를 무는 심리학이야기

친구 선택의 메커니즘

자리가 가까우면 친해진다

중학교, 고등학교 시절에 친했던 친구를 생각해 보자. 나아가, 그 친구와 친했던 계기를 머릿속에 떠올려 보자.

입학했을 때 가까운 자리였다거나 하는, 별다른 이유는 아니었나? 혹은 '처음엔 그다지 친하지 않았는데, 취미가 같다는 걸 알고 난 뒤부터 친해졌다'든가 '반은 다르지만, 같은 동아리라 친해졌다' 거나 하는 일도 있을지 모른다.

우리가 학교나 직장과 같은 집단에 들어가, 새롭게 친구관계를 만들어 나갈 때, 그 구조에 법칙성이 있다는 사실은 잘 알려져 있다.

처음에는 '자리가 가까웠다', '함께 당번했다', '귀갓길이 같았다'와 같은 '근접성'이 계기가 되는 경우가 많다고 한다.

근접성이 높으면, 함께 있을 기회가 많아진다. 그러면 어느샌가 상대방에 대해 친밀감이 생겨 친해지기 쉬워진다고 설명할 수 있다. 앞에도 나왔던 '단순접촉효과'와 같은 메커니즘이다.

근접성을 계기로 그대로 친한 관계가 결정되기도 하지만, 시간이 흐름에 따라, 다음엔 취미나 태도가 비슷한 사람끼리 친해지는 경향이 나타난다.

태도가 비슷하면 친해진다

뉴컴T. M. Newcomb이라는 심리학자의 조사에서도 대학 기숙사에 들어간 신입생들은, 처음엔 방과 가까운 사람들끼리 친해지지만, 시간이 흐를수록 태도가 비슷한 사람들끼리 친해진다는 결과가 나왔다고 한다.

확실히, '비슷한 취미를 통해 친해진다'는 것은 우리 주변에서 매우 흔히 있는 일이다. 이를 '유사성 – 매력가설'이라고 부른다. 인간은, 서로 자신과 유사한 상대에게 매력을 느낀다는 것이다.

그럼 어째서 우리는 자신과 닮은 사람에게 매력을 느끼는 것일까?

자신과 태도나 취미가 비슷한 사람이라는 것은 '말이 통하기 쉽다'는 것이다. 그만큼 유연하게 의사소통을 할 수 있다는 것이다. 자신과 취미나 태도가 동떨어진 사람에게 처음부터 순서에 따라 설명하는 것보다도 스트레스가 덜하다.

또한, 자신과 태도나 취미가 비슷하다는 것은, 자신의 태도나 취미가 지지받는다는 것을 의미한다.

우리는 누구나, 자신이 생각하는 것이나 하고 있는 일에 대해 평가 받고 싶어한다. "○○라서 좋네"라는 의견에 동의를 얻을 수 있다면, 자신이 정당하게 평가받았다는 것이고, 그러한 평가를 해주는 상대방에 대해 호감을 느끼는 것은 당연한 일이다.

비슷한 사람끼리인데도 사이가 안 좋아진다?

취미나 태도가 비슷하다는 것은 확실히 친해지는 데 중요한 원인이다.

그러나 때에 따라서 사이가 틀어지는 원인이 되기도 한다. 가령 사이좋은 고등학생이 있다고 가정해 보겠다. 임의로 수진이와 혜영이라 부르겠다. 둘은 피아노를 아주 좋아하고, 음대를 목표로 함께 피아노를 배우고 있다. 어느 날, 피아노 콩쿠르가 열렸는데 수진이는 입선했지만, 혜영이는 예선에서 탈락하고 말았다. 둘 다 똑같이 열심히 연습했는데도 말이다.

그럼, 이 일이 있은 후 둘 사이의 관계는 어떻게 되었을까?

여기에서는 테사라는 심리학자의 '자기평가유지 모델'로 생각해 보겠다. 우리는 누구나 자신의 자존심을 지키고 싶다거나 혹은 높이 세우고 싶어 한다.

수진이와 혜영이에게 피아노를 치는 것은 자존심과 크게 연관 되는 중요한 일이다. 콩쿠르에서 예선 탈락한 혜영이는 그만큼 자존심이 떨어지고 만다. 그런데도 자신은 탈락했던 콩쿠르에 입선한 수진이와 함께 있다면 어떻게 될까? 자존심은 점점 더 수그러들 것이다.

그렇게 되면, 혜영이가 자존심을 지키고 살아가기 위해서는, 자연히 몇 개의 선택의 갈림길에 서게 된다.

ⓐ 피아노를 그만둔다.

ⓑ 수진이와 소원해진다

ⓒ 어찌 됐든 좀 더 열심히 하겠다, 등이다.

피아노 치는 것이 자신에게 소중하고, 더욱이 앞날을 생각한다면 ⓒ가 될지도 모르겠지만, ⓒ는 ⓐ나 ⓑ보다는 운과 에너지가 필요한 일이다. 사람에 따라서는 ⓐ나 ⓑ를 선택해 버리는 때도 많다.

스스로 잘 하는 과목일 때는 자신보다도 열등한 아이를, 자신이 못하는 과목일 때는 자신보다 잘하는 아이를, 함께 있고 싶은 동급생으로 선택한다는 사실도 보고된다.

취미나 태도가 비슷해도 언제나 사이가 좋다고는 할 수 없다.

연인 선택은 좀 다르다

상대방이 이성, 다시 말해 연애의 상대라면 얘기는 좀 달라진다. 물론 이성이 상대방이라도 비슷하다는 점은 중요하지만, 이와 동시에 '서로의 역할을 보완해주는' 면도 중시된다.

"나는 내가 야무지지 못하니까, 야무진 사람이 좋아", "나는 신경질적인 면이 있으니까, 대범한 사람이 좋아"라든가, 자신과는 정반대의 경향을 지닌 이성을 선호하는 사람도 있다.

이처럼, 연애는 어떤 의미에서 자신에겐 없는 특징을 상대방에게 찾고 제각각 보완하는 것으로, 서로의 관계에 조화를 맞추는 것을 지향하는 면이 있다.

연인 선택의 메커니즘

연애는 착각에서 시작된다?

'나는 이 사람의 어디가 좋은 걸까?', '어째서 이 사람을 좋아하게 되었을까?'와 같이, 누구나 한번은 좋아하는 상대에 대해 생각해 본 적이 있지 않은가?

이 장에서는 어째서 어느 특정의 상대에게 연애감정이 생기는지에 대해 생각해 보겠다.

아마도 낭만적이지 않은 이야기가 되기 때문에, 연애 상대와의 관계에서 '운명'같은 것을 찾는 사람은 틀림없이 실망할 테니, 이 절의 끝을 읽지 않는 편이 나을지도 모르겠다.

지금까지 서술해 온 것처럼, 상대에게 호의를 가지는 요인이나 조건은, 외모, 기분일치효과, 근접성, 단순접촉효과, 유사성, 그 외에도 여러 가지가 있다.

그런데 '연애감정'이 되면, 더욱 더 다른 뉘앙스를 덧붙여야 한다.

상대에게 호의를 가질 뿐 아니라, 생리적인 환기 – 심장이 두근두근하거나 혈압이 오르는 등의 흥분상태를 말함 – 와 같은 감정적인 요소가 부가된다.

그럼, 특정 상대가 선택되는 결정적인 수는 무엇일까?

이 비밀을 푸는 흥미로운 실험이 있다. 닷튼과 아론의 '흔들다리 실험'이라 불리는 매우 유명한 실험이다.

당신과 있으면 왠지 두근두근한다

닷튼과 아론의 '흔들다리 실험'이란 막 흔들다리를 건너온 남성에게 면접하는 것이다.

흔들다리는 캐나다의 카비라노 계곡에 있는 것으로, 높이는 최대 70m, 길이 135m, 사람이 건너면 흔들거리는, 스릴 넘치는 다리다. 바로 이 다리를 건너온 남성에게 미인실험자가 면접을 하는 것이다.

면접종료 후, 미인실험자가 남성에게 전화번호를 적은 메모를 건네주고, "실험에 대해 좀 더 알고 싶다면 전화 주세요"라고 말한다. 그러면, 남성이 실험자가 되어 면접하는 것보다 4~5배 이상 많은 전화가 걸려온다는 결과가 나왔다.

비교를 위해 안전하고 튼튼한 다리를 사용하여 똑같은 실험을 해 보면, 상대방이 미인실험자라도 전화를 한 사람은 거의 없었다고 한다.

다시 말하자면 다음과 같다. 스릴 넘치는 흔들다리를 건너왔을 때에는, 신체가 생리적 환기상태에 있다. 그곳에 미인이 나타나 면접을 하는 것이다. 그러면 아주 간단히, 남성은 '자신은 이 여성에 대해 이렇게 설레고 있다'라고 잘못된 이유를 갖다 붙이고 마는 것이다.

이것이 '귀인오류attribution error'이다.

자신에게 일어난 흥분상태를, 사실은 흔들다리 탓인데도 불구하고, 되려 그 여성 탓이라고 생각해 버리는 것이다. 남성에게 미인실험자에 대한 호의가 발생했다 하더라도, 그것은 그 사람이기 때문에 생긴 호의가 아니라는 것이다.

건너온 다리의 산기슭에 다른 미인이 있더라도, 남성들은 가슴이 설렜을 것이다.

'이 사람이 아니라면'이라는 결정적인 요인이나 필연성 따위는 사실 거의 없으며, 흥분상태에 있을 때 마침 근처에 있다는, 단지 그것만으로 연애감정이 발생하기도 한다는 것이다.

'누구든 상관없다'라는 셈이 아닌가?

그러나, 이처럼 연애감정이 발생하기 위해서는 상대가 누구든 상관없다는 말이 아니라는 것도 알고 있다.

가령, 화이트 등이 실시했던 실험에서는 남학생에게 달리기를 시키고, 그 직후에 여학생의 자기소개 비디오를 보여주어, 그 여학생의 호의도를 평가했다. 굳이 흔들다리를 건너지 않더라도, 달리기만으로 심장은 두근거리게 된다. 이는 흔들다리를 건넜을 때와 같은 흥분상태다.

2분간의 달리기(흥분도가 높은) 후에, 예쁘게 치장한 어여쁜 여학생의 비디오를 본 경우와, 대충 치장한 그다지 예쁘지 않은 여학생의 자기소개를 본 경우에서는, 어여쁜 여학생에 대한 호의도는 상당히 높았는데도, 예쁘지 않은 여학생은 기대 이하였다.

흥미로운 사실은, 15초의 달리기 조건(흥분도가 낮은)에서는, 2분간의 달리기 때보다 어여쁜 여학생에 대한 호의도는 약간 떨어지고, 예쁘지 않은 여학생에 대한 호의도는 2분 때보다 약간 높게 나타났다.

요컨대, 흥분상태에 있는 사람에게 연애감정을 발생시키기 위해서는, 상대에게 어느 정도의 매력이 있어야 한다는 점이 필요하다. 따라서, 흥분도가 높을 때에는, 아름다운 사람에 대한 호의도는 높아지지만, 그렇지 않은 사람에게는 호의도가 떨어지는 것을 알 수 있다. 귀인오류에도 한계가 있는 것일지도 모르겠다.

어쨌든, 우리의 감정이라는 것은 모호한 부분이 있다. 매달리고 있던 업무가 허사가 되고, 그만큼 충격을 받지 않을 생각이었는데도, 갑작스레 눈물이 나와 버려 '이것 참, 역시 일이 엉망이 되니 안타깝긴 했나 보군'이라고 새삼스레 깨닫는 때도 있다.

이처럼 자기 신체의 생리적인 반응을 느끼고, 이에 대한 해석으로서 감정이 성립하기도 하는 것이다. 이때에 다른 해석, 가령

'귀찮은 일이 사라져서 안심이 되어 눈물이 나왔다'와 같은 해석이 가능한 조건이 있다면, 또 다른 감정을 경험하는 때도 있는 것이다.

연애감정도 같은 것이다.

일단 연애감정이 싹트기 시작하면, '이 사람 아닌 다른 사람은 생각할 수도 없어!'라는 필연성은, 실제로는 앞으로 이유를 갖다 붙이는 경우가 많을 것이다.

'이렇게 마음이 맞는 두 사람은 없다', '같이 있으면 이렇게 즐거우니, 이거야말로 찰떡궁합이야'…… 그렇게 연애감정을 보강해 나가는 것으로 연애가 고조되는 것이다.

덧붙여 말하면, 남성용 연애지침서 등에는, 닷튼과 아론의 예처럼 흔들다리 실험 이야기를 응용한 기술을 소개한다.

'여성에게 데이트를 신청한다면, 〈유령의 집〉이나 〈제트코스터〉를 타고, 되도록 여성이 두근두근할 체험을 할 것. 그러면 그런 두근거리는 기분이 당신에게로 연결된다. 그리하면, 단숨에 여성과의 사이를 좁힐 수도 있다'라는 식으로 말이다.

이 방법이 성공하는 중요 포인트로서, 남성이 어느 정도의 매력을 갖춘 소유자일 것이 전제라는 것은, 안타깝지만 이 책에는 소개되지 않았다.

결국, 우리도 지금까지 스스로는 깨닫지 못하고 있을 뿐, 무엇인가의 생리적 환기를 귀인오류 해버리고, 누군가를 좋아하게 되었을지도 모른다. 혹은 이후, 그러한 일이 일어나지 않으리라고도 장담할 수 없다.

그런데, 이러한 귀인오류는 그 상태로 누구에게나 어느 정도는 일어나고 있는 일이므로, 그렇게 걱정할 일은 아니다.

단 하나뿐인 절대적인 연애상대, 운명의 연애상대 따위 있을 리 만무하므로, 선택하는 범위에서 되도록 최선의 상대와 좋은 관계를 엮어 나갈 수 있다면, 그 자체로 좋은 것 아닐까?

일단은, 아직 사귀지도 않았는데 제트코스터를 타자고 하는 남성을 여성은 주의하는 편이 나을 것이라는 말은 해 두겠다(농담이다).

10장

심리
학자

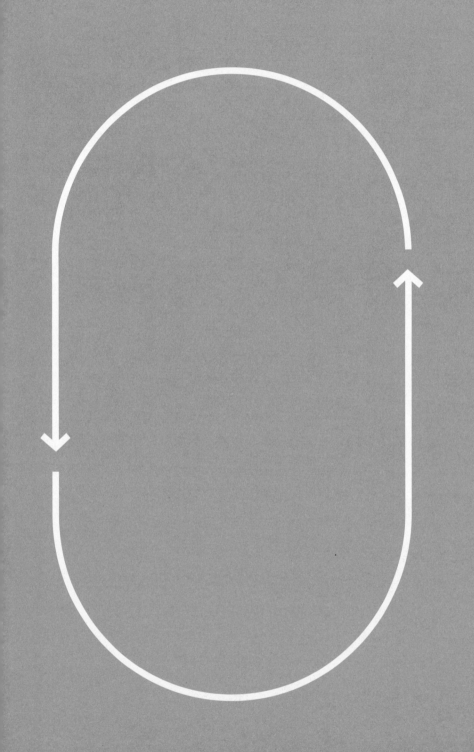

플라톤(BC427~BC347)

철학 왕, 무사, 그리고 노동자

플라톤은 고대 그리스의 명문가에서 태어났고, 소크라테스의 제자이다. 그는 레슬링 선수를 할 정도로 체격이 건장하였고, 용모도 점잖고 기품이 있었다. 그는 시극 형식의 창작을 좋아했는데, 이는 훗날 그가 문학 형식의 저서를 짓는 데 기초가 되었다.

플라톤의 일생은 28년간의 학습과, 12년간의 유랑, 그리고 40년간 학원(아카데메이아)에서 인재의 양성이라는 세 단계로 나눌 수 있다. 학습기간 동안, 유심론자인 소크라테스에게 받은 8년간의 교육은 그의 일생 중 가장 중요한 단계였다. 이 시기 그는 차원 높은 스승의 추상적 개념을 계승 발전시켰으며, 자신만의 이념론을 형성하기도 하였다. 그는 이념이란 세계에서 유일하게 진실하고 일차적이며 그것은 물질세계에 존재하는 것이라고 여겼다.

유랑기간 동안, 플라톤은 남부 이탈리아에서 피타고라스가 주장한 '숫자는 만물의 근원이다'라는 유심론 사상의 영향을 받았다.

그곳에서 그는 이상 국가의 건설에 실패한 뒤, 노예로 전락하여 팔리게 되었지만, 다행히 친구의 도움으로 아테네로 돌아올 수 있었다.

32세의 플라톤은 아테네 세습 영지의 작은 공원에서 학교를 열어 강의를 하고 글을 지었는데, 이것이 바로 아카데미, 즉 학원의 시초다. 그의 저서는 늘 소크라테스와 타인의 대화 형식이었고, 그중 가장 유명한 것으로 『국가』 등이 있다.

심리학에서, 플라톤은 영혼을 천국에서 온 이념세계로 보고, 영혼이 인체에 들어간 후에 신체활동을 지배하고, 인체가 사망하면 영혼은 다시 이념세계로 돌아간다고 본다. 그래서 그는 피타고라스와 같이 영혼은 영원히 죽지 않고 되돌아오는 것이라고 여겼다. 영혼이 인체에 들어온 후, 육체의 욕망은 영혼의 감옥이 되어, 영혼으로 하여금 이념세계의 지식을 모두 잊게 한다.

영혼은 감각의 경험을 통해 이념세계에 대한 기억을 회상하고, 이념세계의 지식의 그림자를 불러일으켜, 다시 이념을 되돌리게 된다. 예를 들어 한 사람이 낯선 곳에 이르렀을 때 왠지 모를 익숙함이 느껴진다면 이는 바로 영혼의 생전세계에 대한 기억 때문인 때문이다. 역사상 이를 플라톤의 이념회상설이라고 일컫는다.

플라톤은 『국가』 중 인간(노예 제외)은 세 가지 등급으로 나눌 수 있다고 했다. 즉, 철학 왕, 무사, 그리고 노동자다. 인간의 등급과 마찬가지로 심리도 세 가지 등급으로 분류할 수 있다.

가장 높은 등급은 이성으로 두부頭部에 있으며, 철학 왕의 영혼에 상응한다. 다음은 용기와 의지로 흉부胸部에 있으며, 무사의 영혼에 상응한다. 가장 낮은 등급은 육욕으로 횡격막橫膈膜 이하에 있으며, 노동자의 정욕에 상응한다.

이성은 의지에 명령하여 정욕을 담당한다. 철학 왕이 무사에 명령하여 백성을 통치하는 것과 같다. 정직하고 건강한 사람은 바로 영혼의 등급에 따른 각각의 위치를 주관할 수 있고, 본분을 지키며 함께 일할 수 있는 사람을 말한다. 이것은 유럽 역사상 최초의 지知, 정情, 의意 삼분법이다.

기억의 연상에 관해 그도 비유를 통한 해석을 내놓았다. 예를 들어 한 사람이 칠현금을 보게 되면 그것의 주인을 생각하게 되고, 한 장의 초상화를 보게 되면 그 그림 속의 실제 주인공을 생각하게 된다. 그는 말했다.

"이와 같은 모든 예는 회상은 유사한 사물에서부터 발생할 수도 있고, 또 유사하지 않은 사물에서부터 발생할 수도 있음을 말해준다." 후대 사람들은 이것이 연상聯想의 접근법과 유사법의 최초 묘사였다고 여기고 있다. 현대 영국의 심리학자 아이젱크는 자신의 저서에서 연상법칙에 대해 언급할 때 말하길, "플라톤이 예전에도 언급했듯이, 접근성과 유사성은 사유의 패턴을 결정짓는 중요한 요소이다. 그러나 아리스토텔레스에 이르러서야 비로소 이러한 견해가 발전하기 시작했다."

아리스토텔레스(BC384~BC322)

영혼전체론

아리스토텔레스는 플라톤의 제자이다. 마케도니아 왕국의 전성시기 그는 왕가의 초빙을 받아 어린 알렉산더의 개인교사로 지냈고, 걸출한 사상가이자 철학가였다. 아리스토텔레스는 이렇듯 자신이 처한 우월한 조건을 이용하여 다량의 문헌자료를 체계적으로 수집하고 정리하여, 문장으로 이론을 내세우며, 자신의 이론체계를 형성하였다.

그가 쓴 『영혼에 관하여』는 바로 유럽 역사상 첫 번째의 심리학 관련 전문서적이다. 그는 당시의 생물학 지식을 동원하여 심리현상을 설명하였고, 각각의 심리현상에 대해 비교적 체계적으로 논설하였다.

아리스토텔레스는 플라톤의 이념론에 반대하였다. 그는 이념의 세계는 허구로, 이는 현실세계와 모순이 있으며, 현실세계만이 진실한 것이라고 주장하였다. 영혼은 형식이고, 신체는 재료이다. 이 둘은 떼려야 뗄 수 없다. 그들 사이의 관계는 마치 '장작을 패는 것'과 그때 쓰이는 '도끼'와의 관계와도 같다. '도끼'가 없으면 '장작을 패는 행위'도 존재할 수 없다. 그러나 그는 영혼을 생명의 본질로 보았다. 신체는 단지 영혼의 도구일 뿐이고, 영혼만이 신체의 동작을 실현할 수 있다고 여겼다. 이렇듯, 심신의 관계에서 그는 영혼이라는 형식이 신체라는 재료를 결정짓는다고 주장하는 유심론자였다.

심리의 분류에서 아리스토텔레스는 플라톤의 지知, 정情, 의意 삼분법에 반대하며, 영혼은 전체적이고, 부분으로 나눌 수 없다고 강조했다. 그는 생물의 서로 다른 등급에 따라 구분하여, 식물은 영양과 소화의 영혼을 갖고 있고 동물은 감각의 영혼을 갖고 있으며 인간은 이성의 영혼을 갖고 있다고 제시하였다.

높은 등급의 영혼은 그보다 낮은 등급의 영혼을 모두 포함하게 되는데, 인간은 가장 높은 등급에 해당하는 것으로 이로써 세 가지 영혼을 모두 갖게 되는 것이다. 그것들은 인체에서 일치되어 떼어 낼 수 없는 작용을 일으키게 되는 것이다.

이 밖에 아리스토텔레스는 영혼의 기능에 따라서도 구분하였는데, 인간의 영혼은 두 가지 기능, 즉 이성적인 것과 비이성적인 것으로 나뉜다고 제시하였다. 비이성적인 기능은 피동적인 것으로 육체와 생사를 함께하게 된다. 영혼의 이성적인 기능은 주동적인 것으로 육체가 죽으면 영혼은 순수한 형식으로 다시 되돌아간다.

이렇게 아리스토텔레스는 형식이 재료를 결정짓는다는 유심론의 관점으로 다시 되돌아갔다.

감각 심리상에서, 아리스토텔레스는 많은 공적을 쌓았다.

첫째로, 그는 감각을 동물이 생존하는 데 필요한 수단으로 보고, 감각의 첫 번째 특징은 변별력이라고 제시하였다.

예를 들어 시각은 흑과 백을 변별할 수 있고, 미각은 단맛과 쓴맛을 변별할 수 있다. 동물에게는 이러한 천부적인 감각능력이 있기 때문에 일정한 거리 내에서 상대를 지각할 수 있고, 이로써 피할 것인지 말 것인지의 동작을 취함으로써 생존을 유지하고 종족을 번식시키는 되는 것이다.

둘째로, 그는 외부물체의 작용은 감각을 이끌어내는 원인으로, 외부 사물의 작용이 없으면 감각은 일어날 수 없고 감각에 앞서 존재하는 것이라고 하였다.

셋째로, 감각의 과정에서 발생하는 인상은 진실한 것으로 착오를 범하지 않는다는 것이다.

넷째로, 그는 감각을 특수감각과 공통감각으로 나누었다. 특수감각은 시각, 청각, 후각, 미각, 촉각의 다섯 가지를 포함한다.

이들 감각은 모두 특수한 대상이 있는데, 시각의 대상은 색채, 청각의 대상은 소리, 후각의 대상은 냄새 등이다. 각각의 감각과 대상 사이에는 그만의 매개물이 있다. 투명은 시각의 매개물이고, 공기는 청각의 매개물이며, 신체는 촉각의 매개물이다.

아리스토텔레스는 각종 감각에 대해서 일정한 생물학적 의의를 묘사하였다. 촉각은 가장 원시적인 감각으로, 생물이 살아있는지를 나타내주는 표시이다. 미각은 영양을 섭취하여 생명을 유지하는 작용을 하고 있으며, 청각, 시각, 후각 모두 거리감을 갖고 있다. 그들의 존재는, '동물의 생존을 위해서가 아닌, 동물이 더 잘 생존할 수 있게 하기 위해서'다. 감각이 영향을 받게 되는 대상은 일정한 범위가 있는데, 예를 들면 소리가 너무 작으면 물론 들을 수 없고 너무 커도 알아들을 수 없다. 감각과 물체가 상호작용하는 비율도 관련이 있다.

예를 들어 비율이 적당하면 유쾌하고, 적당하지 않으면 고통이나 유해한 영향을 받게 된다. 감각의 정도는 상대적이다. 예를 들어 강렬한 맛을 보게 된 미각기관(혀)은 가벼운 맛을 분별할 수 없고, 강렬한 소리의 자극을 받은 귀는 잠시 귀가 안 들리게 되며, 손으로 손보다 딱딱한 물체를 접촉하게 되면 그것이 딱딱하다고 느껴지고 반대로 손보다 부드러운 물체를 접촉하게 되면 부드럽다고 느끼게 된다.

특수기관의 감각을 설명한 이후 아리스토텔레스는 또다시 공통감각에 대해 설명하였다. 사실 그의 공통감각이란 바로 지각이다. 예를 들어 그는 공통감각이 상상과 기억의 기능을 집행한다고 여겼는데, 이것이 바로 지각이다. 공통감각과 특수감각 사이에 관계에 대해서 다음과 같이 나타낼 수 있다.

아리스토텔레스는 기억을 감각기관이 남겨놓은 정서의 재생 혹은 새로운 활약이라고 간주한다. 그는 기억이 두 종류의 특성이 있다고 여긴다.

- 기억의 대상은 과거의 것으로, 모든 기억은 흘러간 시간이다. 무릇 시간을 지각할 수 있는 동물은 모두 기억하고 있다.
- 기억의 대상은 늘 현재 직면한 지각의 대상과 관련이 있는 것이다.

어떤 그림을 보게 되었을 때 그 그림 자체에서부터 연상하는 것, 이것을 바로 사유라고 한다. 그가 이 그림을 어떤 사물과 유사한 것이라고 여기거나 혹은 초상이라고 여기게 될 때, 그렇다면 그 초상이라고 여겨져 어떤 인물이 생각나게 되는 과정이 바로 기억이다. 그리하여 기억의 과정은 대개 사유의 과정과 함께 뒤얽히게 된다.

예를 들어 어떤 일을 기억해내려고 하는데 기억이 나지 않을 때, 만약 관점을 바꿔보면 별안간 기억이 나게 되는 경우가 있다. 그는 이것이 관련된 유사한 사물과 요구된 사물이 연계되어 있다고 여겼다. 그는 또한, 기억도 늘 상상과 함께 뒤섞여있다고 지적하였다. 정신착란이 일어난 사람은 종종 단순한 환상을 기억하고 있는 사실이라고 여긴다. 이는 바로 유사하지 않은 사물을 유사한 사물로 보기 때문이다.

그가 보기에 기억과 회상(추억)은 서로 다른 것이다. 기억은 피동적인 재생으로 사람과 동물에게 모두 존재하는 것이고, 회상은 주동적이고 사유의 추리작용을 요구하기 때문에 오직 인류에게만 존재하는 것이다.

기억의 조건에 관하여 그는 세 가지 규율을 내세웠다.

• 연상은 회상에 도움이 된다. 유사한 것, 근접한 것, 상반된 것과 같은
  사물은 모두 회상하려는 사물을 기억해내는 데 도움이 된다.
• 정서는 회상하는데 긍정적인 작용도 하고 부정적인 작용도 한다.
  격해진 감정은 기억에 지장을 줄 수 있다. 흥분은 이성의 억제를 저해 하여
  회상이 본래 회상하려던 방향에 따라 진행되는 것을 방해하기 때문이다.
  반대로, 유쾌한 정서는 인간의 기억을 증가시키는 효과를 볼 수 있다.
• 잘 구성된 데이터는 그렇지 못한 데이터에 비해 기억에 더욱 유리하다.

아리스토텔레스는 또한 감정, 욕망, 욕구, 행동, 의지 등의 심리 현상에 대해서도 언급했다. 그는 욕망은 심리운동의 자원이라고 여겼다. 예를 들어 맛은 본래 영양의 성질에 속하는 것이지만 냄새는 대개 일정한 음식물의 성질과 서로 연관이 있다. 즉, 동물이 필요한 식욕과 서로 연관이 있는 것이다. 동물이 어떤 음식물이 필요할 때, 그것의 냄새는 바로 그 동물이 기분 좋은 느낌이 들게 함으로써 동물이 행동하지 않을 수 없게 만든다.

그는 또한 행동의 발생 과정에 대해서도 묘사하였다. 먼저 동물의 결핍된 느낌은 그에 대한 사물의 수요를 일으킨다. 그리고 난 후

수요의 정서가 발생하고, 이러한 정서는 추구하려는 욕망을 불러일으켜 동물이 동작하게끔 하는 것이다. 그러나 그는 기갈과 같은 욕망이 만족을 얻게 되는 행동은 본능적인 동작이지만, 고차원적인 행동은 이성의 사유가 필요한 의지의 행동이라고 여겼다.

요컨대 아리스토텔레스는 고대 유럽 역사상 최초로 심리현상에 대해 가장 전면적이고 체계적인 기술을 한 인물이다. 그의 저서는 역사적 의의가 있을 뿐만 아니라, 현실적 의의도 갖고 있다. 미국의 모 대학 교수는 학생들에게 아리스토텔레스의 『영혼에 관하여』라는 책을 읽게 하였다. 얼마 후 한 학생이 그것은 어느 대학 교수의 저서인지 물어왔다. 그 교수가 크게 웃으며 그것은 2,300년 전 철학가의 저서라고 대답했을 때, 모든 학생은 매우 놀라며 감탄해 마지않았다고 한다.

데카르트(1596~1650)

나는 생각한다. 고로 나는 존재한다.

고대 그리스 로마의 멸망 이후 유럽은 중세기에 접어들었다. 중세기에는 종교가 모든 것을 통치하였는데, 이에 신학을 위한 심리학이 출현하기도 하였다. 17세기에 이르러 데카르트는 심신교감론을 제기하며, 인간의 이성적 사유를 제창하고 신학 도그마에 반대하였다. 데카르트는 서유럽의 자산계급 혁명시대에 살았다. 당시 네덜란드는 16세기 60년대에, 영국은 17세기 40년대에 이미 각각 성공을 거둔 바 있다. 그러나 데카르트의 국가인 프랑스는 봉건 군주제의 전성기에 처해 있었다. 그는 자산계급의 선진인물로서, 박해를 모면하기 위해 장기간 네덜란드 등의 국가에서 거류하며 문장으로 이론을 내세웠고, 이는 사람들의 사상적 해방을 촉진하는 데 획기적인 의의를 지닌다.

데카르트는 프랑스의 귀족출신으로 그의 부친은 법관이었다. 1604~1612년 예수회 학교에서 공부하게 된 그는 인문주의와 수학을 좋아하고 교회의 도그마와 권위에는 반대하였다. 데카르트는 신체가 허약하였다. 그래서 학교장은 그가 매일 아침 열리는 기도회의 불참을 허락해주었다. 그는 바로 이 시간을 이용하여 침대에 누워 어떤 문제에 대해 사고하였는데, 이는 죽을 때까지 그의 습관이 되었으며, 이 시간은 그가 창조적 사유를 하는 데 아주 큰 도움이 되었다.

인생의 경험을 위해서 그는 1617~1619년 군에 자원입대하여 장교로서 복무하였다. 이후 귀족의 세습영지를 팔아 돈을 만든 뒤, 유럽 각국을 돌며 9년의 세월을 보냈다. 이 기간에 그는 두어 차례 파리로 돌아가 수학을 연구하고 싶었으나 모두 뜻을 이루지 못하였다. 1629년부터 그는 네덜란드에서 20여 년간 거주하였다.

방해받지 않기 위해서 그는 20여 년간 13개 도시의 20여 곳에서 머물기도 하였다. 가장 가까운 소수의 친구 이외에 그의 주소는 절대 비밀이었다. 데카르트의 중요한 저서는 바로 이러한 상황 속에서 쓴 것들이다. 그러나 그의 저서는 무신론으로 간주되어 그는 교회의 박해를 받게 되었고, 1649년 어쩔 수 없이 스웨덴으로 거처를 옮길 수밖에 없었다. 스웨덴으로 옮긴 후 그곳의 황후는 그의 명성을 사모하여 그에게 철학 강의를 청하였다. 매주 세 번 오전 5시부터 강의를 시작하기로 약속하였고, 이로써 매일 아침 늦게 일어나는 그의 습관은 깨졌다. 황후는 특별히 훌륭한 제자가 아니었다. 그럼에도 추운 겨울날 새벽부터 차가운 도서관에서 수업을 해야 했던 데카르트는 4개월 정도 지나 폐렴에 걸리게 되었고,

결국 1650년 2월 11일 그는 스웨덴의 수도 스톡홀름에서 병으로 세상을 떠나고 말았다.

데카르트가 심리학 사상에 미친 가장 중대한 영향은 신학의 권위에 반대하는 입장에 서서 이성적으로 회의懷疑하는 방법으로써, 종교 도그마의 속박에서 벗어나 인간의 지위를 향상시키고 사람들이 전통적이고 봉건적인 미신에서 해방될 수 있게 한 점이다.

예를 들면 그는 모든 사람이 태어날 때부터 진리를 판단하고 변별할 수 있는 능력을 갖추고 있다고 말한다. 단지 아동기의 욕망 혹은 위선적인 가르침을 받게 될 수 있으므로, 반드시 모든 것에 회의(즉, 의심)를 느끼고 이를 심사하는 태도로써 명백하고 분명한 관념을 세울 수 있도록 해야 한다는 것이다. 의심을 품고 심사를 거치고 나면, 그는 한 가지 의심할 수 없는 것을 발견하게 된다. 이것은 바로 '나는 의심하고 있다'는 사실이다. 의심은 곧 생각이다. '나는 생각한다. 고로 나는 존재한다.' 이것은 그가 의심을 통해서 얻은 첫 번째 원칙이다. 그가 말했다.

"내가 얼마만큼 생각한다는 것은, 바로 그만큼 존재한다는 것이다 …… 엄격히 말하자면, 난 단지 하나의 생각하는 사물일 뿐이다. 다시 말해서 나는 단지 하나의 정신 혹은 영혼일 뿐이며, 하나의 이지理智 혹은 이성의 실체일 뿐이다."

이로써 데카르트는 이성적 회의를 통해 자아를 높이고 인간의 지위를 높임으로써, 종교의 권위에 반하는 목적을 달성하였다. 뿐만 아니라 이성적 회의를 진리를 가늠하는 기준이자 원칙으로 삼았다.

전통적으로 신학적 도그마와 권위는 진리의 기준으로 간주하였다. 데카르트는 인간 본연의 이성적 사유가 진리를 가늠하는 기준이라 여기고 근본적인 것에서부터 사람들의 사유방식을 변화시켜, 철학 심리학을, 심리 혹은 영혼의 실체는 무엇인지 고려하는 전통적인 사고에서 심리, 정신, 혹은 지식은 어디서 기원한 것인지 고려하는 문제로 변화시켰다.

사실 데카르트의 이성적 사유는 일종의 천부적인 능력으로, 그것은 플라톤의 이념세계에서 온 것이다. 그는 플라톤의 이념을 통해 신학을 반대하며 오히려 일대 진보를 가져오게 되었다. 물론 이성의 천부성과 천부적 관념은 편견이 있음을 지나치게 강조하지만, 이로써 심리학은 철학의 본체론에서 인식론으로 전향될 수 있었고, 쓸모없는 것은 버리고 좋은 것은 새로운 방향으로 발전시키는 작용을 하게 되었다.

데카르트의 이성적 사유가 신학의 도그마를 대체하였기에 비로소 심리학은 인간과 자아와 인간의 이성적 사유를 연구하는 것을 대상으로 삼을 수 있었던 것이다. 또한, 데카르트가 이성적 인식을 강조하였기에 비로소 이후 로크의 감각경험론과 같은 이론도 제기될 수 있었던 것이다.

그렇다면 데카르트는 어떻게 철학적 본체론에서 인식론으로 넘어설 수 있었던 것일까? 자아가 제일의 원칙임을 발견한 이후, 데카르트는 이성적 사유를 통하여 하느님과 물질의 존재 그리고 하느님이 모든 것을 창조했음을 인정하였다.

이것은 바로 자아와 물질을 대립시키는 것이었다. 그리고 인간은 물질과 자아, 영혼의 통일체다. 이들은 어떻게 통일되는 것일까? 그는 이원론의 상호작용을 통해 문제를 해결하였다. 이는 바로 그의 심신교감론이다.

먼저, 그는 인체를 하나의 자동기계로 보고, 자연적 규율에 따라서 작용을 일으킨다고 여겼다. 그에 따르면, 신체의 운동은 마음의 열에너지가 일으키는 '동물적 정신'이 신경관 내에서의 유동으로 결정되며, 그것이 대뇌의 송과체에 이르렀을 때 영혼은 이곳에서 신체의 동작과 교감작용을 일으키게 되는 것이다.

데카르트는, 영혼은 단일한 전체이고, 그것은 전체성에 의해 활동하며, 오직 신체의 단일기관 속에서만 외부의 영향과 서로 작용을 일으킬 수 있다고 여겼다. 송과체는 바로 뇌 속의 유일한 단일 기관이므로, 영혼은 이곳에서만 각 기관에서 온 감각인상과 교감 작용을 일으킬 수 있다.

그는 영혼 혹은 자아는 송과체에서 신체로부터 온 동작과 교감을 일으킬 뿐만 아니라, 전체 신체와도 밀접하게 연계되어 있기 때문에 '나와 그것은 하나의 단일한 전체를 구성'한다고 여겼다. 그렇지 않다면 사람의 신체가 상해를 입거나 물을 마시고 음식을 섭취하고 싶을 때 오직 생각에 따라 인식할 뿐이지 감각으로 느끼는 것이 아닌 게 된다. 이 이론을 설명하기 위해 그는 신경을 줄에 비교하였다.

가령 줄 위에 A, B, C, D라는 점이 있다고 하자. 그중 하나의 점을 당기면 다른 점들도 움직이게 될 것이다. 데카르트는 말한다.

"마찬가지의 상황이다. 내가 발에 통증을 느낄 때, 물리학에서는 이 감각을 발 위에 분포한 신경에서 전해지는 것이라고 말한다. 이러한 신경은 하나의 줄과 같이 발 위에서부터 뇌까지 통하여, 그들이 발 위에서 어떤 영향을 받았을 때 동시에 뇌의 신경이 모이는 곳까지 전해져 그곳에서 일종의 운동(자극)을 불러일으키게 된다. 이러한 운동은 자연히 정신에까지 아픔의 감각을 일으켜, 아픔이 발 위에서 일어난 것 같다고 여기게 해주는 것이다."

중요한 것은, 데카르트가 제시한 심신교감론은 신학의 도그마를 비판하고, 인간의 생각을 해방시켰다는 점이다. 후에 심리학자 로크는 오히려 데카르트의 천부적 관념을 비판하고, 백지설의 감각경험론을 제시하게 된다. 결과적으로 이 둘은 모두 공통으로 철학심리학 사상의 발전을 추진하였다.

로크(1596~1650)

백지설

　로크는 근대 영국 경험주의 심리학의 창시자이자 연상주의의 창립자다. 그는 시골 변호사 가정에서 태어났다. 그의 아버지는 청교도로서, 일찍이 의회파에 가담하여 왕당파의 혁명 활동에 반대하였다. 1652년 스무 살의 로크는 옥스퍼드대학교에 들어가 연이어 학사와 석사학위를 땄다. 후에 의학을 공부한 적도 있었는데, 졸업하지 못한 채 1666년 학업을 포기한다.

　1667년 그는 자유주의 정치가 샤프츠버리 백작과 친교를 맺게 되어, 다년간 백작의 비서와 가정교사를 맡기도 하였다. 백작은 휘그당의 지도자였다. 1684년 다시 제위에 오른 스튜어트 왕조는 백작의 정치적 음모를 의심하였는데, 이에 로크도 연루되어 그들은 함께 네덜란드로 달아났다. 1688년 '명예혁명'의 승리로, 1689년 그들은 영국으로 돌아올 수 있게 되었고, 로크는 입헌군주제라는 새로운 정부에서 요직을 맡게 되었다. 과학계에서 그는 보일, 뉴턴 등과 함께 아주 절친하게 지냈으며, 로크는 간혹 의학적인 실험을 진행하기도 하였다. 심리학에서 그의 최대 업적은 데카르트의 천부적 관념을 비판하고, 감각경험론의 심리학 사상이론을 내세웠다는 것이다.

로크는 데카르트의 천부적 관념을 조목조목 따져 비판하였다. 그는 지적하였다. 어떤 사람은 하느님이라는 관념은 사람마다 선천적으로 갖게 되는 고유의 것으로, 배우지 않아도 아는 것이라고 말한다. 그러나 사실 일부 부족에게는 하느님의 관념 자체가 존재하지 않는다. 어떤 사람은 선과 악의 판단도 양심 고유의 것이라고 말하지만, 사실 이는 어릴 적 교육으로 감화시킨 결과이다.

만약 전 세계의 사람들이 모두 어떤 관념(예를 들어 불에 관한 관념)이 있다고 할지라도, 이를 천부적인 고유의 관념이라고 볼 수는 없다. 어떤 사람은 일부 분명히 증명할 수 없는 관념 혹은 원칙들은 천부적인 고유의 것이라고 여기지만, 사실 이것은 일종의 선입견이고, 부화뇌동한 것이다. 그는 아직 제대로 논증해보지도 않았기 때문이다.

사실 소위 이성적인 직관이나 분명히 증명하지 못한 관념은 일찍이 그의 마음속에 남아있던 경험이다. 과거에 진지하게 인식하지 않아, 지금에서야 인식하게 된 것이다. 예를 들어 동일한 사물이 존재하기도 하고 존재하지 않기도 하는 상황은 불가능한 것이다. 이 원칙과 수학 공리가 바로 그러한 상황이다. 그의 변론을 따르면, 만약 이성적 인식으로 이해하게 된 수학 공리가 천부적이라면, 이러한 공리를 통해 추론해낸 정리와 법칙도 모두 천부적인 관념이다.

그러므로 모든 관념, 심지어 하느님, 수학공리 등 배우지 않고서도 할 수 있는 것과 분명히 증명하지 못한 천부적인 관념은 모두 사람들이 스스로 언제 배운 것인지 알지 못하는 것뿐이지, 결코 진정한 천부적인 고유의 관념이 아니라는 것이다. 이와 반대로, 인간의 정신은 본래 마치 하얀 백지와 같이 어떠한 관념도 없다. 그렇게 무한하고 미묘한 그림과 수많은 지식은 모두 감각적 경험에서 생겨나는 것이고, 바로 후천적으로 얻는 것이다.

로크가 그의 감각적 경험론의 주요 관점을 밝히고 난 후, 즉시 간단한 관념의 두 근원을 제시하고 이에 대해 논증하였는데, 이는 바로 외부적 감각과 내부적 반성이다. 전자는 색, 향, 맛, 형태, 크기, 수량 등을 말하고, 후자는 지각, 사유, 의지 등을 말한다. 모든 복잡한 관념은 이렇게 간단한 관념의 결합과 연상으로 이루어진다고 지적하였다.

이러한 생각들은 로크의 감각적 경험 및 그의 연상심리학의 이론적 기초를 형성하였고, 향후 영국 연상주의 심리학의 연구경로를 개척하였다. 1690년 출판된 로크의 『인간 오성론』에서는 상술한 관점을 명백히 논술하였고, 이 책은 역사적 의의가 있는 세계적 명저가 되었다.

그러나 로크의 저서 중 정신과 두뇌, 주최와 객체 간의 관계에 대한 문제를 언급하지 않아 감각의 진실성에 많은 아쉬움을 남겼다.

예를 들어 그는 외부에서 나온 감각의 형태, 크기, 수량 등은 물체의 제1성질의 관념으로, 이는 객관적 사실에 부합하고 진실한 것이라고 했다. 그리고 색, 향, 맛 등의 감각은 제2성질의 관념으로, 이는 객관적인 것이 아니다. 후자의 관념은 하느님이 그것들을 결코 어떤 유사점도 없는 운동과 한데 결합해놓은 것으로, 이는 마치 칼로 우리의 살을 베는 운동과 그와는 전혀 상관없는 고통의 관념을 한데 연결한 것과 마찬가지다.

로크는 색, 향, 맛 그리고 아픔이라는 감각적 관념을 주관적이라고 말했다. 그것들은 객관적인 물체의 성질을 반영하지 않고, 진실한 것이 아니며, 감각의 제2성질이다. 여기에서, 로크는 철학적 인식론과 심리학적 인지 과정을 뒤섞었다. 심리학적으로 보면, 사람들이 객관적인 물체를 인식할 때 반드시 어떤 주체적 요소의 개입이 필요하다.

예를 들어 전자파는 자연계에서 결코 색깔을 띠지 않고, 사람 눈의 시각기관에 통하게 되어 색깔을 띠게 되는 것이다. 이렇듯 과학적 분석을 거쳐야만이 어떻게 된 일인지 알 수가 있다. 그러나 로크가 살던 시대의 과학은 아직 그러한 인식의 수준에 도달하지 못하였기에, 로크는 인식론의 관점으로 관찰하고 의견을 내놓아 어떤 식으로도 정확히 설명하지 못했던 것이다. 이것은 바로 독일 라이프니츠의 비판과 반대를 불러일으키게 된 주요 원인이다.

흄(1711~1776)

심리현상학

흄은 유럽 근대 역사상 심리현상론의 시조이고, 근대 영국 경험주의와 연상주의 심리학의 대표적 인물이다. 그는 스코틀랜드 에든버러의 귀족가문에서 태어났다.

어린 시절 에든버러대학교에서 법률과 철학을 공부했고, 1747년 군 법관이 되었다. 1765년부터 프랑스 파리의 영국대사관에서 비서로 일했고, 이후 대리공사代理公使와 부副국무대신 등 중요 직무를 맡았었다. 1769년 그는 에든버러로 돌아왔고, 1776년 그곳에서 세상을 떠났다.

근대 연상주의 심리학 체계의 시초이자 첫 번째 생리학자인 버클리는 '존재하는 것은 지각되는 것이다'라는 논리를 주장하였고, '존재한다'는 것에도 동의하였다. 그러나 흄은, "난 단지 나의 지각을 알 뿐이다. 세상에 실체로서의 물체가 존재하는지에 관해서는 의심스러우며, 이것은 알 수 없는 것이다." 라고 말했다. 흄의 심리학

사상은 비록 단지 지각만을 인정하는 관점에서 심리현상을 설명했지만, 심리현상의 연구를 위해서 일부 유용한 사실들을 제시하였다.

먼저, 흄은 지각에서 출발하여 관념과 감각인상에 대해서 구분을 지었다. 과거 로크는 관념의 결합과 연상을 논할 때 항상 관념과 감각인상을 뒤섞어 놓았다. 그러나 흄은 관념과 감각인상은 두 종류의 심리현상이라고 여겼고, 다음과 같이 말했다.

> "소위 '인상'이라는 것에 대해 내가 가리키는 것은 비교적 생동적인 모든 지각인데, 바로 우리가 보고, 듣고, 만져지고, 좋아하고, 싫어하고……이때의 지각을 가리킨다. 인상과 관념은 다르다. 관념은 덜 생동적인 지각으로, 우리가 상술한 각종 감각 혹은 운동을 회상하거나 반성할 때 비로소 이러한 관념을 감지할 수 있다."

이는 흄이 생각하는 인상이란 힘이 있고 생동적인 지각이며, 관념이란 다소 미약하고 덜 생동적인 지각이라는 것을 말하는 것이다. 물론 그가 말한 것은 심리적 사실이고, 비난할 근거도 없는 것이다. 다만 그는 단지 심리현상이라는 측면에서만 분석하고, 이러한 심리현상의 생리적 메커니즘과 그와 객관적 사물과의 관계에 대해서는 언급하지 않았다는 것이다.

흄은 관념과 인상의 관계에 대해서 설명한 후, 이어서 그것으로 자신이 제시한 연상심리의 규율은 어떻게 형성된 것인지를 설명하였다. 그는 먼저 간단한 관념은 인상의 번각본으로, 그 둘은 유사하다고 했다.

그러나 복잡한 관념은 반드시 가공과 개조의 과정을 거쳐야 하며, 그것은 어떤 인상과도 유사하지 않다고 했다. 그러나 그 어떤 복잡한 관념도 역시나 간단한 관념과 유사하게 인상의 번각본이라고 분석할 수 있다.

그가 논증하길, "우리가 사상 혹은 관념을 분석할 때, 그것이 얼마나 복잡하고 숭고한 것인지와 관계없이 우리는 늘 이러한 관념이 간단한 관념으로 분해할 수 있고, 이렇듯 간단한 관념은 바로 이전에 일찍이 있었던 감각 혹은 감정의 번각본임을 발견하게 된다. 설령 일부 관념이 처음 봤을 때는 마치 이 근원과의 거리가 아주 멀게 느껴지지만, 비교적 상세한 고찰을 거치고 나면 우리는 역시 그 근원에서 전의된 것임을 발견하게 된다. …… 우리는 이러한 연구를 어디까지 진행하든지 간에, 우리가 고찰한 모든 관념은 그와 서로 유사한 인상의 번각본임을 목격하게 될 것이다."

한 걸음 나아가 관념과 인상의 복잡한 관계에 대해 해석한 후, 흄은 많은 관념을 분류하였다. 우리가 이미 알다시피, 로크는 자신의 감각경험론에 근거하여 관념을 외부에서 나오는 감각관념과 내부에서 나오는 반성관념으로 구분하였다.

흄은 객관적 존재를 부인하고, 관념을 기억관념과 상상관념으로 구분 지었다. 그의 말에 따르면 기억관념은 활동적이고 명확한 반면, 상상관념은 미약하고 모호하나 비교적 자유롭고 세상 온갖 일에 대해 마음껏 생각의 날개를 펼칠 수 있다.

이어서 그는 로크가 제시한 연상개념에 따라 연구를 진행했다. 그는 연상작용은 두 가지 개념으로 이해할 수 있다고 하였다.

첫째는 몇 개의 간단한 관념으로부터 복잡한 관념이 형성된다는 것이다.

예를 들어 오렌지는 붉은색, 달콤함, 원형 등 간단한 관념이 결합하여 이루어진 것이다.

둘째는 각각의 관념 간의 흡인력에서 야기되는 동작의 결합이란 것이다. 그는 연상은 바로 이러한 흡인력의 작용이라고 말한다.

각각의 관념 사이에는 이러한 흡인력이 있기 때문에 많은 관념을 복잡한 관념으로 결합할 수 있는 것이다. 그러나 이러한 흡인력은 연하고 부드러운 것으로, 그것은 필연적인 결합이 아니라 연상은 그 자신만의 규율이 있기 때문이다. 그래서 그는 정통적인 연상법칙에 대해서 자신의 관점을 밝혔다.

아리스토텔레스에서부터 전통적으로 세 종류의 연상법칙이 존재한다. 즉 접근연상, 유사연상, 반대연상이다. 흄은 유사법칙, 시간 혹은 공간에서의 근접법칙, 인과법칙을 제시하였다. 그러나 그는 인과법칙을 습관이라고 말했다.

그의 생각으로는, 원인과 결과는 시간과 공간상에서 항상 서로 근접해 있다. 원인은 늘 습관적으로 결과의 앞에 출현하고, 원인과 결과는 일종의 필연적인 관계를 가진 것이다. 정신은 즉 습관의 영향을 받는다. 어떤 사건이 발생한 후 그 이후 발생하게 될 사건을 기대하고, 다음 사건이 존재한다는 것을 믿게 된다.

따라서 우리가 마음속으로 느끼는 이러한 관계는, 우리의 상상이 하나의 대상에서 더 나아가 늘 수반되는 대상으로 나아가는 것으로, 바로 이러한 습관적 변화다. 그가 말하길, 이것 역시 우리가 형성된 '능력'관념 혹은 '필연적 관계'관념에 따르면 감각인상으로 사건은 오직 이러한 것뿐이라고 말한다.

칸트(1724~1804)

불가지론

칸트는 독일 고전철학의 창시자다. 그는 신흥자산계급이 여전히 보수에 동요하고 있던 시기의 독일에서 살았다. 당시 독일의 자산계급은 한편으론 영국과 프랑스의 상공업과 자연과학의 발달과 진보에 매료되었고, 또 한편으론 프랑스 대혁명 시기 집권당의 과격행동에 움츠러들어 보수에 대해 후퇴하게 되었다.

칸트는 바로 이렇듯 조화와 절충사상의 전형적인 대표다. 칸트는 일생 동안 집을 멀리 떠나본 적도 없었고, 평생 독신으로 살았다. 그는 자신의 연약한 신체를 보호하기 위해서 매우 규칙적인 생활습관을 갖고 있었다. 매일 아침부터 저녁까지 일상생활이 아주 치밀하게 계획되어 조금도 빈틈이 없었다. 매일 오후 3시 반이 되면, 날씨가 어떻든 간에 정확한 시간에 동일한 길에서 한 시간씩 산책을 하였다고 한다.

어느 날, 그가 제시간에 산책을 나오지 않아 산책로 근처의 주민은 저녁 준비를 지체하게 된 적도 있었다. 왜냐하면, 그들은 항상 칸트가 산책 나온 것을 본 뒤 식사 준비를 시작했었기 때문이다.

칸트의 일생은 1770년을 경계로 삼을 수 있다. 1770년 이전에 그는 주로 자연과학을 연구하며 천체형성의 성운설과 조석潮汐의 생성원인에 관한 이론을 제시하였다. 1770년 이후에는 흄의 회의론 영향을 받아 비판철학을 제시하며 잇달아 『순수이성비판(1781)』, 『실천이성비판(1788)』, 『판단력 비판(1790)』을 출판하였다. 이 세 권의 철학 저서가 심리학 사상에 미친 영향은 매우 크다.

첫 번째 책은 인식론에 대한 것으로 인지심리를 언급하였고, 두 번째 것은 윤리학에 관한 것으로 도덕과 의지에 대해 언급하였으며, 세 번째 것은 미술을 논한 것으로 감정과 관련이 있다. 이들의 내용은 마침 심리학의 지, 정, 의 과정에 부합되며, 또 역사적으로도 플라톤의 지, 정, 의 삼분법과 일치하여 그 영향력은 매우 컸다. 이후 분트의 심리학은 바로 이 삼분법에 따라서 심리의 과정을 구분한 것이다.

칸트는 사람의 인식은 두 가지 요소를 포함한다고 여겼다. 하나는 감성적이고, 또 다른 하나는 오성(즉, 이해)적인 것이다. 감성의 데이터가 사람의 감각기관을 통해서 얻게 되는 것은 단지 일부 혼란스럽고 잡다한 현상뿐이며, 오성을 통해 가공하고 정리해야만 비로소 체계적이고 질서 있는 이론지식이 될 수 있다.

또한, 오성적 인식은 바로 일종의 선험적 형식으로, 사람의 마음속에 선천적으로 고유하게 존재하는 것이다. 그것은 외부물질의 경험이나 내용과는 무관하지만, 외부물질을 인식하는 데 필연적인 형식이다. 그는 또한 감성적 인식과 이성적 인식 모두 '물자체物自體'를 인식할 수 없다고 여겼다. 이 이론에서 출발하여 그는 단정 지었다.

"사람의 마음 또한 물자체로, 인류는 그것을 인식할 수 없고 다만 일부 마음의 현상만을 인식할 수 있다." 마음은 수량으로 표현할 수 없을 뿐만 아니라, 실험을 할 수도 없다. 이로써 심리학상에서 칸트가 남긴 것은 일부 소극적인 영향뿐이라는 것을 알 수 있다. 그러나 사물의 발전이 극에 달하면 반드시 반전하게 되는 법이다. 그의 이러한 소극적인 주장은 오히려 후대인들의 연구를 불러일으키게 되었다.

분트(1832~1920)

　분트가 살던 시대는 이미 과학적 심리학이 탄생할 수 있는 조건이 갖춰진 시대였다. 다만 이 임무를 능히 감당할 수 있는 사람을 기다릴 뿐이었다. 분트는 때마침 좋은 시기를 만나게 된 것이다. 그는 이 역사적 사명을 완성하는 데 가장 적합한 인물이었다. 세계적 명작 『우주의 수수께끼』의 저자인 에른스트 헤켈은 이렇게 말했다.

　"현대에 가장 중요한 심리학자 중의 하나는 바로 라이프치히의 빌헬름 분트이다. 그는 다른 철학가들에게서는 찾을 수 없는장점이 있다. 바로 동물학, 해부학, 생리학 방면의 지식에 정통하고, 헬름 홀츠의 조수이자 제자로서 일찍부터 습관적으로 물리화학의 법칙을 생리학의 전체 영역에 응용하였을 뿐만 아니라, 요하네스 뮐러가 정의를 내린 심리학, 즉 생리학의 일부분에까지 응용하였다. 이러한 관점에서 출발하여 분트는 1863년 큰 가치를 지닌 『인간과 동물의 정신에 대한 강의』를 발표하였다."

1929년 미국의 심리학자 보링은 『실험 심리학사』에서 언급하길, "1874년 분트가 출판한 『생리심리학 원리』는 근대 심리학 사상 아주 중요한 책으로, 그것은 심리과학의 탄생을 상징하고, 분트가 생리학자에서 심리학자로 나아감을 보여주는 것이다."라고 했다. 그렇다면 분트는 이 역사적 사명을 어떻게 완성한 것일까?

우선, 그는 심리학 연구대상을 '직접경험'이라고 정의하고, 모든 과학은 경험을 연구하는 것, 즉 물질과학은 간접경험을 연구하며 심리학은 직접경험을 연구한다고 여겼다. 소위 말하는 직접경험 이란 바로 주체가 되는 개체가 체험한 경험을 말하는데, 사실은 의식관념을 심리학의 연구대상으로 삼는 것이다. 그래서 분트의 심리학은 의식심리학으로도 불린다.

둘째로, 연구방법에서 그는 실험의 내성법의 채택을 주장하고, 과학적 심리학을 연구하는 방법은 두 종류가 있다고 여겼다. 하나는 심리과정을 연구하는 내성실험으로 감각과 지각, 반응시간, 기억 연상 그리고 주의 등이 있다. 또 다른 하나는 역사문화의 산물에 대한 분석으로 언어, 신화, 풍속습관 등에 대해서 비판과 분석을 통한 연구를 하는 것이다. 전자는 실험심리학이고, 후자는 민족

심리학(사회심리학)이다. 분명한 것은 이는 전체 심리학을 양분하는 방법이라는 것이다.

셋째로, 연구임무에서 그는 의식심리는 하나의 복잡하고 전체적인 현상으로 반드시 제한된 내성법으로 연구하여 전체 심리현상을 가장 간단하고 단순한 심리원소로 분석해야 한다고 여겼다. 그래서 심리학에는 세 가지 임무가 있다고 구분하였다.

- 심리혼합물을 가장 간단한 심리원소로 분석한다.
- 심리원소를 갈수록 복잡한 심리혼합물로 결합한다.
- 각종 심리결합의 일반적 공식을 확정하고, 그 속에서 심리규율을 얻는다.

이상은 분트 심리학의 기본 관점으로, 바로 심리학의 연구 대상, 방법, 임무를 말한다. 후에 그의 이러한 규정은 심리학 역사상 하나의 전통이 되어 일반적으로 심리학 이론의 기본관점이라 한다. 이러한 기본 관점은 각종 심리학마다 서로 다른 내용이 있지만, 그것의 형식에 관해서는 지금까지도 일반적 심리학 교과서의 첫 번째 장에서 여전히 응용되고 있다. 분트는 심리학의 기본관점 혹은 기본이론을 밝히고 난 후 이어서 몇 가지 학설, 이론을 제시하였다.

심리원소 결합의 규율과 의식구조에 관하여, 분트는 의식의 가장 간단한 원소로는 감각, 감정, 의지가 있다고 보았다. 감각의 복합은 바로 관념이다. 관념은 세 가지 형식이 있는데 바로 강도, 시간, 공간이다. 감정은 세 단계가 있다. 즉, 유쾌와 불쾌, 긴장과 이완, 흥분과 억제이다.

그는 동일한 감정 속에서 유쾌, 긴장, 억제가 동시에 작용할 가능성도 있다고 여겼다. 감정의 복합형식도 세 종류가 있는데, 정서, 기분, 의지이다. 감정은 심리 활동의 주요요소로, 그의 활동으로 감각복합물은 관념이 되고, 이로써 또다시 새로운 감정이 발생하는 것이다. 이러한 감정은 한편으론 정서로 전환되고, 또 한편으론 관념이 더 고급의 심리복합물을 형성하게 하여, 충동을 일으킴으로써 표정과 동작, 의지의 행동을 드러내게 한다.

통각학설에 관하여, 그는 간단한 심리원소가 복합물로 결합한 후 새로운 성질을 갖춘 심리형식으로 변한다고 여기고, 이를 '창조적 종합' 혹은 '통각'이라 불렀다. 이와 연상은 심리복합물의 중요한 작용이다. 그는 연상은 피동적인 작용이지만, 통각은 주동적인 것으로 그것은 의식의 중심이며 의식관념의 또렷함을 강화시키고 또한 의식의 가장자리에 있는 관념에 대해 억제작용을 한다고 하였다. 이처럼 분트의 심리학에서 통각은 인류 심리 활동의 창조자다.

다윈(1809~1882)

생존경쟁과 자연도태, 적자생존

다윈은 진화론 사상이 막 형성되고 성숙하여 가던 시대에 살았다.

그의 선배 중에는 획득형질이 유전된다고 주장하는 라마르크(1744~1829)와 적자생존을 주장하는 심리진화론자 스펜서(1820~1903) 등이 있고, 다윈은 생물진화론의 완성자다. 그의 『종의 기원(1859)』이라는 책의 출판은 거의 모든 학술계의 사유 방식을 변화시켰다.

심리학에서 가장 중요한 것은 그가 인류심리와 동물심리에 연속성이 있다는 관점을 제시한 것인데, 이는 현대 미국의 심리학과 나아가 세계 심리학의 추세에 영향을 미치고 있다. 다윈은 창조적으로 생물진화론을 제시하였는데, 위에 서술한 역사적 배경 외에 그의 가정환경, 삶의 경험과도 큰 관계가 있다.

그의 조부는 박물학자로 진화론을 지지하였고, 그의 부친은 의사였다. 다윈은 조부와 부친의 영향으로 어릴 적부터 자연을 좋아하고 과학을 연구하는 습관을 기르게 되었다. 1831~1836년, 그는 어느 탐험대와 함께 남아메리카 연안을 탐험하며 5년이라는 세월 동안 표본을 수집하고 분석하며 보냈다.

1828년 그는 맬서스의 『인구론』을 읽고 그 가운데 '생존경쟁' 사상을 흡수하여, 결국 '생존경쟁과 자연도태, 적자생존'의 이치를 깨닫고 이를 생물진화의 원리로 삼아 1859년 출판된 『종의 기원』 이라는 획기적인 책의 저작을 관철하였다. 이런 까닭에 생물진화론의 형성과 정식발표는 깊은 역사적 연유와 개인적인 배경을 지니게 되었다.

생물진화론은 심리학의 발전에 다음과 같은 세 가지 기본적인 관점을 제시하였다.

첫째, 인류 심리의식의 기원과 진화는 생물유기체의 구조 및 그 심리기능이 동시에 진화된 것이다. 저등생물의 자극 감응성에서 인간의 의식 발생과 발전은 저급에서 고급으로의 진화과정이다. 인류의 심리는 동물심리에서 진화되어 온 것으로, 심리능력의 발전은 유기체의 두뇌발전과 서로 적응하는 과정에서 점차 진화한 것이다. 정신적인 측면에서 인류와 동물의 차이는, 인류에게는 언어능력과 사유능력 그리고 수학적 추리능력 등이 있다는 점이다. 그러나 다윈은 이러한 차이는 단지 정도상의 차이일 뿐 본질은 결코 차이가 없다고 여겼다. 그의 이러한 견해는 후에 서양 심리학이 생물학적 길을 걷게 하는 데 큰 영향을 미쳤다.

둘째, 인류심리와 동물심리의 연속성 원리에는 세 가지가 있다. 유용한 연합습관, 대립적 표정과 동작, 신경계통의 직접작용이다. 예를 들어 인간과 동물의 표정과 동작은 역사적 관계가 있다는 것이다. 분노했을 때 이를 드러내고, 두려울 때 머리카락이 쭈뼛서며, 심장이 빨리 뛰는 것 등, 이러한 표정과 동작은 인류의 선조인 동물에 대해 생물학적인 직접 의의가 있기 때문에 이것이 오랜 세월 속에서 견고해지고 유전됐다는 것이다. 현재는 인류의 표정과 동작이 마치 선천적인 것 같지만, 당시에는 아마도 어떤 생활방식에 의해서 점차 얻은 것일 것이다. 이밖에 서로 대립하는 표정과 동작의 원리도 있다. 예를 들어 슬픔과 기쁨, 적대와 우애 등은 대립 원리에 해당하는 것이다. 다윈은 또한 신경계통의 직접적인 영향으로 동물과 인간의 흥분상태 속 표정과 동작은 강렬하고 억제하기 힘든 특징을 나타낸다고 여겼다.

셋째, 인류심리의 발생과 발전에 대한 연구를 시작하였다. 다윈은 일찍이 오랜 시간 동안 영아를 관찰하여, 생후 7일의 영아는 이미 재채기나 하품과 같은 반사동작을 한다는 것을 발견하였다. 9일째에는 두 눈이 불빛을 향할 수 있게 되고, 4개월의 영아는 화를 내기 시작하며(영아에게서 가장 먼저 드러나는 정서는 공포이다), 45일 전후로는 영아의 미소를 볼 수 있다. 13개월에는 영아에게서 도덕적 감정이 나타나고, 5개월째에는 관념의 연합이 나타나기 시작하는데, 다윈은 이는 영아심리발전의 중요한 표현이라고 생각했다. 7개월

째에는 보모와 보모의 이름을 연계시킬 수 있는데, 이때 유아는 보모의 이름을 부르는 소리를 듣게 되면 즉시 보모를 찾으려 하게 된다.

총괄적으로 말해서 다윈은 생물진화와 심리의 발생, 발전을 연계시켜 심리학의 발전에 대해 획기적인 의의를 지닌다. 그는 몸소 표정과 동작, 본능적 활동을 연구하여, 진화론은 심리학이 인류의식의 기원과 동물심리의 연속성을 연구하는 것에 대해 직접적이고 시범적인 작용을 한다는 것을 분명히 나타내었다. 그러나 그는 인간과 동물의 심리 간에 본질적인 차이가 있음을 강조하지는 않음으로써 현대 서양심리학이 한때 생물학적 길을 걷게 만들었는데, 이는 다윈의 진화론의 역사적 한계를 보여준다.

윌리엄 제임스(1842~1910)

윌리엄 제임스는 미국 기능심리학의 선구자이자 실용주의 철학의 창시자 중 하나다. 그는 뉴욕시에서 태어났다. 그의 조부는 아일랜드 이민자로 장사를 통해 큰돈을 벌어 벼락부자가 되었고, 부친은 절실한 기독교 신자였다. 제임스는 장남으로서 어릴 적부터 부친의 종교에 은연중 감화되어 비교적 속이 깊고 점잖았다. 그 당시 미국인은 유럽의 과학문화를 맹신하여, 유럽의 모든 것을 좇았다. 제임스의 부친은 특히나 유럽에 대해 대단히 감복하여, 늘 가족을 이끌고 프랑스, 영국, 독일, 이탈리아 등지를 두루 돌아다니며 여행과 다양한 활동을 하였다. 제임스 자신도 여러 차례 홀로 혹은 아내와 자식을 데리고 영국, 프랑스, 스위스, 독일, 이탈리아를 돌며 병을 치료하고 학업을 계속하여 결국 견문이 많은 박학다식한 사람이 되었다.

1861년 19세의 제임스는 하버드대학교 본과에 진학하게 된다. 그러나 신체가 허약하여 얼마 못 가 교수는 실험 때 그가 너무 데면

데면하고 동작이 확실치 못하며 인내심도 부족하다고 하며 전과할 것을 권유하였다. 이렇게 그는 4년간 전공을 4번 바꾸게 되었는데, 생리학에서 해부학으로, 다시 생물학으로, 마지막에는 의학으로 전과하였다. 1865년 그는 유명한 생물학자 아가시를 따라 아프리카 아마존 강 부근에 표본채집을 나서게 된다.

그곳에서 그는 열대지방의 열병에 걸렸다. 후에 그는 독일 여행 중 또다시 여러 질환을 앓기도 했다. 이에 그는 유럽의 유명한 도시를 찾아다니며 광천수를 통한 치료를 받았지만 어떤 치료도 효과를 보지 못하자 실망한 채 미국으로 돌아와 계속해서 의학을 공부하였다. 이 시기 큰 좌절을 느낀 그는 자살을 생각하기도 했다. 다음은 제임스가 그 당시 겪었던 평범치 않은 고통에 대해서 한 말이다.

"그 시절 내 마음은 비관적인 것들로 가득했다. 정신적인 스트레스며, 자신의 앞날에 대해서도 전혀 희망이 없었다. 어느 날 저녁 무렵, 날은 이미 저물고 혼자 탈의실에 들어갔다. 그때 갑자기 눈앞이 칠흑같이 어두워지며 난 비할 수 없는 두려움을 느꼈다. 그와 동시에 내 마음속엔 정신병자의 그림자가 드리워졌다. 그는 내가 정신병동에서 본 자였다. 미동도 없이 앉아있는 그는 마치 이집트의 피라미드 같기도 하고, 페르시아의 미라 같기도 했다. 그의 새까맣고 또렷또렷한 두 눈을 제외하고는 완전히 사람의 모습이 아니었다. 바로 이 그림자가 당시 나의 두려운 심리와 결합한 것이다.

나는 마음속으로 두려움과 불안을 느끼며 결국 공포의 포로가 되어버렸다. 이 일이 있고, 온 세상은 완전히 달라보였다. 나는 매일 아침 깨어날 때 늘 두려운 마음이 들었고, 인생의 불안감은 여태껏……."

이처럼 끊임없는 발버둥과 분투를 거쳐 1869년 제임스는 마침내 하버드대학교 박사학위를 취득했다. 당시 그는 취업문제로 여러 번 고려하고 가족, 친구들과 상의한 끝에 의사가 되기보다는 자신이 줄곧 지향하던 학문을 계속 연구하기로 하였고, 1870년 제임스는 비로소 건강을 어느 정도 회복하였다.

이 기간에 그는 칸트를 신봉하던 프랑스 철학가 샤를 르누비에의 저서를 읽고, 의지는 한 사람의 삶과 미래를 바꿀 수 있고 자신도 나아갈 방향을 개선할 수 있음을 깨달았다. 그리하여 그는 분발하여 일할 것을 결심하였다. 1872년 그는 하버드대학교 생물학 강사에 임용되었다. 1875년 '심리학과 생리학의 관계(즉, 생리심리학)'를 강의하기 시작했고, 또한 학교장의 격려와 지지로 300달러를 받아 미국의 첫 번째 심리실험실을 세웠다.

그는 1878년 결혼한 후 연이어 5명의 자녀를 낳았는데, 경제적인 부담이 가중되어 수업도 늘리고 글도 많이 쓰는 등 초과근무를 할 수밖에 없었다. 1876년부터 1887년까지 10년간 그는 수많은 글을 썼는데, 그중 일부는 1876년 창간된 『심리』와 기타 잡지에 실리기도 하였다. 이러한 글들은 모두 후에 그가 1890년 출판한 『심리학 원리』라는 명저 속에 포함되었다. 당시 대학 강사가 진급하기란 상당히 복잡하고 어려운 일이었다. 특히나 그는 의대 출신으로 처음에는 생물학을 가르치다 후에는 심리학으로 바꾸었다. 당시 심리학은 철학과에 속했다. 그래서 그는 1880년에 철학과로 옮기게 되었고 철학과 부교수 자리에 오르게 되었는데, 철학과 동료는 모두 의견이 분분했고 다소 의아하게 생각했다.

이후 그는 5년이라는 시간을 기다려서야 철학과 교수로 승진하게 되었고, 또다시 4년의 세월이 흐른 뒤 비로소 심리학 교수로 개칭되었다. 1890년 그의 이름을 빛낸 작품 『심리학 원리』가 마침내 출판되었다. 본래 1878년 출판사와 2년 뒤 책을 낼 것을 합의하였지만, 결국 12년의 세월이 걸려서야 완수할 수 있었다. 그 가운데 위에서 말한 몇 가지 원인 이외에 가장 주요했던 이유는, 그의 기능 심리학 사상은 그의 실용주의 철학사상과 서로 보완과 촉진하는 관계에서, 이를 동시에 연구함으로써 점차 발전하고 성숙된 것이다.

『심리학 원리』가 이름나게 된 것은, 그 책은 미국인 스스로가 쓴 분량 있는 첫 심리학 저서여서 일반적인 심리학 교과서와는 다르다.

책은 분트와 같이 실제에서 벗어나 단지 과학적인 심리학만 연구해서는 안 된다고 강조한다. 그것은 분트가 의식을 요소로 분석한 요소주의 견해에 반대하고, 의식의 흐름을 강조하였다.

제임스의 이러한 견해는 그의 심리학 사상이 이미 유럽 전통적인 것에서 벗어나 독립적이고 자주적으로 미국의 특색을 갖춘 기능 심리학 사상을 창시했음을 분명히 보여주며, 이로써 그는 미국 기능심리학의 사상적 선구자가 되었다.

의식의 흐름에 관하여 제임스는, 의식은 일종의 전체적인 과정으로 요소로 분석할 수 없고, 네 가지 특성을 지닌다고 하였다.

- 개인성 : 의식은 개인적인 것으로, 오로지 나의 의식 혹은 당신의 의식만이 있을 뿐이다.
- 변동성 : 의식은 언제 어디서나 상황에 따라서 변동한다.
- 연속성 : 의식은 연속적인데, 어쩌면 시간의 간격이 있을 수도 있다. 예를 들어 잠에서 깨어났을 때 A는 여전히 잠들기 전의 A이고, B도 여전히 이전의 B이다.
- 선택성 : 외부 세계의 사물을 인식할 때 환영 또는 거절이라는 두 종류의 선택작용을 일으키게 된다.

효과적인 자극은 비교적 많은 주의를 끌며 의식에 진입하게 되지만, 그렇지 않으면 거절된다. 선택의 원칙은 '관련성'이다.

무릇 의식에 진입한 자극이 원래 존재하던 의식의 내용과 연관이 있다면 유보하게 된다. 이에 그는 의식이란 하나의 과정이고 작용이라고 본다. 또한, 심리와 의식은 전체적인 과정으로 인해 작용을 일으키는 것으로, 절대 분트와 같이 의식을 요소로 분석할 수 없다고 여겼다.

손다이크(1874~1949)

지능, 시행 - 착오

제임스, 듀이, 에인절은 모두 기능심리학의 사상적 관점을 제시하기만 했을 뿐 체계를 형성하지는 않아 기능주의심리학이라 부를 수 없다. 기능주의심리학이라 부를 수 있는 것은 손다이크의 심리학 체계이다.

손다이크의 심리학 체계는 19세기 말과 20세기 초에 형성된 것이다. 당시 미국 사회는 자유자본주의에서 독점자본주의로 진입하던 시기였고, 대공업의 기계화 정도가 날로 증가하고 있을 때였다. 카르텔(기업연합)은 중소공장들을 삼키고 수공 노동을 배척하여 인디언들의 발전을 제한하였다. 또한, 사회 내부적 불안 속에 급히 해결해야 할 수많은 문제가 산재해 있었다. 손다이크(1928)는 자신의 저서 『성인학습』에서 말했다.

"나는 심리학자의 한 사람으로서, 습관, 풍속, 전통이 인간과
사회의 세력 균형을 제어하여 인간의 본능을 현대 상공업의 조작에
사용하고 전체 사회제도가 불안으로 파괴되지 않도록 하는 것에
대해 고려해보았다……."

손다이크는 웨즐리언대학교 졸업 전 1년 동안 심리학을 공부했다.
당시 대학원 시험에 응시하여 장학금을 타고 싶었던 그는 윌리엄
제임스의 『심리학 원리(1890)』를 전문적으로 학습하였다.

1895년 그는 하버드대학교 대학원에서 제임스의 교육을 받게
되었다. 학사, 석사 학위를 받은 후 1896년 하버드대학교의 한
지하실에서 병아리를 이용한 실험을 하였다. 후에 컬럼비아대학교
커텔 교수의 도움으로 동(同) 대학 박사과정을 밟으며 실험대상을
고양이와 개로 바꿔 미로실험을 진행하였다.

1898년 커텔의 지도 속에 손다이크는 박사과정을 마치며 『동
물의 지능 : 동물에 있어서의 연합과정의 실험』이란 제목의 박사
논문을 발표하였고, 이는 그의 이름을 빛낸 주요작품이 되었다.
1899년 그는 이 대학 교육학부의 심리학 교수로 임명되었고,
1901년 부교수, 1903년 전임교수로 승진하였다.

1905년 그는 『심리학 개요』라는 책을 출판하였는데, 이는 그의
연결주의 심리학 이론을 체계적으로 정리한 저서로, 동물실험을
통해 형성한 기능주의 심리학이다. 1911~1914년 그는 연이어
세 권의 『교육심리학』을 발표하였다. 이것은 연결주의 심리학이

교육 영역에서의 응용성과이며, 또한 세계적으로 첫 번째 교육 심리학 전문서적이다.

손다이크는 줄곧 컬럼비아대학교에서 일하다가 1940년에 퇴직하였다. 이후 하버드대학교로 돌아가 강의와 심리학 연구를 하다가 1949년 세상을 떠났다.

미국 심리학 역사상 손다이크의 가장 큰 공헌은 다음과 같다.

첫째, 동물의 행위를 통한 실험과 연구로 연결주의 심리학 이론을 형성하여 미국의 기능심리학 사상을 과학적 심리학으로 발전시켰다. 분트 이후 과학적 심리학의 유일한 기준은 바로 반드시 실험을 통해서 그 이론이 확실하고 진실하다는 것을 실증하는 것이었다. 손다이크의 연결주의 심리학은 바로 이러한 요구에 맞았다.

둘째, 당시 소위 심리학의 과학적 체계라는 것은 반드시 일정한 근거가 있어야만 했다. 손다이크는 동물의 행위 실험에서 동물학습의 시행착오와 우연한 성공을 통해 규율을 발견하였고, 이러한 규율은 누구라도 동일한 실험을 통해 증명할 수 있었다.

그 구체적인 실험은 다음과 같다.

굶주린 고양이를 실험 상자 속에 넣고, 상자 바깥쪽에는 고양이가 좋아하는 생선을 놓는다. 상자 문에는 빗장이 있어 고양이는 반드시 빗장에 접촉해야만 문을 열고 나와 생선을 먹을 수 있다.

실험이 시작되자 굶주린 고양이는 상자 속에서 마구 긁고 깨물며

비효율적인 동작들을 계속했다. 어쩌면 고양이는 우연히 빗장에 닿아 문을 열고 나와 생선을 먹게 될 수 있다.

이후 실험동물은 수차례 시행착오와 우연한 성공을 거치면서 점차 경험을 얻게 되고, 결국 상자 속에서도 직접 빗장을 열고 나와 생선을 먹을 수 있게 된다. 손다이크는 실험고양이가 상자에서 얻은 이러한 행위경험의 과정을 학습이라고 부른다. 시행착오와 우연한 성공은 일종의 학습이론으로, 그것은 연습의 법칙과 효과의 법칙 등이 있다.

셋째, 그는 이러한 학습의 법칙을 인류의 학습에 응용하여 교육심리학을 형성하였고, 이로써 미국 기능심리학에 정확하고 과학적인 연구 경로를 개척하여 사서에 기재하였다.

스키너(1904~1990)

조작주의

스키너는 펜실베이니아 서스쿼해나 출생으로, 조부는 영국이민자이고 부친은 변호사, 모친은 가정주부였다. 스키너는 따뜻하고 편안한 가정환경 속에서 어린 시절을 보냈다.

그는 어릴 적 학교에 입학한 후 중고등학교를 졸업할 때까지 12년 간의 기초교육을 모두 과거 부모가 다녔던 학교에서 받았다. 졸업 후 뉴욕 해밀턴대학에 입학한 그는 본래 작가가 되고 싶어 하였다. 그러나 몇 편의 글을 발표한 뒤 자신은 이 방면의 소질이 부족하다고 생각되어 원래의 계획을 포기하게 되었다.

1927년 대학 졸업 후 그는 신문상에서 유명한 철학가 러셀이 왓슨의 행동주의와 그 연구방법을 높이 평가한 글을 읽게 되었다.

즉, 왓슨의 연구방법은 대다수의 방법과 비교하여 훨씬 많은 진리를 내포하고 있다는 것이었다. 1928년 스키너는 하버드대학교 대학원에 진학하여 심리학을 전공하겠다는 결심을 세우는데,

이는 바로 러셀과 왓슨의 사상적 영향 속에서 이뤄진 것이다.

1931년 그는 철학박사 학위를 받은 뒤 학교에 남아 연구원으로 근무했고, 1936년에는 미네소타대학교 교수에 임명되었다. 1938년 『유기체의 행동』을 발표했는데, 이것은 그의 첫 번째 저서이자 자신의 행동주의를 체계적으로 표명한 첫 번째 작품이기도 하다. 1957년 출판한 『언어행동』은 그 스스로 일생에서 가장 중요하게 여기는 저서이다.

스키너는 1948년부터 1990년 86세의 나이로 세상을 뜰 때까지 하버드대학교에서 심리학 교수로 재직하였다. 스키너는 자신의 행동주의를 조작주의 심리학이라고 불렀다. 이는 그가 손다이크의 실험을 발전시킨 후 창조해낸 것이다. 손다이크 실험에서의 고양이는 마구 긁고 깨물다가 우연히 빗장에 닿아 문을 열고 생선을 먹게 된다. 스키너는 고양이의 이러한 행동을 조작적 행동이라고 부른다. 그에 따르면, 이러한 조작적 행동은 눈으로 볼 수 있는 어떠한 외부적 자극도 없이 야기되는 것이다. 이의 특징은 다음과 같다.

- 실험동물은 사전에 자극을 볼 수 없다. 실험 때 실험자도 자극에 관심을 두지 않는다. 왜냐하면, 실험과정에서 실험자는 어떠한 자극도 필요치 않고, 모든 자극물은 사전에 안배되어 있기 때문이다. 실험동물은 전혀 볼 수 없고, 오직 적절한 동작을 취해야만 비로소 자극은 나타난다.
- 이러한 실험에서 실험동물은 환경에 대해 조작을 가하려 한다. 조작은 동물이 먹이(자극물)를 얻는 수단이 된다. 실험과정은 다음과 같다.

그는 실험동물인 비둘기를 자신의 이름을 딴 스키너상자 안에 넣는다. 먼저 비둘기의 머리가 늘 유지하는 높이를 관찰한 뒤, 눈금이 새겨진 상자에서 하나의 경계선을 정해놓고 비둘기의 머리가 이 선보다 올라갈 때마다 즉시 먹이가 담겨있는 먹이통을 열어 강화(즉, 장려)시킨다.

이와 같은 과정을 반복하다 보면 실험동물은 곧 조작적 행동을 형성하게 된다. 스키너의 이러한 조작적 행동은 다음과 같은 특징을 갖고 있다.

첫째, 그는 왓슨의 S-R 공식에 충실하였고, 행동을 심리학의 연구대상으로 삼는 것을 고집하였다.

둘째, 반사와 행동을 구분하였다. 예를 들어 기침, 재채기, 무릎 반사 등은 단지 반사일 뿐이지 행동은 아니라는 것이다. 행동에는 세 가지 특징이 있는데, 다음과 같다.

- 유기체의 행동은 일정한 환경에 따라 일어나는 것으로, 유기체는 사전에 외부자극물을 볼 수 없다.
- 행동은 다른 유기체가 관찰할 수 있지만, 의식은 다른 유기체가 관찰할 수 없다.

• 그러나 그는 의식의 존재를 인정하고, 의식을 '자극이 행동에 취하는 억제 작용'이라고 정의하였다. 그의 설명으로는, 일반적으로 우리가 식당에 가서 식사를 하는 경우 음식을 맛보기 전에는 어느 식당의 음식이 자신들의 입맛에 맞는지 알 수 없다.

맛을 본 후에야 어느 식당의 음식이 맛있다는 것을 알 수 있고, 이후 그 식당을 찾는 횟수가 많아지면서 단골손님이 되는 것이다. 그는 우리의 행동은 기본적으로 모두 이처럼 서서히 형성되는 것이라고 말한다. 이러한 조작적 행동이 형성된 이후 그 식당의 음식(자극)은 곧 우리의 행동에 억제작용을 일으킨다. 이러한 행동은 식당주인이 사전에 구상해놓은 시장의 경제경쟁을 위한 수단이다. 그래서 스키너는 조작적 행동을 도구적 행동이라고도 일컫는다. 그는 또한 의식은 볼 수 없지만, 이러한 도구적 행동은 관찰할 수 있는 사실이고 과학적 연구가 가능하다고 보았다. 실험자는 환경에 대한 구상만 잘해놓는다면 동물과 인간의 행동을 예측하고 억제할 수 있다는 것이다. 그런 까닭에 스키너는 자신이 의식의 연구에 관해서 과학적 연구의 길을 개척했다고 여겼다.

셋째, 위에서 말한 설명을 통해 그는 행동을 자극(S)과 반응(R)의 관계로 보고, 왓슨의 S-R 공식을 R=fx(S)를 사용해 표시하였다. 즉 반응을 자극의 함수라고 보는 것인데, 그 의미는 만약 반응을 이해하려면 자극을 살펴보면 된다는 것이다.

예를 들어 소위 단골손님이라는 것은 바로 식당의 음식(자극)이 소비자가 자주 그 식당에 들려 음식을 먹게 하는 것이다. 식당의 주인은 음식의 관리만 잘한다면 손님이 끊길 염려는 하지 않아도 된다.

넷째, 스키너와 왓슨은 연구대상도 다르다. 스키너는 S-R의 연결이 아닌, 반응을 연구하는데 역점을 두었다. 두 번째에서 말한 것과 같이, 조작적 행동은 먼저 유기체의 조작이 있고 난 후, 비로소 유기체가 자극을 발견하는 것이다. 그는 이러한 행동은 동물과 인류 가운데 가장 많이 볼 수 있고, 심리학 연구의 주요 대상이기도 하다고 말한다.

다섯째, 언어도 일종의 조작적 행동으로 본다. 왓슨이 언어는 단지 언어기관의 활동일 뿐이라고 본 견해와 구별된다. 그래서 그는 언어와 사유를 동등하게 다루었다.

총괄적으로 말해서 스키너는 인간과 동물의 모든 행동을 반응과 자극의 관계로 보았다. 반응은 일련의 조작으로, 외부로 보이는 행동이든지 내부에 감춰진 행동이든지 모두 같은 것이다. 행동은 자극의 억제를 받고, 자극이 행동을 억제할 수 있도록 잘 처리하기만 하면 되는 것이다.
그는 또한 조작적 행동의 규칙을 통한 학교 교학의 개혁, 사회

변혁, 과학 발명 등에 대해서도 연구하였다. 그러나 스키너의 말년은 그다지 좋지 못하였다. 그가 전통 심리학자들의 반대를 받는 상황에서, 20세기 60년대에는 인지심리학이 일어나게 되었다.

그리하여 심리학에서 의식을 연구해야 하는가 하는 문제를 두고, 앞서 말한 두 측면으로부터 많은 공격을 받았던 것이다. 1974년 그는 『행동주의에 관하여』라는 책을 출판하며 자신을 향한 비판을 20가지로 요약하였는데, 스키너는 이 20가지 비판들은 모두 행동주의 사상에 대한 오해라고 생각했다.

쾰러(1887~1967)

통찰학습

    게슈탈트학파의 창시자 중의 하나인 쾰러는 에스토니아 탈린에서 태어났다. 5세 때 그의 가족은 독일 북부로 거처를 옮겼다. 그는 잇달아 뒤빙겐대학교, 본대학교, 베를린대학교 등에서 공부하였고, 1909년 학위를 취득하였다. 1913년 그는 프로이센 과학원의 초청을 받아 카나리아 제도 테네리페에서 침팬지를 연구하게 된다.

    7년의 실험을 거쳐 1917년 『침팬지의 정신』이라는 책을 출판한 그는 통찰학습이론을 제시한다. 1920년 그는 독일로 돌아와 이듬해 괴팅겐대학교 교수에 임명되었다. 또한, 1922년 베를린 대학교 교수에 임명된 후, 1935년 지식인과 유대인에 대한 히틀러의 박해로 인해 미국으로 거주지를 옮기게 되었다. 1958년 미국 심리학회 회장으로 선출되었고, 1967년 미국에서 세상을 떠났다.

    쾰러의 통찰학습은 손다이크의 시행착오 학습이론에 반대하는 것이다. 그는 손다이크가 설계한 실험환경은 너무 복잡하여 동물이

/ 꼬리에 꼬리를 무는 심리학이야기

환경의 전체적인 면모를 관찰하는 데 어려움이 있어, 그저 하나 하나의 시행착오에 의존하여 우연한 성공을 거두는 것뿐이라고 여겼다. 이와 달리 퀼러가 설계한 실험은 동물이 실험환경의 전체적 면모를 최대한 볼 수 있게 만들어, 실험동물이 전체적인 관찰을 통해서 통찰할 수 있게 하였다. 예를 들면 다음과 같다.

• 실험 1

그는 밧줄로 묶은 바나나를 철창 밖에 침팬지가 볼 수는 있지만, 손이 닿지 않는 곳에 둔다. 밧줄의 한쪽 끝은 철창 안의 눈에 잘 띄는 곳에 둔다. 실험결과에 따르면 침팬지는 잠시 주저하다가 곧 밧줄을 집어 당긴다. 퀼러는 이러한 문제 상황에서 동물은 쉽게 전체적인 해결을 할 수 있다고 해석하였다.

• 실험 2

위에서 말한 실험과 유사한 상황에서 밧줄로 바나나의 양쪽을 묶은 뒤, 동일한 방향을 따라 다시 몇 가닥의 밧줄을 더 만든다. 즉, 철창 밖의 밧줄 중 하나를 제외한 나머지는 바나나를 묶지 않고 단지 그 옆에 놓는 것이다. 실험결과에 따르면 이러한 상황 속에서 침팬지는 먼저 바나나를 묶어두었던 그 밧줄을 즉각적이고 정확하게 식별해내지 못한다. 퀼러는 이것은 침팬지가 전체적인 광경 속의 내부구조를 즉각적이고 정확하게 알아차릴 수 없어서 초래된 것이라고 해석하였다.

바나나를 바구니 안에 넣고 바구니 손잡이를 밧줄로 묶는다. 밧줄을 나뭇가지에 걸린 쇠고리에 통과시킨 뒤 잡아당겨 바구니가 매달려 올라가게 한다. 침팬지가 볼 수는 있지만, 손을 뻗어도 닿을 수 없는 높이에 바나나가 담긴 바구니를 걸어놓는 것이다. 밧줄의 한쪽 끝은 헐겁게 매듭을 지어 나무기둥 가장자리에 연결해 놓는다. 실험의 의도는 침팬지가 밧줄을 풀러 바구니가 내려오면 바나나를 손에 넣게 하는 것이다. 실험결과, 가장 똑똑한 침팬지인 술탄도 그저 힘껏 밧줄을 잡아당겨 줄이 끊어지고 바구니가 떨어져야 바나나를 얻을 수 있을 뿐이었다. 실험자의 예측과 요구에 도달하지 못한 것이다. 쾰러 본인도 이러한 결과를 초래한 원인이 어디에 있는지 알 수 없었다. 실험자의 예측과 요구에 도달하지 못한 것이다. 쾰러 본인도 이러한 결과를 초래한 원인이 어디에 있는지 알 수 없었다.

바나나는 역시 철창 밖에 두고, 철창 안에는 몇 개의 나무 막대기를 놓아둔다. 나무 막대기는 모두 바나나에 닿지 않고, 두 개를 연결해야만 바나나에 닿을 수 있다. 이렇듯 침팬지는 두 막대기 사이의 완벽히 새로운 관계를 발견해야만 한다. 실험대상인 술탄은 몇 가지의 행동을 보였지만 모두 실패하였다. 그러던 중 술탄은 나무 막대기를 최대한 앞으로 밀고, 다시 두 번째 막대기로 첫 번째 막대기가 바나나에 닿을 때까지 밀었다. 쾰러는 이것을 '유익한 시행'이라고 일컬었다. 그 의미는 이러한 방향으로 실험을 진행하는 것이 옳다는 것이다. 실험결과를 보면, 술탄은 한 시간이 지나도 실험에 성공하지 못하지만, 우연히 나무 막대기로 장난을 치다가 문제를 해결하게 된다. 당시 쾰러는 현장에 없었다. 다음은 관찰자의 보고를 받고 쾰러가 기록해놓은 것이다.

'처음 술탄은 상자(철창 내부에 있음) 위에 쪼그리고 앉아 전혀 관심을 보이지 않았다. 얼마 뒤 술탄은 일어나서 나무 막대기 두 개를 집어 들고는, 다시 상자 위에 앉아 아무런 목적 없이 막대기를 가지고 장난을 하였다. 이렇게 장난을 하던 중 술탄은 우연히 자신이 손에 들고 있는 막대기를 일직선으로 연결할 수 있다는 것을 발견하게 되었다. 그는 비교적 짧은 막대기로 또 다른 막대기의 끝 부분을 밀어, 연결된 막대기로 바나나를 집으려 하였다. 관찰자가 쾰러를 부르는 사이 술탄의 막대기는 연결이 좋지 않아 떨어져버렸지만, 막대기를 다시 연결한 술탄은 결국 바나나를 집는 데 성공하였다.'

계속해서 쾰러는 기록했다. '이후의 실험에서, 쓸모없는 막대기를 막대기 사이에 섞어 놓았을 때도 술탄은 어려움 없이 문제를 해결할 수 있었다. 왜냐하면 술탄은 쓸모없는 막대기의 사용을 시도하지 않고, 바로 쓸모 있는 막대기를 사용하려 했기 때문이다.'

이후의 실험에서 쾰러는 침팬지가 공구를 이용하는 실험을 하였다. 다음은 두 가지의 공구를 만드는 실험이다.

• 실험 5

철창 밖에 바나나를 놓아두고, 철창 안에는 갈라진 나무 막대기를 하나 놓아둔다. 막대기는 철창 창살의 간격보다 폭이 넓어, 침팬지는 막대기의 갈라진 틈을 따라 입으로 물어뜯어 폭이 좁아진 막대기를 사용해 바나나를 얻게 된다. 실험에 따르면, 만약 막대기에 갈라진 틈이 없다면, 침팬지는 쓸모 있는 공구를 만들어 낼 수 없었다.

• 실험 6

이것은 쾰러가 가장 어렵다고 생각한 실험이다. 실험의 설계는 다음과 같다. 천장에 밧줄로 바나나를 매달아 놓고, 철창 속에는 몇 개의 상자를 여기저기 흩어놓는다. 침팬지는 바나나를 따기 위해 갖은 애를 써보다가, 잠시 행동을 멈추고 상황을 살핀 뒤 한쪽 구석에 놓인 상자를 보고는 그것들을 옮겨 차례로 쌓아 올린 뒤 결국 바나나를 손에 넣게 되었다. 이 실험결과를 보면, 바나나와 상자는 아무런 관계가 없는 개별적인 요소들이지만, 침팬지는 이들 사이의 새로운 관계를 성립시켰다. 쾰러는 이 실험을 완성하기 위해서는 침팬지가 상황을 파악하고 문제를 이해, 해결하는 것이 필요하다고 보았는데, 침팬지는 바로 이 수준에 도달하였으며, 쾰러는 이것을 '통찰'이라고 하였다. 또한, 그는 통찰은 '손다이크가 말하는 시행착오를 거쳐 우연히 얻게 되는 성공'이 아니라, 그와 정반대로 완전히 문제의 요점을 파악한 결과라고 보았다.

이상의 여섯 가지 실험은 단지 쾰러의 수많은 실험 중 몇 가지를 뽑아 예를 들어 설명한 것이다. 많은 실험을 거치면서 쾰러는 결론을 얻었다. 침팬지가 보여준 깨달음은 대개 상황에 대한 침팬지의 시각적인 이해가 결정하게 된다는 것이다. 많은 상황 속에서 침팬지는 깨달음을 위해서 행동을 멈춘다. 아마도 이것은 단지 상황의 구조가 지나치게 복잡하여 그의 시각으로 이해하기 어렵기 때문일 것이다.

그러므로 만약 우리가 명확한 게슈탈트 이론을 기초로 하지 않는다면, 침팬지에 대한 모든 실험에 대해 만족스러운 이해를 할 수 없다. 쾰러는 생각하는 이 이론 및 실험의 우수한 점은 말을 하지 못하는 아동심리의 질적 측량에 응용할 수 있다는 것이다. 이것은 '양적 측량'의 교육심리학에 종사하는 것보다 더 분명한 과학적 가치를 지닌다는 것이다.

코프카(1886~1941)

심리의 발전

코프카는 독일의 베를린에서 태어나 그곳에서 교육을 받았고, 철학과 과학 모두에 흥미를 느꼈다. 1903~1904년간 그는 베를린 대학교에서 슈툼프 교수의 지도로 학위를 취득했다. 1910년 그는 퀼러와 함께 프랑크푸르트대학교에서 베르트하이머의 가현운동 실험 조수로 추천받게 되었다. 세 사람은 장기간 동안 연구협력을 시작했고, 게슈탈트 심리학파를 형성하였다.

코프카는 1911년부터 기센대학에서 일했으며, 제1차 세계대전 당시에는 기센의 사립정신병원에서 뇌 손상 환자와 실어증 환자들을 연구하였다. 1921년 그는 『정신의 성장』이라는 책을 출판하였는데, 이것은 아동심리발전에 관한 저서로 퀼러의 침팬지 통찰학습 실험을 소개하였고, 이를 통해 손다이크의 시행착오 학습이론을 비판하였다.

1924년 미국으로 간 그는 잇달아 코넬대학교와 위스콘신대학교에서 교수로 임용되었다. 1927년에는 스미스 대학의 심리학 교수가 되어 그곳에서 1941년까지 여생을 보냈다.

코프카는 행동주의자와 마찬가지로 학습의 성취를 심리의 발전으로 보았다. 다만 어떻게 발전시키는가 하는 부분에서 행동주의의 관점과 분명하게 구분된다. 그는 이전에 듀이가 자주 사용한 '아동과 불빛'의 사례로써 분석하였다.

그의 말에 따르면, 행동주의와 손다이크는 모두 아동이 불빛을 처음 보게 되면 흥분하여 그것을 잡으려고 하지만 손이 데고 나면 불빛으로부터 피하는 반응을 일으키게 된다고 여겼다.

손다이크와 왓슨은 그것은 불빛에 대한 시각과 잡을 때의 반응 동작에 대해 연결이 일어나기 때문이라고 설명했다.

그러나 코프카는 분명 그 사이에서 '지각장'이 변화를 일으켜 변화한 것이라고 주장한다. 불빛은 동일한 불빛이지만, 아동이 손으로 불빛을 잡고 피하게 되는 것은 이후 불빛에 대해 아동의 마음속에 새로운 의미가 생겨난다. 의미의 변화는 바로 심리의 변화와 발전으로, 이것은 자극과 반응의 공식으로는 해석할 수 없다.

이로써 그는 학습은 상호작용의 힘을 받아 조직된 동력유형이 지배하는 것이라고 강조한다. 개인을 조작하는 장場은 내부와 외부 힘의 상호작용과 적극적 활동의 심리적 물리적 장場을 말한다. 이렇게 조작하는 장은 물리적 장의 기초 위에 전체적인 행동, 행동장, 혹은 행동환경을 형성하는데, 그것은 눈앞의 지각을 포함할 뿐만 아니라 과거의 기억과 각종 욕망, 환상, 및 미래의 계획 등도 포함한다. 이 문제를 설명하려고 코프카는 구체적인 사례를 들었다.

'어느 겨울밤, 한 남자가 눈보라를 뚫고 한 여관에 도착했다. 그를 본 주인은 매우 놀라며 물었다. "손님, 어디서 오시는 건가요?" 그 남자는 얼음과 눈으로 뒤덮인 곳을 가리키며 그곳에서 왔다고 하였다. 주인은 또다시 놀라며 말했다. "세상에! 저기는 콘스탄스 호수예요!" 이 말을 듣고 너무 놀란 남자는 그 자리에서 그대로 죽고 말았다.'

코프카의 설명으로는, 이 남자가 놀라서 죽은 것은 당시 그의 행위장이 작용을 일으켰기 때문이다. 왜냐하면, 게슈탈트의 장이론에서 보면 모든 사람의 행동은 반드시 심리적 물리적 장을 통해야만 실현될 수 있기 때문이다.

심리적 물리적 장은 자아와 환경이라는 양극을 포함한다. 환경은 또다시 지리환경과 행동환경으로 나뉜다. 지리환경은 객관적으로 존재하는 경험이고, 행동환경은 주관적 행동의 상황이다. 이 남자가 말을 타고 호수를 건널 때, 그의 의식 속 행동환경은 얼음과 눈으로 뒤덮인 평원지대여서 신이 나게 말을 몰고 건너온 것이다. 그러나 여관 주인이 그것은 콘스탄스 호수라는 것을 말했을 때, 그가 원래 가지고 있던 지리적 환경은 즉시 그의 의식 속에서 행동환경이 되고, 그래서 놀라 죽게 된 것이다.

물론 이것은 황당한 비유다. 중요한 것은 객관적 환경은 때론 주관적 상황의 영향을 받을 수 있다는 것이다. 이것은 바로 일반 심리학에서 자주 말하는 '기분'이다.

예를 들어 날씨가 추우면 마음도 시리고, 기분이 좋으면 밤하늘의 달도 더욱 동그랗게 보이는 것 등이다. 이렇게 사람의 기분변화에 따라 사물을 대하는 것에 차이가 나는 것은 모든 사람에게서 자주 볼 수 있는 심리적 현상이다. 코프카의 예는 이러한 주관적 기분의 작용을 과장하여 다소 지나치고 비과학적으로 비쳤다.

프로이트(1856~1939)

정신분석

프로이트는 현재 슬로바키아인 모라비아의 한 유대인 가정에서 태어났고, 그의 아버지는 모직물 상점을 경영하는 상인이었다. 그가 4세가 되던 해, 경영상황이 좋지 않아 그의 아버지는 식구들을 이끌고 독일의 라이프치히로 이사하고, 후에 오스트리아 빈에 정착하였다. 17세의 프로이트는 대학 예과반 학업을 마친 뒤 빈 대학교에 들어가 의학을 공부했다.

학창시절 그의 흥미는 매우 광범위하였다. 인문과학, 생명과학, 진화론 등을 학습하는 것 외에, 400여 마리 수컷어류를 해부하여 고환의 구조를 연구하기도 하였다. 이 연구는 어떤 결과도 얻지 못하였지만, 이후 그의 성에 대한 흥미에 어떤 영향을 미친 것으로 보인다.

1881년 그는 박사학위를 취득하고, 1883년 대학에서 무보수로 강의하였으며, 1902년 신경병리학 교수로 승진하였다. 1938년

나치 독일의 오스트리아 침입으로 프로이트는 영국으로 망명하게 되었고, 이듬해 구강암의 악화로 영국 런던에서 세상을 떠났다.

프로이트가 정신분석을 내세우게 된 것은 결코 우연이 아니다. 19세기 말, 그의 거처였던 빈은 '오스트리아 – 헝가리 제국'의 수도로써 물질문명과 욕망이 범람하고 있었다. 그러나 빈민굴에 사는 대다수의 시민은 가난하고 갖은 억압을 받으며 생활하였는데, 이러한 모순의 충돌로 많은 정신신경증 환자가 발생하였던 것이다.

이런 상황 속에서 프로이트는 의사로서 자신이 마땅히 짊어지어야 할 의료적 책임과 환자들의 요구에 대해서 생각하게 되었다. 그리하여 특수하고도 효과적인 치료방법과 이론을 형성하게 되는데, 바로 정신분석이다.

소위 '정신분석'이라는 것은 심리분석이라고도 일컫는데, 사실 이는 감정을 정신병 치료상에서 응용한 것이다. 이것은 정신착란이나 이상행동을 나타내는 환자에게서 기원을 찾을 수 있는데, 의식의 깊은 곳인 무의식의 작용으로 생겨난 하나의 심리학 학파라고 할 수 있다. 이 학파의 발생과 발전은 심오한 사회적 역사적 배경과 관계가 깊다.

정신신경증의 치료와 이론은 예로부터 존재하였다. 일찍이 기원전 고대 그리스의 명의 히포크라테스는 이 같은 '신성병'으로 불리던 간질의 원인은 뇌에 있는 것이지, 악마가 몸에 붙은 것이 아니라고 하였다. 이것은 역사적으로 이미 정신병에 관한 두 가지 대립하는 치료법이 존재했음을 보여준다. 즉, 생리학적 치료법과 심리학적 치료법이다.

이 두 가지 대립하는 치료의 전통은 19세기 유럽에서도 마찬가지였다. 18세기 말에서 19세기 초 오스트리아 빈에는 메스머(1734~1815)라는 의사가 있었는데, 그는 메스머리즘으로 이러한 환자를 치료하였다. 전하는 바로는, 인체에는 의식에 의해 지배되는 동물자기動物磁氣가 있는데, 이러한 자기는 인체의 한 부분에서 또 다른 부분으로 전이된다고 한다.

만약 인체 속의 자기가 평행을 잃게 되면 인간은 병이 나게 되는 것이다. 메스머리즘은 바로 자기의 평형을 회복시켜 병을 치료한다는 하나의 치료법이다.

1774년 메스머의 한 학생이 메스머리즘으로 환자를 치료하던 중 환자에게 최면상태가 일어났음을 발견하게 된다. 그 상황에서 환자는 편안하게 잠이 들어 미동도 보이지 않았다. 약 15분쯤 지난 후, 그는 자연스레 일어나 길을 걷고, 말을 하며, 일을 하였다. 뿐만 아니라 평소보다 더 민첩하였고, 다만 의식이 혼수상태에 처해있을 뿐이었다. 즉 '인위적인 몽유夢遊' 상태에 빠진 것이다.

이때 환자의 행동은 의사가 마음대로 지휘할 수 있지만, 깨어났을 때는 당시의 행동은 전부 잊고 원래의 증상은 곧 사라지는 것이다. 그러나 후에 이 치료법은 돌팔이 의사들에게 이용당하여 여론이 끊이질 않았다. 이에 사기꾼으로 비난받은 메스머는 오스트리아를 떠날 수밖에 없었다.

1778년 파리에 정착하여 의술을 펼친 그는 한때 크게 이름을 날리기도 하였다. 그러나 1784년 프랑스과학원은 조사를 거쳐 메스머리즘의 사용을 금지하기로 하였고, 이에 그는 빈으로 다시 돌아갔다.

40년이 지난 후, 1843년 영국인 브래이드는 생리학에서 출발하여 최면상태를 해석하였는데, 혼수상태는 대뇌 전두엽에서 야기되는 것이라고 보았다. 그는 환자들이 최면 전 반드시 어떤 물체의 관념에 집중하라고 요구하였고, 의사는 만약 환자의 눈동자가 흔들리는 것을 발견하게 되면 반드시 새로 시작해야 한다고 하였다. 이것은 바로 일종의 생리적 변화의 병인설로 학술계의 인정을 받았고, 후에 이러한 이론은 영국에서 다시 프랑스로 되돌아가게 되었다.

당시 파리의 명의 샤르코(1825~1893)의 이론은 바로 이러한 학설에 속하는 것으로, 그는 국제적인 권위를 지닌 의사였다. 당시 프랑스에서 최면치료에 대해 가장 공헌이 큰 사람은 프랑스 낭시의 한 시골의사 리보(1823~1904)였다.

환자들이 최면에서 깨어나 최면상태에서 한 모든 것을 기억해내지 못할 때, 그는 환자와 이야기를 나누며 격려하고 인도함으로써 환자가 점차 기억해내도록 이끈다. 이것은 일종의 심인성心因性의 이론과 치료방법이다. 프로이트가 내세운 정신분석은 위에서 말한 두 가지 방법의 영향 속에서 점차 형성되고 발전된 것이다.

1881년 프로이트는 박사학위를 얻은 후 경제적 어려움으로 빈에서 개인진료소를 개설하였다. 이때 그는 브로이어라는 의사를 알게 된다. 당시 브로이어(1842~1925)는 유명한 의사였고, 프로이트도 신경학상에서 명망이 높았다.

그리하여 두 사람은 첫 만남에서도 오랜 벗과 같이 친숙하였고, 늘 의술을 토론하고 임상경험과 이론에 대해 의견을 나누다가 이듬해 함께 개업하게 되었다. 브로이어에게는 안나라는 환자가 있었다. 그녀는 기억상실과 간질증상을 보였고, 정신적으로도 피폐해 있었으며, 구토 및 시각적으로나 언어적으로 문란한 히스테리 증상을 나타냈다. 최면치료과정에서 브로이어는 안나가 특수한 경험에 대해 말하고, 말한 후에는 그와 관련된 증상이 사라진다는 것을 발견하였다.

예를 들어, 안나는 어린 시절 개 한 마리가 혀로 유리컵 안의 물을 핥는 장면을 목격하고 그 후로는 목이 말라도 물을 마실 수가 없었다. 최면 속에서 안나는 브로이어에게 이 우연한 일을 하소연한 뒤 바로 유리컵을 이용해 물을 마실 수 있었고, 그것과 관련이 있는 기타 증상도 사라지게 되었다.

후에 이처럼 대화를 통해 마음 깊은 곳의 경험이나 생각을 토로하고 일련의 증상에서 벗어나게 되는 기술을 '소통', 안나와 의사의 이러한 관계를 '전이'라고 하였다. 이는 정신치료 과정에서 반드시 일어나는 일의 한 부분이다. 후에 브로이어는 이러한 전이과정이 의사에게 매우 위험하다는 것을 점차 깨닫게 되고, 그리하여 그는 안나의 치료를 멈추었다.

1885년 프로이트는 프랑스에 가서 샤르코에게 가르침을 얻을 기회가 생겼다. 학습기간 그는 샤르코가 어떻게 최면술을 사용하는지 관찰하였다. 어느 날 저녁 샤르코는 돌연 일부 환자의 장애는 성적인 것에서 비롯되며 생식기 부분의 문제와 어느 정도의 관련이 있음을 언급하였다.

프로이트는 귀국한 후 치료의 이행 중 최면과 소통기술로는 정신병의 근본적인 치료가 불가능하고, 약 1/3 정도의 환자는 최면이 통하지 않음을 발견하였다. 이렇게 해서 프로이트는 다시 낭시를 찾아가 리보의 대화법을 채택하여 환자들의 각성상태 속에서 자유연상 치료를 진행하였다.

그 단계는 환자가 심신을 안정시키도록 하여 침대에 눕고, 임의대로 의사와 자유로운 대화를 나누는 것이다. 무엇이 연상되든지 간에 모두 말하도록 하는데, 그 목적은 환자가 의식 속에 억압되어 이상행동을 일으키는 원인을 분명히 기억해내도록 하기 위해서다.

이것은 프로이트만의 독창적인 것이자, 정신분석 발전의 첫걸음이기도 하다. 이후 다시 치료의 과정들을 거치며 그는 많은 환자에게서 어린 시절 성애와 관련된 경험이 있다는 사실을 발견하게 되었고, 이는 프로이트가 성애와 정신적 병인의 관계에 대해 더욱 주의하게 만들었다. 1895년 그는 브로이어와 협력하여 『히스테리에 관한 연구』를 출판하였다.

책의 내용 중에는 안나를 비롯한 세 환자의 사례와 정신병리학에 관해 쓴 프로이트의 글 등이 포함되어 있다. 이는 정신분석이 정식으로 발표되었음을 나타낸다. 그러나 이 책은 판매가 부진했을 뿐만 아니라 많은 비판에 부딪히게 되었다. 이는 책 가운데 프로이트가 성性은 병인이라고 과도하게 강조한 글과 큰 관계가 있는데, 브로이어는 본래 그 내용을 포함하자고 하지 않았던 부분이다. 이로써 두 사람의 우정은 점차 냉담해지기 시작했고, 결국은 각자의 길을 걷게 되었다.

1897년 프로이트는 2년간의 자아분석을 시작했고, 1900년에는 연구 결과들을 정리하여 『꿈의 해석』을 발표하였다. 이 책은 꿈의 자유연상법과 꿈의 상징작용을 소개하였다. 이 책은 그가 정신 치료에서 심리학 연구로 돌아서게 된 시작을 나타낸다.

이후 그는 치료에 대한 연구와 글쓰기에 끊임없이 매진하여 명성이 점차 널리 퍼져 나갔다. 1909년 미국 클라크대학교 20주년 행사에 초청받아 강연하였는데, 그는 제자 융과 아들러와 함께 미국으로 가서 제임스, 티치너 등 유명한 심리학자들을 만나기도 하였다. 한때 대단했던 그의 명성을 보면 국제사회가 프로이트와 그의 정신분석을 인정하였음을 잘 알 수 있다.

융(1875~1961)

융은 본래 프로이트의 애제자다. 1911년 그들은 함께 정신분석에 관한 국제적 학회를 준비하고, 융을 회장으로 내정했다. 당시의 정신분석가는 대다수가 유대인이었으나 유일하게 융은 스위스의 비유대인이었다. 프로이트가 그를 회장으로 추천한 것만 봐도, 그가 얼마나 프로이트의 신임을 얻고 있었는지를 알 수가 있다.

그러나 1913년 국제정신분석학회가 열리던 그 해 그들 사이에는 의견의 불일치가 있었고, 이로써 융은 독립하여 스스로 분석심리학을 형성하였다. 사실 융의 심리학 경향은 프로이트와 비교했을 때 기본적으로 동일하지만, 성격의 유형 면에서 융은 자신만의 독창성을 갖고 있다.

먼저, 융은 의식이란 사람의 마음 가운데 직접 지각하여 알 수 있는 부분이라고 정의하였다. 그것은 아마 유아기 때는 직관으로 부모와 장난감 및 주변의 사물들을 변별하고 확정할 수 있게 될 것이다. 그는 직관은 네 가지 기능과 두 가지 경향이 있다. 전자는 사고, 감정, 감각, 직관이고, 후자는 내향성과 외향성이다. 두 가지 항목을 조합하면 곧 여덟 가지의 서로 다른 유형의 성격 및 특징을 이루게 되는데, 아래의 표와 같다.

성격의 유형	특징
외향적 사고형	고정된 규칙에 따라서 생활하고, 일과 사람에 대한 태도가 객관적이며 냉정하다. 사고에 능하지만, 고집이 세고 감정이 메마르다. 과학자와 같은 유형의 인간형이다.
외향적 감정형	이성이 감정에 지배된다. 여성인 경우가 많고, 외부의 영향으로 기분의 변화가 잦다. 근심이 많고 감정이 예민하지만, 타인을 존중하고 사회에 협조적이다.
외향적 감각형	쾌락을 추구하고 사교에 능숙하며, 흥미로운 경험에 열중한다. 대개 감정의 깊이가 없으며, 현실적인 것을 추구한다.
외향적 직관형	주관과 예감에 따라 결정을 내리지만, 쉽게 변한다. 창조성이 있다. 새로운 사물에 민감하지만, 오랫동안 유지하지 못하며, 좋아하는 것이 쉽게 바뀐다.
내향적 사고형	무리에서 벗어나 홀로 쓸쓸히 있는 것을 즐긴다. 현실에서 벗어나 환상에 빠지기 쉽다. 고집스럽고 집요하며, 타인에게 자상하지 못하며 거만하고 쌀쌀맞다.
내향적 감정형	민감하고 우아하며 조용하다. 생각이 많다.말수가 적고, 접근하기 어렵다. 타인에게 무관심하다.
내향적 감각형	자신의 주관적인 감각에 몰두하며, 외부세계는 평범하며 재미없다고 생각한다. 차분하고 자제력이 있어 보이나, 사고와 감정에 결함이 있다.
내향적 직관형	생각이 독특하고, 타인이 자신을 이해하지 못하는 것에 대개 개의치 않는다. 타인과 생각 또는 감정을 진지하게 나누지 못하고, 내면의 주관적 체험을 즐긴다. 예술가가 대표적인 유형이다.

/ 꼬리에 꼬리를 무는 심리학이야기

융은 이상의 여덟 가지 유형은 단지 이론적인 것으로 대개 실제 생활에서는 혼합되어 하나의 개성화된 성격 혹은 인격을 형성한다고 보았다. 개성화는 바로 심리의 발전과정에서 점차 독립적이고 구분 지을 수 없는 통일체가 되는 것이다. 개성화의 목적은 최대한 충분히 자신을 인식하거나 자아의식을 갖추는 데 있다. 그래서 개성화와 의식은 동시에 발생하는 것이다. 개성화를 통해 새로운 요소가 발생하는데, 바로 자아다. 자아는 자각하는 의식의 구조로, 자각, 지각, 기억, 사유, 감정으로 구성된다. 어떠한 관념 혹은 체험은 자아에 인정받거나 인식되어야만 의식으로 들어설 수 있다.

이처럼 자아에 선택받지 못한 관념과 체험은 인간의 무의식 속에 저장된다. 자아의식은 인격의 동일성과 연속성을 보장하고, 자아와 개성의 관계는 매우 밀접한 것으로 그들은 서로 도와 독특한 인격을 형성하게 된다. 또한, 자아의식의 선택성은 성격의 유형을 결정하는데, 고도의 개성화된 자아만이 비교적 많은 것을 의식이 될 수 있게끔 허용할 것이다. 따라서 그는 다음과 같은 심리발달 단계론을 제시하였다.

• 아동기(출생에서 청년 및 성인기까지의 시기)

출생 후 처음 몇 년간은 의식의 구조가 완전하지 못하고, 거의 모든 활동을 부모 에게 의존하게 된다. 그러나 후기에 이르면 기억발달과 개성화로 인해 자아의식이 점차 형성되어, 아동은 부모의 의존에서 벗어나 독립적인 생활을 해나가게 된다.

• 청년 및 성인기(청년기에서 35세 정도까지의 시기)

이 시기는 인간의 정신이 격변하는 시기로 학업, 취업, 결혼 등의 상황에 처하게 되는데, 만약 심리적 요소가 충분히 성숙하지 않으면 내면의 모순으로 맹목적인 낙관 혹은 맹목적인 비관에 빠져 쉽게 빠져나오지 못할 수 있다. 그리하여 융은 인간은 반드시 굳센 의지를 길러 내면세계와 외부환경을 일치시키고 자신의 위치를 확고히 해야 한다고 하였다.

• 중년기(35세 즈음부터 노년기까지의 시기)

인간이 중년에 이르게 되면 가정, 사업, 사회적 지위 등 모든 면에서 어느 정도의 결실을 보게 되고, 나아가 빛나는 성과를 올리는 사람들도 있다. 그러나 때론 어떤 소실감에 휩싸이기도 하고, 인생의 공허함과 고뇌를 맛보기도 한다. 융은 이를 중년기의 심리적 위기라고 일컬었다. 이에 그는 항시 심사숙고하여 내면의 에너지를 충전시켜 자아의 존재를 체험하라고 하였다.

• 노년기

지난 일을 회상하고, 앞으로의 일들을 준비한다. 또한, 무의식적으로 다가올 생활을 위해 기도를 드리는 사람도 있다.

아들러(1870~1937)

개인심리학

아들러는 오스트리아 빈의 교외에 있는 어느 부유한 가정에서 태어났다. 어린 시절 신체가 허약하여 4세가 되어서야 비로소 걸음을 걸을 수 있었고, 5세에는 폐렴에 걸렸으며, 이러한 상황 속에서 그는 훗날 의학을 공부하리라 결정하게 되었다.

1895년 그는 빈대학교에서 의학박사 학위를 따며 안과와 내과 의사가 된다. 1906년부터 매주 프로이트의 토론회에 참가하였고, 이로써 프로이트를 추종하게 된다. 그러나 사회적 요소를 강조하였던 그는 1911년 프로이트를 비판하며 그와의 유대를 끊었다. 1912년 아들러는 『신경증적인 체질』에서 자신의 입장을 표명하고, 자신의 이론을 '개인심리학'이라고 명명하며 이 학파의 간행물을 창간하였다. 1935년 미국으로 이주하였다.

아들러의 개인심리학은 현실생활과 가까워 비교적 쉽게 사람들의 인정을 받았고, 현실적인 것을 추구하는 미국인의 취향에도 맞아 미국에서 큰 영향을 미쳤다. 사회문화적 속성을 강조하는 신新정신분석은 아들러의 사상적 영향 속에서 발전해나갔다.

아들러는 니체의 생명철학 중 '권력의지' 이론의 영향을 받아, 모든 사람은 남보다 우월하고자 하는 욕망이 있다고 보았다. 그러나 인간은 대개 결점이 있기 마련이다.

예를 들어 선천적으로 신체적 장애가 있는 사람들은 그로 인해 열등감(inferiority feeling, 이 용어를 도입한 사람은 바로 아들러이다)을 가질 수 있고, 그렇지 않은 정상인들도 태어나서 일정 나이가 될 때까지는 부모의 보살핌을 받아야만 성장할 수 있어 누구나 열등감을 가지게 된다.

열등감을 극복하고 타인을 넘어서기 위해서 사람들은 모두 어떤 생활의 목표를 정하고 일정한 생활방식으로써 그것을 실현하려고 한다. 사람의 인격은 바로 어떤 생활방식을 채택하여 자신의 목표를 실현해나가는 과정에서 형성되고 발전해나가는 것이다. 아들러는 열등감을 극복하기 위해서 부모는 아이가 정확한 목표를 수립하고 타인과 협동하는 것에 흥미와 능력을 갖출 수 있도록 인도하여, 어릴 적부터 보통 사람을 뛰어넘는 성취감을 맛보면서 건강한 인격의 우월함을 형성할 수 있도록 해야 한다고 충고한다.

이와 반대로 만약 응석받이로만 자라고 교육이 제대로 이루어지지 않게 되면, 아이는 게으르고 소심해지며 타인과의 협동에도 무능해질 뿐만 아니라 적대적인 태도로 타인을 대하게 될 것이다. 이러한 상황에서는 열등 콤플렉스가 발생하여, 이로써 질병 혹은 좋지 못한 인격을 형성할 수 있다.

이에 아들러는 가정교육의 중요성을 강조하였다. 만약 응석받이로 자라나 가정의 생활방식에 속박된다면 아이는 타인과 협동할 수 없다. 이러한 아이는 일단 집을 떠나 가족의 보살핌이 없는 상황에 처하게 되면 온갖 어려움이 잇따라 발생하게 될 것이다.

아들러는 부모들에게 경고하였다. 이 같은 상황이 발생하면, 부모로서 아이가 두려워하는 원인에 관심을 둬야 할 뿐만 아니라, 아이가 두려워하는 목적에도 관심을 기울여야 한다고 말이다. 왜냐하면, 대개 응석받이 아이들이 어떤 것을 두려워하는 것은 그 두려움을 이용하여 어른들의 관심을 사려는 것이기 때문이다.

이 두려움의 정서는 바로 또다시 사랑을 받기 위한 그 아이의 생활방식의 일부분이다. 마찬가지로 학교 교육은 가정교육의 연장으로, 학교 내에서의 성격교육은 사회에서의 협동을 증가시킬 수 있는 한 방법이다.

아들러의 간곡한 충고에 따르면, 교사는 돈을 위해서가 아닌 인류의 이익을 위해서 일해야 한다고 하며, 교사라는 업무의 중요성을 의식하고 학생의 협동능력을 훈련해야 한다고 하였다. 아이에게 협동능력이 없다면 어떤 문제에 닥쳤을 때 어떻게 대처해야 좋을지 알 수 없게 된다. 이에 아들러는 사람이 어떤 환경에 처할 것이라는 예측을 할 수 있다는 것은 아주 중요한데, 이는 바로 교육으로 이루어지는 것이라고 강조한다.

융과 비교했을 때 아들러의 심리학은 비교적 사회의 생활방식이 인격의 형성에 미치는 영향을 중시하였고, 이는 프로이트와도 차이가 있다. 하지만 생물의 본능이 인격의 형성에 결정적 영향을 미치는 요소라는 점에서 위의 세 사람의 의견은 일치하고 있다.

피아제(1896~1980)

아동의 인지발달

　스위스 뇌샤텔에서 태어난 피아제는 어릴 적부터 동물을 좋아
하였는데, 15세 때 이미 달팽이 등의 연체동물을 연구함으로써
동물학자들 사이에서 명성을 얻게 되었다.

　1918년에는 자연과학 박사학위를 얻었다. 그는 철학, 논리학,
심리학에 큰 흥미를 느껴, 1918년 취리히대학교에서 융의 지도로
프로이트와 융의 정신분석을 연구하였다. 얼마 후 파리에 간 그는
1920년 지능검사를 창안한 비네의 공동연구자인 시몽과 함께
아동심리학을 연구하였다. 1921년 피아제는 스위스로 돌아가
제네바의 루소연구소 소장을 맡았고, 이후 뇌샤텔, 제네바, 파리 등
대학교의 교수를 역임하며, 각종 학회의 책임자로도 지냈다. 피아
제는 20세기 아동심리학의 인지발달부터 발생인식론까지 연구
하였다. 그는 심리학적 실험방법으로 인류의 지식과 지능의 발생
발전에 대해 논증하여 거대한 성취를 이루었다.

아동의 인지발달에 관한 4단계론

• 감각운동단계(출생에서 0~2세)

지능의 맹아시기. 처음에 영아는 단지 일부 감각만이 존재할 뿐 이러한 감각과 외부 사물을 연결해 손을 뻗어 장난감을 집는 것과 같이 구체적인 형상을 만들어내지는 못한다.

이후 무언가를 빨고, 흔들고, 두드리고, 던지는 등의 활동을 통해서 점차 새로운 지식과 경험을 얻어, 심리적 형상을 저장하기 시작한다. 1세 후반이 된 영아는 모자 아래 숨겨놓은 장난감이 보이지는 않더라도 그 속에 있다는 것을 감지할 수 있다.

• 전前 조작단계(2~7세)

짧지만 말로 표현할 수 있게 되고 사유능력을 갖추게 되지만, 가역성可逆性이 부족하다. 예를 들어 5개의 단추를 한쪽에는 함께 꿰어놓고 다른 한쪽에는 흩어놓았을 때, 5세의 아동은 흩어진 단추가 한데 꿰어진 단추보다 많다고 여긴다. 동일한 양의 물을 한쪽에는 넓고 낮은 유리병에 담고 다른 한쪽에는 좁고 긴 유리병에 담았을 때, 아동은 양쪽의 물이 동일한 양이라는 것을 알려주어도 잘 이해하지 못한다.

• 구체적 조작단계(7~11세)

논리적 사유와 가역 조작이 나타난다. 그러나 일반적인 아동은 단지 구체적 사물과 형상에 대해서만 조작이 가능하다.

예를 들어 동일한 양의 물을 크기가 다른 용기에 부었을 때, 이 시기의 아동들은 두 용기 안의 물이 동일하다고 말한다. 이러한 결과가 나타나게 된 원인은 이들이 이미 산수를 배웠기 때문이다. 이것은 바로 '보존' 개념이 생긴 것이라고 피아제는 말한다.

• 형식 조작단계(11세 이후)

머릿속에서 형식과 내용을 구분할 수 있고, 구체적인 사물과 형상을 뛰어넘어 추상적인 사유와 명제의 조작도 가능해진다.

발생인식론에 관하여. 이것 또한 피아제의 독창적인 이론이다. 그 특징은 아동심리와 인류의 과학적 인식사史를 연계하여 연구하였다는 점이다. 그는 인간의 인식은 동작에서 나오고, 동작은 감각의 원천이자 사유의 기초라고 여겼다. 피아제는 말했다.

"심리학은 과학에서 중요한 위치를 차지하며, 심리학과 과학은 정도는 다르지만 서로 의존하는 관계이다."

그는 어떠한 과학도 결국은 인간의 활동과 인식을 통해야만 발전할 수 있다고 보았다. 인간은 과학적 지식과 기술을 응용하여 어떤 과학적 대상을 인식하고 규율을 발견하며, 이러한 과학의 형성 및 발전은 인간의 심리학적 발전에도 영향을 미치게 되는 것이다.

과학이 진보할수록 인간의 인식능력은 점차 깊어지고, 과학도 더욱 발전한다. 이처럼 피아제는 과학지식, 사상의식, 의식심리의 관계에서 이론적인 논술을 하였고, 후대에 이르러 더욱 구체적으로 발전하였다.

로저스(1902~1987)

성격이론

로저스는 미국 일리노이 주州에 있는 한 농장주의 아들로 태어났다. 그의 아버지는 절실한 기독교 신자로서 사상이 보수적이었고, 농장을 경영했지만, 과학적인 두뇌가 발달한 사람이었다. 이에 로저스는 어린 시절부터 믿음이 깊었고 과학적 소질도 갖추었다.

1919년 로저스는 위스콘신대학교 농과대학에 진학했고, 1922년 10개의 단과대학 학생대표로 이루어진 국외탐방단에 선발되어 중국에서 거행된 세계기독학생연합회에 참석하여 동양철학을 접하게 되었다. 6개월간의 방문 여정 중 그는 프랑스인과 독일인 사이의 원한을 목격하게 되었다. 이는 그의 사상에 변화를 가져와 그가 새롭게 역사를 공부하는 계기가 되었다.

그러나 어떻게 인간을 구제할 것인가 하는 문제를 놓고 그는 점차 종교적 교리에 의심이 들기 시작했다. 이에 위스콘신신학교에 다니던 그는 그곳을 떠나 컬럼비아대학교에서 임상심리학과 교육심리학을 공부하고, 잇달아 문학학사와 철학박사 학위를 얻었다. 1931~1940년까지 그는 뉴욕 로체스터의 한 협회에서 사회학과 문제아동에 관해 연구하였다. 이후 각 대학과 연구소에서 강의와 연구치료 업무를 맡아 주로 심리치료와 성격연구에 몰두하였고, 자신만의 성격이론을 형성하였다. 로저스의 성격이론은 다음과 같은 네 가지 발전단계를 거쳐 형성된 것이다.

• 준비단계

일을 시작한지 얼마 되지 않아 로저스는 어머니를 만났다. 어머니는 아들의 과실의 원인을 찾기 위해 대화를 요구하였지만, 결국 두 사람 모두 불쾌한 기분으로 헤어지게 된다. 그러나 헤어진 후 어머니는 다시 돌아와 자신을 심리치료를 요구하였다.

이에 그녀는 아들의 혼인에 관한 실망과 남편과의 다툼에 대해서 털어놓았고, 자신의 실패와 낙담의 느낌 등에 대해 토로했다. 이후 로저스는 환자가 어떤 상처를 입었는지, 어떤 방향으로 나아가야 할지, 결정적인 문제는 무엇인지, 내면에 어떤 경험들이 숨겨져 있는지 등에 대해 오직 환자 자신만이 잘 이해하고 있음을 알게 되었다. 그래서 후에 그는 비교적 효과적인 치료를 하려면 환자 자신이 치료과정을 지시해야 한다는 결론을 얻었다. 사람마다 자기만의 일정한 방향이 있기 때문이다.

• 비지시적 치료단계

1940년 12월 11일, 이는 비지시적 치료단계가 처음 시작된 날이다. 그는 이날 미네소타대학교에서 강의한 후 얻은 반응 속에서 치료 효과를 형성하는 원리를 깨달은 것 같았다.

이는 말로 형언할 수 없는 감각적 체험으로 절대 훈련을 통한 기술이 아니다. 적절한 조건만 제공된다면 환자에게는 스스로 자신의 문제를 해결할 수 있는 능력이 있다는 것이다. 이렇게 그는 치료를 환자 개인적 측면에서 고려하는 방법으로 전향되었다.

• 환자중심단계

이것은 치료를 받는 사람을 타인에 의존하는 환자로 여기는 것이 아니라, 도움을 받는 사람으로 여겨야 한다는 의미이다. 치료과정에서 의사와 환자 간의 깊고 두터운 감정은 매우 중요한 것으로, 치료자는 반드시 따뜻하고 친절하며 적극적인 태도로 환자의 기분과 내면세계를 이해해야 한다. 치료과정은 이렇듯 감정이 교류하는 과정이 되어야 한다.

• 인간중심단계

환자중심에서 인간중심으로 발전한다는 이론이다. 이 이론은 이미 환자를 치료한다는 개념을 넘어서 정상인의 성격이론으로까지 발전된 것이다.

로저스가 1960년 이 이론을 완성하였는데, 인간중심이론이라 한다. 이 이론은 개인의 경험과 유기체에 대한 평가 및 감각에 주의해야 한다고 강조하며, 치료자가 마주한 것은 완전한 인간으로 그를 환자로 보아서는 안 된다고 하였다.

로저스는 이상의 단계별 연구를 통해서 성격심리학에서 자아의 잠재력을 발전시키는 각종 조건의 충분함이 중요하며, 개체 내부에 잠재된 가장 중요한 자원은 현실적 경향이고 이를 통해 인간은 발전되고 완벽해지는 것임을 발견하였다. 이로써 성격이론은 자아의 잠재력 실현을 목표로 하는, 인본주의 심리학에 속하는 이론이라는 것을 알 수 있다. 로저스는 자아발전은 분해와 조합의 과정을 거쳐 실현되는 것이라고 보았다. 예를 들어 유아의 현상적 장場이 아직 분해되지 않았을 때 각각의 사건을 구분하지 못하고 모두 하나의 간단한 구조 속에 혼합되어 있게 된다.

이후 언어 등의 발달을 통해 일부 현상적 장이 자아로 분화되고, 현실적 경향이 자아의 특성을 나타나게 되는 것이다. 자아의 형성에 따라 관심에 대한 욕구가 생겨나는데, 따라서 타인의 칭찬을 원하고 이로써 또 하나의 감정이 발생한다.

사회화 과정에서 만약 어른이 아이의 행동에 만족하면 아이는 관심을 얻을 수 있다. 그러나 불만족하다면 아이는 관심을 얻을 수 없다. 아이는 이러한 경험의 반복을 통해서 필연적으로 관심의 조건을 체득하게 된다. 로저스는 이러한 조건을 '가치조건'이라 불렀다.

이러한 가치조건은 아동에게 인식되면 자아구조 내의 '양심'과 '초자아'로 변하게 된다. 양심과 초자아는 아동의 행위를 지시하고, 심지어 부모가 없을 때에도 작용을 발휘한다.

관심의 욕구가 한 단계 발전하면, 자존自尊의 욕구가 생겨난다. 그러나 자존에는 타인으로부터의 인정도 포함되어, 만약 평가가 나빠지게 되면 아동은 피동적인 위치에 놓이게 된다.

왜냐하면 타인의 관심과 칭찬은 대개 처음부터 끝까지 계속해서 일치하는 것이 아니므로, 때론 아동이 자존심에 상처를 입거나 내면적인 모순이 일어날 수 있기 때문이다. 그런 까닭에 로저스는 사람들의 최종목적은 자신의 감정에 충실한 것이지 타인의 감정에 충실한 것이어서는 안 된다고 지적하였다.

이처럼 관심과 자존의 욕구는 유기체적 평가과정과 서로 모순될 수 없다. 개체는 끊임없이 심리적 자아조절을 해야 완벽한 인간이 될 수 있다. 그러므로 아동 시기에 사랑을 받아야만 모든 사람이 자유롭게 자신의 감정을 가질 수 있다.

반대로 만약 유년시기 이미 형성된 가치조건이 유기체적 평가과정에 지장을 준다면 자아와 경험 간에 균형을 잃게 되고, 나아가 불량한 것에 적응된 인간이 될 수 있다. 그러므로 균형을 유지해야만 이러한 문제를 해결할 수 있고, 경험과 조화되는 자아를 형성할 수 있으며, 행동을 제어하고 통일하는 유기체적 평가과정을 회복할 수 있다. 불량한 것에 적응된 인간은 초조함과 위협을 쉽게 느끼고, 방어 상태에 놓인 자아가 되어 공격적이고 부도덕한 행위를 하여 질병을 초래하게 된다. 이로써 로저스의 정신분석 치료 방법은 비지시적 치료에서 환자중심으로 발전하였고, 인간중심 이론에 이르러 형성한 성격이론은 실천적 치료를 통해 발전해 나갔다.

매슬로(1908~1970)

자아실현

매슬로는 뉴욕의 한 유대인 가정에서 태어났다. 처음에 그는 부모의 뜻에 따라 법대에 진학하였지만, 후에 자신은 그 방면에 흥미가 없다는 것을 깨닫고 얼마 뒤 심리학으로 전공을 바꾸었다. 1934년 위스콘신대학교에서 철학박사 학위를 딴 그는 많은 대학에서 교수와 심리학과 학과장을 역임했고, 1970년에 세상을 떠났다.

매슬로가 미국심리학회 회장을 맡은 이후 10년 동안 미국정부는 베트남전쟁 및 사회의 불안정으로 혼란에 휩싸였다. 불평등, 인구 문제, 정부의 부정부패, 빈곤, 평화 등 사회에 대한 사람들의 불만은 심리학자들의 연구에 영향을 주었다. 또 이러한 영향은 성격심리학의 이론과 실천까지도 영향을 미쳤다.

로저스와 다르게 매슬로는 존재론, 즉 인성론적 성격 이론자다. 그는 정신분석 사상을 받아들였지만, 반면 프로이트의 정신분석에는 반대하였다. 그는 프로이트의 의식, 무의식, 동기구조 등의 개념은 받아들였지만, 환자를 대하는 분석치료법을 정상인의 심리에 활용하는 것에 반대하였다. 그는 인성人性이 만약 선하지 못하다면 적어도 중성적인 것은 된다고 보고, 프로이트가 인성을 병적病的 상태 혹은 악한 것이라 보는 관점에 반대하였다. 매슬로는 자신이 원래 왔슨 행동주의를 맹목적으로 숭배하였다고 말했다. 그러나 후에 더는 그 이론을 받아들일 수 없게 되자 비로소 모든 인류가 받아들일 수 있고 유용한 사실을 근거로 하는 이론을 찾는데 전념하였다.

매슬로의 자아실현에 관한 기본적인 관점은 다음과 같다.

• 연구대상과 임무

매슬로는 심리학의 연구대상을 건강한 인격 혹은 완만한 인성을 가진 사람으로 정하였다. 그 임무는 인간의 성장, 자아실현, 건강을 위한 노력 등을 연구하는 것이다. 그는 인간이 후퇴, 두려움, 위축 등의 경향이 존재하고 있음을 인정하였다.

그러나 그가 주로 묘사한 것은 인류의 가치체계 가운데 고유의 완벽함과 희망이다. 그는 연구를 거쳐 질병과 정신병을 피할 수 있는 선결 조건을 발견할 수 있기를 희망하였다. 그리하여 그는 자아실현이론을 제시하였다. 그는 자아실현이란 도달하기 어렵지만, 연구를 통한 결과를 보면 자아실현을 원하는 사람은 노력을 기울이기만 한다면 최고는 되기 힘들지라도 어느 정도의 성과는 올릴 수 있다고 보았다.

자아실현이론의 시작에 대해 언급할 때 매슬로는 자신의 흥미는 두 스승으로부터 비롯되었다고 말했다. 이 두 스승은 게슈탈트학파의 창시자 베르트하이머와 문화인류학자 베네딕트다. 매슬로는 처음에 그 두 사람은 모두 높은 아이큐의 천재들이고, 서로 비교할 수 없는 개체들이라고 여겼다. 호기심으로 지속해서 관찰한 결과 그들도 결점이 있음을 발견하였다.

그리하여 매슬로는 자아실현을 이룬 사람을 기준으로 설정하기 위하여 지인, 친구, 역사적 인물들을 심사하고 3,000명의 재학 중인 대학생들을 연구하였다. 그 결과 학생 중 오직 한 사람만이 자아실현을 완성하였고, 12명의 학생은 잘 성장하였으며, 2명은 비교적 괜찮다는 결과를 얻었다.

이로써 그가 내린 결론은, 자아실현 혹은 자신의 잠재능력을 가장 충분히 발휘하고 있는 사람을 찾을 때 '완벽한 사람'을 찾는 것은 피해야 한다는 것이다. 그가 조사를 통해 역대 미국 대통령 가운데 링컨과 제퍼슨만이 자아실현을 이룬 역사적 인물일 뿐, 나머지 사람들은 단지 부분적인 자아실현이거나 적지 않은 결함을 갖고 있음을 발견했기 때문이다.

매슬로의 자아실현자의 기준은 그의 도덕적 기준이기도 하다. 어쩌면 그의 인본주의 심리학이 성격에 대해 요구하는 바는 아마도 자아실현의 특징일 것이다. 그 특징은 모두 15가지로, 간단히 말하자면 다음과 같다.

(1) 현실 중심적이다.

(2) 문제 해결 능력이 강하다.

(3) 수단과 목적을 구분한다.

(4) 사생활을 즐긴다.

(5) 환경과 문화에 영향을 받지 않는다.

(6) 사회적인 압력에 굴하지 않는다.

(7) 민주적인 가치를 존중한다.

(8) 인간적이다.

(9) 인간관계를 깊이 한다.

(10) 공격적이지 않은 유머를 즐긴다.

(11) 자신과 남을 있는 그대로 받아들인다.

(12) 자연스러움과 간결함을 좋아한다.

(13) 풍부한 감성을 지닌다.

(14) 창의적이다.

(15) 초월적인 것을 경험하려 한다.

이것은 매슬로가 자아실현이론의 관철을 위해 제시한 구체적학설이다. 그는 인류의 본성 중 많은 특징이 잠재되어 있으며, 이러한 특징은 사실상 인성의 요구라고 보았다. 그는 욕구의 성질에 따라 단계를 나누었는데, 가장 낮은 단계인 생리적 욕구(식욕, 성욕 등)부터 가장 높은 단계인 자아실현의 욕구까지 5단계이다. 후에 또다시 미적 욕구와 지적 욕구를 추가하게 된다. 각 욕구의 성질과 특징은 앞서 욕망 편에도 설명했지만, 다시 한 번 간략하게 정리한다.

개체의 생존과 종족연장을 위한 욕구는 가장 기본적인 욕구이다. 배고픔, 갈증, 성性, 수면 등의 욕구이다.

질서, 안전, 안정 등을 유지하는 것으로 협박, 혼란, 초조 등의 고통을 받지 않는 것이다.

친척, 가정, 조직, 단체 등에 대한 욕구이다. 사람과 사람 사이의 우정, 직장동료 간의 친밀감과 단결의 욕구이다.

• 존경의 욕구

개인의 존엄, 가치관, 예우에 대한 추구이다. 충성심, 자신감, 자제력 등이 있다.

• 자아실현의 욕구

이상적인 인생을 추구하고, 자신의 잠재력을 충분히 발휘하는 것 등이다. 다음의 그림과 같다.

매슬로는 단계별 욕구의 실현은 낮은 단계부터 점차 위로 진행되는 것으로, 단계를 넘어설 수는 없다고 하였다. 하위단계의 욕구가 아직 만족되지 않은 상태에서 상위단계의 욕구와 동기가 나타날 수 없다. 또한, 욕구가 높아질수록 자주自主에도 관심이 깊어진다. 매슬로는 이 밖에 가치의 욕구를 추가하였는데, 진眞, 선善, 미美, 원만, 필연성, 성취, 공정, 질서, 검소, 풍족, 자아만족 등이 있다. 그러나 이러한 욕구를 모두 만족시키기는 어렵고, 다만 초월적 순간을 가리키는 '절정경험'에는 이를 수 있다.

　예를 들어 재미있는 문학작품에 빠져 모든 것을 잊었을 때, 온 가족이 모여 즐거운 시간을 보내느라 잠시나마 근심 걱정을 잊는 순간을 의미한다. 매슬로는 말한다.

　"종종 절정경험의 순간에 이르게 되면 당신은 스스로 건강하다고 생각될 것이고, 병이 있는 사람도 자신의 병이 호전되었다고 느끼게 될 것이다. 뿐만 아니라 당신은 무언가의 속박에서 벗어나 새로운 일, 새로운 세계를 접하게 되며, 삶은 아주 흥미롭고 아름답다고 느끼게 될 것이다."

비네(1857~1911)

지능검사(IQ테스트)

　다윈의 진화론이 널리 전파되고 있을 때, 생물학과 심리학 사상도 프랑스에 전해졌다. 지능검사의 창시자 비네는 바로 생물학과 심리학의 학습과정 중 지능검사를 연구 발명하게 되었다.

　비네는 본래 법학전공이었으나 후에 전과하여, 1884년 파리대학교 과학박사 학위를 취득하였다. 1889년 보니스와 함께 프랑스의 첫 심리실험실을 개설하였고, 1894년 본대학교 심리학 교수에 임명되었다. 1895년 프랑스의 첫 심리학 잡지 〈심리학 연간〉을 설립하였다. 1903년 그는 『지능의 실험적 연구』를 발표하였는데, 이 책은 그가 두 딸(각각 13, 14세)을 대상으로 실험을 진행한 결과다.

　처음 그는 딸들에게 간단한 문제를 해결하도록 요구하고, 그다음 문제를 해결한 사유과정을 회상하게 한 후 다음과 같은 문제를 제기하였다. '너희 그 대상을 어떻게 생각하니? 그 대상을 보았니? 그 대상을 볼 때 그의 이름을 말할 수 있니?' 두 피실험자는 때론 정확하게 어떤 대상의 경계를 말하지만, 여러 차례 경계의 존재를 부인하기도 하였다.

이후 비네는 본래의 생각을 바꿔, 무경계의 사유현상이 존재함을 인정하였다. 생각이 바뀐 그는 심리학은 과거처럼 단지 사소한 심리적 원소만을 연구할 것이 아니라 중대하고 복잡한 대상과 마주해야 한다고 여겼다. 그의 지능검사는 바로 이러한 사상을 출발점으로 한 것이다.

1904년 가을, 학교 시험에 불합격한 학생들을 연구하기 위해 프랑스 공공교육부는 비네를 초빙하여 하나의 위원회를 조직하고, 지능이 떨어지는 아동들의 교육문제를 연구하게 하였다.

학생들의 성적이 좋지 못한 원인을 이해하기 위해서는 우선 지능이 떨어지는 학생과 게을러서 성적이 좋지 못한 학생을 구분해야만 했다.

이에 이듬해 그는 의사 시몽과 함께 하나의 실험을 고안해낸다. 실험내용은 쉬운 것부터 어려운 것까지 사물의 명칭, 선의 길고 짧음의 비교, 빈칸 채워 넣기, 간단한 문제 등을 포함하고 있다. 이것은 바로 비교적 믿을 만한 첫 지능검사였다.

이 검사의 대상은 3~11세의 아동으로 30개의 검사항목을 포함하고 있다. 1908년과 1911년 두 차례의 수정을 거쳐, 지능검사는 결국 사람들의 인정을 받게 되었다.

비네-시몽의 검사가 세상에 나온 후인 1916년 미국 스탠퍼드 대학교의 터만 교수는 미국 학생의 상황을 근거로 지능검사를 수정하여 표준화하였는데, 이것은 스탠퍼드-비네 지능검사라고 한다. 1937년과 1960년 또다시 두 차례 수정하게 된다.

모든 검사문제는 연령별로 6개씩 있고, 한 문제를 맞혔을 때 2점, 모든 문제를 맞혔을 때 12점이 된다.

5세의 아동을 예로 들어보자. 이 아이가 5세의 문제를 모두 맞히게 되면 60점(12점×5세=60)이 되는데, 이는 그가 5세 아동의 지능수준에 도달했음을 의미한다. 만약 그가 다시 6세의 문제 중 4개를 맞추면 8점, 다시 7세의 문제 중 3개를 맞추면 6점, 또다시 8세의 문제를 2개 맞추면 4점이 추가되는 것이다.

이렇게 하여 그가 얻은 총 점수는 60+8+6+4=78점이 되는 것이다. 이것은 그가 검사를 통해 얻은 지능연령의 점수로, 정신연령이라고도 한다. 이 아동의 정신연령은 78이다.

그러나 그는 5세이므로 나이에 따른 실제 연령, 즉 생활연령은 60이다. 이렇게 하여 지능지수 공식에 따라 계산하면, 지능지수(IQ)=정신연령/생활연령×100=78/60×100=130이 나온다. 이 5세 아동은 지능지수가 높은 편에 속하는 것이다.

연구에 따르면 인류의 지능지수는 중간은 많고 양극은 적다. 그것의 분포상황은 다음과 같다.

• 지능의 분포 곡선

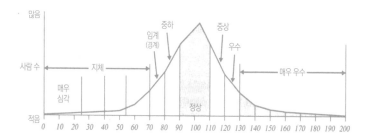

　비네가 만든 지능검사는 세상에 알려진 이후 급속히 퍼져 나갔지만, 문제점들도 적지 않았다. 그 가운데 비교적 두드러지는 문제는 측정한 지능이 사람의 일반적인 능력인가 하는 점이다. 일상 생활에서 종종 발생하는 다른 능력, 즉 미술, 음악, 문학, 수학, 체육 등의 능력은 어떻게 봐야 할까? 그리하여 지능, 능력의 개념을 어떻게 정의내리고 어떻게 분류해야 할 것인지에 관한 문제가 제기되었다. 이렇게 하여 지능과 능력의 요인 및 그 결과와 분석에 관한 문제가 발생했고, 이는 후에 영국의 심리학자 스페어만이 연구하게 된다.

가드너(1942~)

다중지능

미국 심리학자 가드너는 1983년 다중지능 이론을 제기하였다. 지능은 복잡하고 다원적인 체계로, 단일한 일반요인에 주의력을 집중하는 것이 연구에 더욱 유리할 것이라고 보았다.

그는 지능의 정의를, '개인이 문제를 해결하거나 특정 요구에 부합할 수 있고, 이로써 성과를 얻을 수 있게 하는 단일하거나 혹은 복합적인 능력'이라고 하였다.

그는 다음과 같이 지능 또는 능력을 제시하고, 각각의 능력을 대표하는 전형적인 예를 들어 설명하였다.

지능	종착점	예	특징
논리-수학지능	과학자, 수학자	아인슈타인	숫자, 규칙 명제 등의 문제해결에 능함
언어지능	시인, 신문기자	엘리엇	말과 글에 뛰어남
자연친화지능	생물학자, 환경보호가	다윗	동·식물이나 환경에 탁월한 전문지식과 기술을 발위함
음악지능	작곡가, 바이올리니스트	스트라빈스키	노래, 연주, 작곡에 뛰어남
공간지능	항해사, 조각가	피카소	도형, 그림, 지도, 입체설계 등에 소질과 적성을 나타냄
신체운동지능	무용가, 운동선수가	그라프	춤, 운동, 연기 등의 상징체계를 쉽게 익히고 창조함
인간친화지능	심리치료사, 세일즈맨	간디	대인관계를 잘 이끌어감
자기성찰지능	–	프로이트	자신과 관련된 문제를 잘 풀어냄

　가드너의 여덟 가지 지능은 사람들이 일반적으로 말하는 재능 혹은 특수한 능력을 말하는 것임을 알 수 있다. 그는 이 모든 능력은 체계를 가지고 있다고 보았고, 이러한 체계는 뇌 손상 환자들을 통해 증명할 수 있다.

어떤 지능은 손상되었지만, 나머지 지능 활동은 문제가 없는 것은 모든 능력은 각각 스스로 조작과 기능을 하고 있기 때문이다. 이러한 지능이론을 전통적 이론과 비교했을 때 가장 큰 특징은, 그것이 포함하는 범위가 넓고 전통적 지능이론이 언급하지 않은 지능(즉, 신체운동지능, 인간친화지능, 자기성찰지능)들을 추가하였다는 점이다. 또 다른 특징은 이러한 지능의 예로 들 수 있는 위대한 성취를 이룬 인물 중에는 결코 천재들만 있는 것이 아니라 대다수의 사람은 각고의 노력과 원대한 이상을 품고 자신의 꿈을 위해 노력하여 성공을 이룬 것을 발견하였다는 것이다. 그들의 성공에는 지능 이외에도 긍정과 감정상의 지지가 필요하였고, 때론 아이들과 같이 천진한 호기심으로 가득 차기도 하였다. 후에 가드너의 이러한 이론은 전대미문의 '다중지능' 모형이론이라 불렸다.

20세기 80년대에 이르러 이 이론의 마지막 2항, 즉 인간친화지능과 자기성찰지능은 미국 예일대학교의 지능 및 정서연구자 피터 셀로베이와 심리학자 존 메이어가 의해 감성지수EQ로 불렸고, 이는 다섯 가지 기본특징이 있다고 밝혔다.

- 감정을 이해하고 깨닫는 능력
- 감정을 조절, 통제, 표현하는 능력
- 다른 사람의 감정을 이해하고 받아들이는 능력
- 감정의 조정을 통해 사회적 관계를 이루어가는 능력
- 노력으로 얼마든지 높일 수 있는 능력

이로써 20세기 6,70년대 이후의 서양 심리학자들은 일반지능을 복합지능으로 발전시키고, 다중지능 및 나아가 감성지능 이론까지 제시하였음을 알 수 있다.

이로써 지능심리학 이론은 대대적으로 발전할 수 있었다. 그러나 이것은 단지 문제의 한 측면일 뿐, 또 다른 측면에서는 개인 혹은 사회지능을 지나치게 특수한 능력으로 간주하고 중시한다고 보고 또다시 상반된 이론을 제기하기에 이른다.

꼬리에 꼬리를 무는
심리학 이야기

초판 1쇄 인쇄 2021년 10월 05일
초판 1쇄 발행 2021년 10월 11일

—

지은이 김문성
펴낸이 김호석
기획부 곽유찬
편집부 주옥경 박선영
디자인 최혜주
마케팅 오중환
경영관리 박미경
영업관리 김경혜

—

펴낸곳 도서출판 린
주소 경기도 고양시 일산동구 장항동 776-1 로데오메탈릭타워 405호
전화 02) 305-0210
팩스 031) 905-0221
전자우편 dga1023@hanmail.net
홈페이지 www.bookdaega.com

—

ISBN 979-11-87265-63-4 (03180)